經營顧問叢書 264

如何拿到 VC（風險投資）的錢

蔣浩恩　編著

憲業企管顧問有限公司　　發行

《如何拿到 VC（風險投資）的錢》

序　言

　　這是一本寫給企業創業者針對如何取得風險投資(Venture Capital，VC)基金投入資金的書。

　　VC 被稱為「風險投資」，其實是不太合適的，它從投資該企業開始，就透過方法想要規避風險，更好的叫法應該是「**創業投資**」，是針對初創和成長期的創業企業進行投資。

　　隨著各種資源的豐富和交流的頻繁，充斥了大量的風險投資(Venture Capital，簡稱為 VC)，還有許多的「天使投資人」，以及等待風險投資垂青的大小企業。推開 VC 這扇門，它身後究竟是怎樣一個世界，使得企業創業者們為之歡欣雀躍或黯然神傷呢？

　　在現在的資本時代，企業競爭的遊戲規則變了，**引入外界投資來發展企業成為主要趨勢**。如果企業不引入 VC，它就不可能快速做大，也不可能率先股票上市，就無法通過更具競爭優勢的金融資源來給企業提供最大的推動力，反而淪為其他企業打擊或者併購的對象。

　　現在是一個創業的時代，每天有成千上萬的創業企業誕生，無論是生還是死，有一個字眼對於它們都是最重要的：錢！

　　「創業的啟動資金從哪里來？」

　　「企業的發展資金從哪里來？」

　　這是每個打算創業和已經創業的創業者都在思考的問題。

找風險投資（Venture Capital），是一個新興的、時髦的、並且很流行的解決資金問題的管道。可以說，每一個成功企業的 IPO（第一次公開發行）後面，都有幾家甚至十幾家出資金支持的風險投資基金 VC。

企業創業者大多是銷售、市場或研發出身，沒有太多的財務管理經驗，對融資知識也知之甚少。儘管 VC 和企業創業者是很好的「事業搭檔」，但企業創業者明顯處於劣勢地位，他們除了想到 VC 會將幾百萬、上千萬美元地投資之外，對其他的內容知之甚少。比如，最常聽到的問題包括：

風險投資的錢從哪裡來？他們要佔多少股份？每年要多少分紅？ VC 選擇項目的標準是什麼？他們到底要投資什麼樣的公司？是不是只投資某類特定的公司，如互聯網公司等？

拿了 VC 的錢是不是以後就要聽他們的，被他們擺佈了？他們會不會介入企業的日常管理？錢怎麼用？他們會管多嚴？投資一家公司後一定要換 CFO 或財務總監嗎？到底誰聽誰的？董事會是 3 個人、5 個人，還是 7 個人好？為什麼要發行 1000 萬股？為什麼要到開曼註冊？

「我們是一個創業團隊，開發了一個網路遊戲專案，現在遇到一些資金問題，不知道你們能不能給我們投資？」

「先生您好，冒昧打擾，這是我們的專案簡介，希望能有溝通或者合作的機會。如果您感興趣或者是需要瞭解更詳細的資訊，請與我們聯繫。」

「你這兒有商業計畫書標準範本嗎？」

「你看我們公司大概值多少錢？」

「可以給我介紹幾個 VC 嗎？我們是一個不錯的團隊，準備在電子商務領域創業。」

這些問題讓很難回答，理由在於他們沒有搞清楚 VC 是怎麼回事。這些問題裏面有基本的 VC 行業問題，比如風險投資的錢從哪里來？每年要多少分紅？等等。其實，大部份 VC 都不靠分紅過日子，而是靠把投資的股份賣掉，退出來掙錢的。

美國是全世界 VC（風險投資）最發達的國家，不僅僅是投資額最大、投資案例也最多，更是因爲美國的創業者大多在創業之初就接受過有關 VC 方面知識的學習，知道如何去找、如何接觸 VC。同時，很多 VC 也會通過自己的博客（blog），給創業者提供 VC 融資指導，成功的創業者們，也會互相分享關於 VC 的經驗。

這本書主要是介紹 VC 是什麼、什麼樣的企業適合 VC、企業創業者如何跟 VC 打交道、怎樣準備 VC 想要的商業計畫書、怎樣預測企業的未來財務狀況、怎樣看待企業估值問題、如何跟 VC 談判投資條款、VC 投資之後還要注意什麼等，這些內容是一個創業者找 VC 融資所需要經歷的一個全過程。這本書可以稱之為一本入門書，希望通過本書，讓創業者對 VC 有深入的認識，對如何跟 VC 打交道有所瞭解。

也許你正在向 VC 融資，也許你打算找 VC 加以融資，也許你只是想瞭解一下 VC 融資是怎麼回事，看完此書，你會發現，這就是一本可以放在手邊隨時翻閱的指導和學習手冊。

2007 年 3 月初版一刷

2011 年 6 月修訂版

《如何拿到 VC（風險投資）的錢》

目　錄

1

哥倫布——真正意義上的風險投資家

┈┈┈┈┈┈┈┈┈┈┈┈┈┈┈┈┈┈┈┈┈┈┈┈┈┈┈┈┈┈┈┈┈┈┈┈┈┈

　　隨著各種資源的豐富和交流的頻繁，充斥了大量的風險投資（Venture Capital，簡稱為 VC），還有許多的「天使投資人」，以及等待風險投資垂青的大小企業。

　　推開 VC 這扇門，它身後究竟是怎樣一個世界，使得創業者們為之歡欣雀躍或黯然神傷呢？

　　義大利探險家哥倫布的最大愛好就是環球航海探險，可是他沒有什麼錢買船、招募船員。於是他花了 7 年時間四處奔走，向葡萄牙國王、西班牙女王、英國國王以及無數歐洲王公貴族推銷其探險計劃，遺憾的是沒有人搭理他。

　　直到 1492 年，西班牙女王伊莎貝拉經過多年考慮，決定投資哥倫布的探險商業計劃。女王與哥倫布簽下了一個非常不錯的投資協定——哥倫布獲得航海探險收益的 10%，並成為新發現領地的總督，而剩餘的收益將歸女王所有，但女王需要預先支付哥倫布探險的所有費用。正是西班牙女王的這項投資，使得哥倫布發現了新大陸，並由此改變了整個世界，西班牙也因此成為盛極一時的世界大國。

　　哥倫布的商業計劃是由大西洋向西航行，到達東方盛產香

料和黃金之地。這絕對是一個高風險項目，那是一條從來沒有人走過的路線。當時，甚至都沒有幾個人相信地球是圓的。如果沿著葡萄牙人開闢的航線，沿著非洲西海岸向南，繞過南非的好望角前往東方，不會有任何意外，但收穫也有限。而哥倫布向西航行到達東方的想法，卻是一個創新。由於以前沒有人嘗試過，因此失敗的風險很大，但也有可能獲得極大的投資回報。

哥倫布出身於商人家庭，從小受到家庭的耳濡目染，使他具備了精明的商業頭腦，加之他在葡萄牙 8 年的航海經歷又給了他足夠的勇氣和經驗。西班牙女王是個有眼光的投資人，因為她看到了哥倫布本人及其商業計劃的前景和潛力，並願意與一個普通百姓坐下來討論風險和利益分配的問題。

1492 年 4 月 17 日，哥倫布和女王簽訂了正式的「投資協定」——《聖塔菲協定》，該協定規定：行政上，女王封哥倫布為海軍元帥，在探險中發現和佔領的島嶼和陸地上，他將擔任當地的總督。哥倫布可以從在這些領地經營的黃金、珠寶、香料以及其他商品的收益中獲取 1/10，並一概免稅，還有權對一切開往那些佔領地的船隻收取 1/8 的股份。另外，哥倫布所有的爵位、職位和權利都可由他的繼承人世襲。

帶著女王授予的海軍大元帥的任命狀和投資協定，哥倫布率領著女王出資組建的船隊雄赳赳氣昂昂地出發了。船隊由 87 名船員和三艘帆船組成：載重量 60 噸的尼尼亞號、載重量 60 噸的平塔號和載重量 120 噸的聖瑪利亞號。他們完成了一次載入史冊的偉大探險，哥倫布和他的船員首先發現的陸地是今天位於北美洲的巴哈馬群島，那是一塊歐洲人從來都不知曉的新

大陸。

風險投資家哥倫布從伊莎貝拉女王處獲得了其允諾的所有物質和精神獎勵。同時，作為風險投資家背後的投資者——女王及西班牙依靠這項成功的長期投資，收穫更大。據統計，從1502 年到 1660 年，西班牙從美洲得到了 18600 噸白銀和 200噸黃金。到 16 世紀末，世界金銀總產量的 83%被西班牙佔有，並且更為重要的是，伊莎貝拉女王的投資得到了一個新大陸——美洲大陸。直到現在，西班牙語還是美洲大陸的主要官方語言之一。

風險投資專注於投資早期、高潛力、高成長的公司，以現金換取被投資公司的股權，通過被投資公司的上市或出售實現股權增值並且在變現後獲得投資回報。

心得欄

2

呂不韋是中國最早的天使投資人

天使投資是風險投資的一種。風險投資在投入資金的同時會更多地投入管理；天使投資一般不參與管理。風險投資一般投資額較大，而且是隨著風險企業的發展逐步將資金投入，它對風險企業的審查很嚴；天使投資投入的資金金額一般較小，一次投入，對所投企業不作嚴格的審查。

西元前 265 年，一個名叫呂不韋的普通商人出現在趙國邯鄲的街頭，並在趙國遇到了一個對他一生影響深遠的人：秦昭王的孫子，名字有點怪，叫異人。這兩個人合力造就了中國歷史上最重要的事件——秦國統一中國。

秦昭王的太子是安國君，安國君給秦昭王生了 20 多個孫子，異人不是長孫，他的生母夏姬也不是安國君的寵妃，所以異人在家裏的地位不高。由於秦、趙兩國戰事的原因，異人甚至被送到趙國做人質，混得頗為潦倒，估計他做夢都沒有想過有朝一日能成秦國國君。

而呂不韋作為商人，對利益是非常敏感的，他深知「耕田只能獲得十倍利，經營珠寶只能獲得百倍利，而輔佐天子能享有無數利」的道理。於是，呂不韋一眼就看中了異人，並成功

地遊說異人，要對其進行「天使投資」，展開一場雙贏的合作交易——呂不韋輔佐異人成為秦國國君，異人則承諾事成後與呂不韋分享秦國土地。

呂不韋的計劃是先從太子安國君的正品夫人——華陽夫人身上著手。華陽夫人年輕貌美，深受異人父親——秦王太子安國君的寵愛，但華陽夫人最擔憂的是自己沒有兒子，一旦那天太子登基，她雖貴為秦國王後，如果沒有親生兒子給自己撐腰，未來的宮廷生涯可能會遇到很多風險。於是呂不韋做出了第一筆投資，他拿出五百金搜羅珍寶，由華陽夫人的姐姐做中間人，並以異人的名義將珠寶進獻給華陽夫人。華陽夫人答應幫助異人做繼承人，並指望異人能日後報恩於她。華陽夫人辦事利索，沒幾天，大功告成，遠在邯鄲的異人改名為子楚，被立為秦國繼承人。

隨後，呂不韋做出了一筆更為重要的追加投資——愛妾趙姬。因為子楚在一次宴會上迷上她了，精明商人呂不韋不會為了女人而放棄長遠投資計劃！於是，趙姬改嫁子楚並生了一個男孩——未來的始皇帝嬴政。

在嬴政兩歲的時候，他的皇帝太爺爺——秦昭王就發起了聲勢浩大的「邯鄲之圍」，希望吞下趙國，完全不顧子楚和小嬴政還在趙國做人質。在趙國打算殺掉人質子楚的時候，呂不韋又做出了第三筆投資——拿出六百金，買通了邯鄲城的守軍，把子楚安全送到秦軍大營中。

六年之後，秦昭王去世，安國君即位。可安國君才當了三天秦王，就一命嗚呼。子楚成為新任國君，即秦莊襄王。呂不韋的投資終於到了回報期，當上國君的莊襄王自然兌現承

諾──任命呂不韋爲丞相，封爲文信侯，河南洛陽十萬戶成爲呂不韋的食邑。但莊襄王的國君命也短暫，在即位三年後也去世了。於是，西元前 249 年，12 歲的嬴政登上了王位，並尊稱呂不韋爲「仲父」。

從此，呂不韋作爲相國把持秦國朝政 12 年之久，享受榮華富貴的同時，也在政治、經濟、軍事、文化等各方面都頗有建樹。但呂不韋最終卻在秦王嬴政的一手導演下，喝下毒酒自殺。此時，這個歷經十多年精心設計的投資項目才宣告終結。

呂不韋可以稱得上是中國古代一位傑出的商人、政治家、思想家。同時，我們今天更要承認，他也是一位傑出的「天使投資人」。

心得欄

3

亞馬遜收購 Zappos 案例
·····························

2009 年 7 月 23 日，亞馬遜(NASDQA：AMZN)宣佈收購美國最大的在線鞋類零售網站 Zappos，亞馬遜的支付方式為價值 8.07 億美元的亞馬遜普通股，外加 4000 萬美元的現金和限制股，共計 8.47 億美元。這無異於給國內略顯萎靡的 Internet 行業，尤其是 B2C 這個領域打了一針興奮劑，Internet 行業的創業者和關注 Internet 投資的 VC 們，一時歡呼雀躍，似乎希望就在前方。

Zappos 創立於 1999 年，位於美國內華達州漢德森市，目前是全球最大的鞋類在線銷售 (B2C)網站。公司 CEO 謝家華(Tony Hsieh)的背景也可謂輝煌，他在 1996 年年初放棄了 Oracle 程序員工作，以 2 萬美元的本錢在一套 2 居室的公寓裏開始創業做 Link Exchange。1997 年 5 月，他獲得紅杉資本(Sequoia Capital)的 300 萬美元投資，1998 年 11 月微軟宣佈以價值 2.65 億美元的股票收購 Link Exchange。此後，24 歲的謝家華成為了一名天使投資人，並在 1999 年的時候認識了一個比自己更年輕的創業者——尼克·斯威姆(Nick Swinmurn)。

斯威姆開了一個賣鞋的網店 ShoeSite，謝家華覺得創意很

棒，就投資了 50 萬美元，並把網站的名字改為 Zappos。6 個月之後，謝家華也進入公司跟斯威姆一起經營，並在 2000 年正式成為 Zappos 的 CEO。謝家華後來陸續以個人身份和通過自己控制的創投青蛙公司(Venture Frogs)向 Zappos 追加投資超過 1000 萬美元，並引入紅杉資本約 4400 萬美元的投資。Zappos 的成功出售，其創業者和投資 Zappos 的 VC 都借此賺得盆滿缽滿。

一、創始人最終不一定能掌控公司

對於 Zappos 被收購事件，幾乎所有的媒體都是在大肆報導謝家華的成功創業史和交易的金額，有幾個人還記得這家公司的真正創始人是一個叫做尼克‧斯威姆的年輕人，Zappos 的前身是 ShoeSite，而 ShoeSite 的創造者的第一個員工是斯威姆？可憐的斯威姆，好比他自己生下的孩子，養了 3 個月後家裏來了個厲害的保姆，保姆覺得孩子名字太土了，改掉！後來在保姆的精心護理下，這個孩子出息了、出名了，結果大家都把這個孩子的保姆當作他的父母，不知道他真的父母為何人。

Zappos 的融資經過很多輪，包括天使投資和六輪 VC 投資（A、B、C、D、E、F 輪），最後斯威姆手中剩餘的股份比例已經是個位數了。這是很多創業者需要牢記於心的，要想尋求 VC 的資金來發展公司，都要承受每一輪稀釋掉 20%～30%的股份。即便一開始拿著 100%的股份，也只需要兩三輪就被稀釋到 50%以下。

另外，由天使投資人謝家華擔任 Zappos 的 CEO，而不是創

始人斯威姆，這可能有多方面的原因：

(1)斯威姆自己感覺能力不行，主動讓賢。

(2)謝家華認為斯威姆能力不夠，強迫其讓位。

不管怎麼說，看起來似乎謝家華無論在公司運營能力、對資本的吸引力、長遠發展眼光等方面，更適合做公司 CEO，但前提是斯威姆一開始就要能明白和接受這一點。

很多成功創業者出身的天使投資人，對企業都會給予很大的幫助，有時候他們甚至會挽起袖子自己親自幹。VC公司裏也通常有一個職位叫做「創業合夥人」，他們基本都是創業者出身，一旦看到好項目，在 VC 投資之後，他們就會加入公司。這些人一旦進入公司，很有可能就會逐步取代創始人的地位。

二、併購是消滅競爭對手的一個手段

Zappos 做得風生水起，作為 B2C 行業老大的亞馬遜當然坐不住了。面對網上銷售鞋類產品這個巨大市場，為了與 Zappos 競爭，亞馬遜曾在 2007 年推出一個獨立的網站「Endless.com」，專門在線銷售鞋類和手提包，但是根本無法跟 Zappos 相提並論，就拿 2009 年 6 月來說，Zappos 的訪問人數達 450 萬人次，而「Endless.com」僅 77.7 萬人次。另外，亞馬遜也在自己的主網站上銷售鞋類，但是這跟 Zappos 的差距就更大了。

那亞馬遜該怎麼辦？亞馬遜與其花錢、組織團隊去跟 Zappos 搶客戶，還不如直接把 Zappos 買斷，這樣付出的代價說不定更小，還能為公司提供新的利潤增長點，並且有利於股

價上升。最重要的是，公司短時間之內，不必投入資金和人力到鞋類產品的銷售上，原來最大的競爭對手倒戈了！

　　儘管根據 Zappos 和亞馬遜的交易協定，Zappos 的要求全部得到了滿足，Zappos 將繼續保持獨立品牌並獨立運營，並且所有管理層和原員工維持不變，但誰知道以後會怎麼樣呢。

　　財大氣粗的上市公司可以拿大錢消滅競爭對手，其實創業企業也可以拿小錢消滅競爭對手，但需要借助 VC 的手。有些 VC 如果對某個行業感興趣，但看不清那家公司最後能勝出、成為領先者，那他就可以同時投資幾家公司，但只集中精力扶持其中一家，而打壓、干擾其他幾家，甚至將其他幾家的商業機密透露給扶持的這家公司，最後只要剩下的這家公司發展起來成功了，其他幾家破產為的都可以當做成本，而 VC 就能把投資的錢全部賺回來。所以，創業者在接觸 VC 的時候，首先要看的，是他有沒有投資過你的競爭對手或潛在競爭對手，如果有，創業者最好要當心點。

三、VC 的目標跟創業者常常不一樣

　　專家認為把 Zappos 賣給亞馬遜，並不是謝家華想要的結果，他一直希望促成 Zappos 上市，而 Zappos 的投資人紅杉資本卻希望公司早日出售，以便儘快實現退出，換取現金。但謝家華出面闢謠說「紅杉資本強迫我們出售公司，這是不準確的，沒人被強迫這樣做。」「我們不再需要為運營一家上市公司而頭疼。」到底是怎樣的情況，我們可以簡單分析一下：

　　首先，受金融危機、經濟危機的影響，美國股市表現不佳，

IPO 視窗也一度關閉，2008 年下半年及 2009 年上半年，VC 們最擔心的是所投資的企業能否成功退出。將 Zappos 出售給亞馬遜，並且以換股的方式進行交易，對於紅杉來說應該是不錯的選擇，相當於間接上市。

通過查詢亞馬遜就收購 Zappos 給 SEC 的 S-4 申報文件，以及一些內幕人士的披露，得知紅杉的 4400 萬美元是在 E 輪和 F 輪以優先股的方式投資的。由於當時 Zappos 的估值很高，作為補償，紅杉獲得了不錯的優先清算倍數，分別是 4 倍和 2.738 倍。也許是謝家華認為 Zappos 上市是遲早的事，通過高估值的手段儘量少稀釋一點股份，公司只要上市了，就不會觸發投資人的優先清算權利，所以優先清算倍數是高是低都無所謂了。

按照紅杉的投資額和持有的股份比例，Zappos 被併購時，紅杉的優先清算額將超過 1.5 億美元。但如果紅杉將其所有優先股都轉換成普通股，按比例分配 8.47 億美元的併購總額的話，只能得到不足 1.2 億美元。所以，只有當併購交易總金額超過 11 億美元的時候，紅杉轉換成普通股才是有意義的。據 S-4 申報材料中披露的摩根士丹利對 Zappos 在公開市場的價值分析，摩根認為 Zappos 的價值為 6.5 億至 9.05 億美元之間。所以，很顯然紅杉沒有將其股份轉換成普通股，而是按照優先股股東的身份獲得優先清算額。

申報材料中披露的 Zappos 財務狀況，公司 2008 年的毛收入超過 10 億美元，淨收入 6.25 億美元（同比增長 21%），未計利息、稅項及攤銷的利潤（EBITA）超過 4000 萬美元，淨利潤 1080 萬美元，而 2007 年淨利潤只有 180 萬美元，這樣良好的財務狀況，如果公司願意的話，其財力足以支撐到 IPO 市場轉暖。

另外，一開始亞馬遜提出的是「全現金」交易的方案，但是 Zappos 想要「全換股」交易的方案。很明顯，Zappos(包括管理團隊和 VC)認為基於亞馬遜股票的未來增長預期，全部以換股的方式支付的方案會更好。但亞馬遜也是這麼考慮的，所以希望以全部現金支付的方案。雙方經過幾個回合的磋商及亞馬遜做出極大讓步才達成「大部份股份、少量現金」的結果。

謝家華是一個超級成功的創業者，他的基金也有一些成功的投資案例，但是，如果紅杉想讓他在清算優先權和強迫出售問題上吃虧，那麼，作為初出茅廬的創業者，你怎麼能算計得過那些老練的 VC？

創業者，在拿到 VC 的錢之前，你知道 VC 需要的是自己手裏股份的「流動性」而不是你的利益嗎？

四、財務顧問能起到推波助瀾的作用

Zappos 在亞馬遜的視野之內也不是一天兩天了，兩家公司早在 2005 年 8 月就曾有過一次高層的會談，包括雙方 CEO、紅杉首席合夥人邁克爾·莫里茨(Michael Moritz)在內。後來不斷有高層的接觸，但直到 2008 年底雙方的關係才開始升溫。直到 2009 年 4 月，Zappos 聘請摩根士丹利作為財務顧問之後，雙方才迅速達成交易。其中的幾個重要時間段如下：

・Zappos 從創立到被併購：10 年。
・紅杉第一次投資 Zappos 到退出：4 年 9 個月。
・亞馬遜從接觸 Zappos 到收購完成：3 年 11 個月。
・從聘請專業財務顧問到完成到宣佈併購完成：3 個月。

從上面來看，創業者能看出什麼名堂呢？

首先，創建一家偉大的公司不是一朝一夕的事，即便是像謝家華這樣的人，都需要十年功夫，而很多初出茅廬的創業者，動不動就喊出三四年上市、五六年做到行業第一之類的大話，這不但對你融資沒有任何幫助，反而會讓 VC 覺得你很幼稚。

其次，紅杉資本的退出花了 4 年多的時間，這對於壽命期為 10 年左右的 VC 來說，不算太短。對於創業者來說，如果你做不到在三五年之內讓公司上市或者被併購，就不要想著去找VC 了，尤其對於那些已經募資完成好幾年的 VC，更不要打他們的主意，他們可沒有時間陪你玩，他們背後的出資人還在追著他們的屁股要投資回報呢！

第三，亞馬遜和 Zappos 相識很長時間，這可能是絕大部份大項目所面臨的情況。當創業者在評估退出可能性的時候，他們通常幻想著有一天會被那個天上掉下來的巨頭看上，扔過來一大堆鈔票，但實際上 99%的情況是，這個收購者是你已經早就熟識的某家公司。但由於創業者對資本運作的不熟悉、併購方對創業企業的審慎考察以及雙方在利益上看法的分歧等原因，導致雙方遲遲難以達成合作——直到有第三方的專業財務顧問的出現。Zappos 自己花了 3 年多跟亞馬遜談不攏，而在摩根士丹利進來之後，3 個月就完成談判！這就是第三方財務顧問的價值。謝家華也算是資本運作的高手了，紅杉資本更是高手中的高手，但還是需要借助摩根士丹利的手，才把這個交易迅速完成，這其中的奧秘，恐怕就是摩根士丹利生存的秘訣。

創業者，你在融資的時候，是願意自己單槍匹馬去找 VC呢，還是願意找個專業的財務顧問來幫你呢？

五、顧問

創業者如果不知道 VC 融資如何操作、不知道商業計劃書怎麼寫、不知道財務預測怎麼做甚至一個 VC 也不認識，那怎麼辦？找財務顧問來幫你。但是 VC 圈裏魚龍混雜，真真假假的 VC，真真假假的融資顧問，他們可能是你創業路上的好夥伴，也可能是在你最困難的時候在你背後捅你一刀的人。

創業者找到合適的 VC 是一個艱苦的過程，尋找風險投資人，並不是名氣大的就好，也不是資金最多的最好，最適合自己的才是最好的。而目前的現狀是，由於缺少管道和經驗，很多創業者在融資上，和社交圈子太小的適婚人士一樣，需要中間人介紹和協助才能提高找到伴侶的幾率，而一個專業的融資顧問是否能做到這一點，也需要企業和創業者的共同配合。

財務顧問或者融資顧問是比較專業、學術化的稱呼，如果被叫做「仲介」或者「中間人」就直白多了。融資顧問通常能夠做的事情包括協助創業者準備融資文件、推薦投資人、協助談判等，他們的職責就是盡力把創業者和 VC 撮合在一起。

簡單而言，仲介形式的融資顧問基本上有四種形態：

一是區域性的政府做的 VC 融資平台，政府給雙方提供信息。

二是顧問公司、會議公司的融資大會，讓創業者跟 VC 面對面接洽。

三是一些知名的財務顧問公司，主要專注於 VC 領域。他們有很好的 VC 關係網絡和項目來源管道，還有專業的顧問服務團

隊。

四是一些小型的、純粹的仲介公司和個人，他們有些 VC
關係，偶爾能幫助身邊的創業者介紹幾個 VC。

大量創業者盲目地找 VC，而 VC 們也在市場上爭搶好項目，
這可讓仲介們忙碌起來了。國內有大量融資顧問，品質參差不
齊。在一些風險投資大會裏，融資顧問的數量甚至比 VC 還要多。

如果創業者想找融資仲介幫你操作 VC 融資的事，最有效的
還是找第三種：正規的財務顧問公司。那這些正規的財務顧問
公司是什麼樣的呢？

首先，他們不是什麼項目都願意做，只有他們認定有可能
成功融資的項目他們才會接手。另外，他們爲一家小公司融資，
要花的時間精力和爲一個大項目融資不相上下，一樣花時間，
不如一次多融點資金，這樣成功之後按比例的佣金提成會更
多。所以，創業者要當心什麼項目都可做的融資顧問。

其次，他們跟 VC 一樣，不會要你出具任何評估報告之類，
他們會對企業進行一些瞭解，然後協助你做融資材料，把你介
紹給 VC，並跟你一起與 VC 見面，協助你走完融資的整個流程。
那種只會讓你到各個指定的機構出具各種報告，寫各種材料的
融資顧問要當心。

第三，真正的融資顧問一般會預先收取一定的前期費用，
作爲項目的啓動資金，大部份的費用是在爲項目成功融資之
後，按照融資額的一定比例收取的佣金。通常的比例爲 5%左
右，按照融資額度會有所不同。創業者可能是看過太多企業上
當受騙的案例，或者是企業真的太缺錢了，很多創業者是不願
意掏前期費用給融資顧問的。

其實，對於融資顧問來說，收取前期費用也有其合理性，甚至有利於企業的融資，而很多騙子仲介一開始也可能不收費，但一步一步讓你往「第三方」機構那裏交各種費用，最後讓創業者損失慘重。

如果你自己去做融資，會花費更多的成本，尤其是時間成本，創業者不如把這些時間花在產品開發和市場上。

融資顧問與你交流及提供融資服務的過程中，也給你提供了許多有關技術、管理、市場方面的意見，相當於企業管理諮詢。

融資顧問也有機會成本。如果創業者沒有支付前期費用，融資顧問在服務過程中，可能會有所取捨，尤其是融資顧問手頭同時有多個項目時。

另外，如果企業不願意簽署獨家服務協定，同時找多家融資顧問為他服務時，情況更是如此。融資顧問為了避免自己最後會產生糾紛，導致無法保證利益，所以融資顧問不會花最大的精力在這個項目上，最後可能會影響企業的融資結果。

企業也需要承擔融資成本。由於融資過程通常比較長，順利的話也需要三五個月的週期，如果沒有前期費用，創業者在遇到挫折的時候，會懈怠，不願意配合融資顧問的工作，甚至直接放棄融資。如果有了前期費用支出，創業者在配合融資顧問工作這方面會做得好很多，融資過程也會順利很多。

融資顧問能夠做的，會在融資顧問協議上寫得很清楚，但他並不保證一定可以為你融資成功。因為融資成功與太多的因素有關，許多事情不是只通過融資顧問的努力就能夠解決的。

4

百麗鞋業公司用資本重組管道

┄┄┄┄┄┄┄┄┄┄┄┄┄┄┄┄┄┄┄┄┄┄

在 2005 年、2006 年兩年內，百麗通過資本運作的方式收購了 1500 家優質加盟店，利潤從 2004 年的 7500 萬元暴漲到 2006 年的 9.7 億元，增長了 13 倍，從而成就了「內地零售公司的市值之王」。

2007 年 5 月 23 日，中國內地的女鞋龍頭企業百麗國際控股在香港正式掛牌上市，融資 86.6 億港元。上市當天就創造了市值達 789 億港元的神話，一舉超過國美電器當天 360 億港元市值一倍多，成爲香港聯交所市值最大的內地零售類上市公司。

百麗的上市及其表現震驚了國內制鞋行業、連鎖企業和資本市場，因爲此前女鞋品牌百麗在媒體上一貫很少露面，上市當天市值即超越國美，一亮相便勢壓群雄。

低調者的異軍突起讓眾多人士大跌眼鏡。因爲此前百麗低調處世，而幾十個來自晉江的運動鞋品牌和十幾個服裝品牌在 CCTV-5 頻道中「你方唱罷我整場」。然而幾年過去了，晉江品牌中的大多數並沒有怎麼長大，還是維持幾億元到十幾億元的銷售規模，管道也沒有進一步的擴張。廣告轟炸＋明星代言的行銷策略，沒有辦法幫助這些品牌迅速做大做強，多數品牌依

然只能在二三線市場生存。

而與此同時，在 2007 年 5 月上市前百麗就發展到了 4000 餘家管道，成為中國鞋業管道最有話語權的品牌。「百麗最有價值的就是它的銷售網路。」

迴異的差距來自不同的發展戰略。百麗一直將拓展管道作為其核心戰略，緊盯管道，在管道做到龐大規模之後，又借助資本的整合能力將管道做強，百麗從眾多鞋業品牌中脫穎而出。

百麗的成功和與其擅長資本運作、多品牌戰略、縱向一體化的戰略息息相關，但這些競爭優勢都是在其擁有強大的銷售網路的前提下逐漸形成的。「管道是百麗最根本的核心支撐力。」

但是百麗的核心管道戰略的形成，在當年卻是一個不得已而為之的事情。百麗國際的前身為麗華鞋業，是香港人鄧耀創立的。1991 年 10 月，麗華成立中外合資企業深圳百麗鞋業有限公司。20 世紀 90 年代初，中國內地還沒有對外資開放零售業，因此，帶有港資背景的百麗鞋業還沒有辦法做分銷，於是在不得已的情況下，通過聘用來自內地的總經理盛百椒，將其家族成員和親戚紛紛動員起來，找了幾十家分銷商，繞過了政策的限制，這才將分銷做起來。

百麗鞋業從一開始就沒有遵循一般的制鞋企業的經營模式和規律，而是將拓展管道作為其核心戰略來進行。從今天的行銷規律來看，在制鞋業，終端恰恰是一個更好的品牌展示和傳播的管道，通過終端進行品牌的展示和推廣要比廣告傳播更為有效。而當時百麗所採用的核心管道策略，無疑為後來的一系列擴張奠定了堅實的基礎。

就這樣，在 20 世紀 90 年代初，百麗鞋業通過總經理和老

闊的合作關係，由總經理盛百椒家族控制了下游的分銷管道。但是，鄧耀和盛百椒很快就發現公司對這種代理模式的控制力比較弱，對未來的發展存在一定的經營隱患。於是從 90 年代中期，逐步改爲特許專賣模式，通過改組，最終保留了 16 家分銷商，而這些分銷商的職能也發生了變化，主要的職能是幫助公司發展直營連鎖和特許連鎖網 A，並爲其提供支援和服務。經過這次改革，百麗鞋業的管道擴張速度迅速加快，從 1995 年到 2001 年的 6 年中，在全國迅速發展了五六百家連鎖零售網點。

　　而在當時的中國鞋類市場，還沒有一家企業採用的是這種集中開連鎖零售店的模式，多數企業都是經銷商＋終端點的模式。通過這種快速複製的連鎖模式，百麗的管道規模在當時的中國女鞋市場上已經做到了最大，2001 年，百麗女鞋成爲中國女鞋產銷量、銷售額最大的品牌。

　　2002 年 7 月，百麗國際和百麗分銷商共同成立了深圳市百麗投資有限公司(簡稱爲百麗投資)。其中鄧耀家族成員和盛百椒家族成員共同持有百麗投資 45%的股份，其他 16 家分銷商持有 55%的股份。這樣百麗國際即與百麗投資訂立獨家分銷協定，代替了先前與個體分銷商訂立的獨家分銷協議。由於兩個家族佔據了百麗投資最大的股份，從而深度介入了這一主要由銷售網路終端組建的公司。通過這種股權安排，鄧耀等創始人顯然加強了對下游銷售終端的控制力，將管道的話語權掌握在自己手裏。

　　2004 年 4 月，中國頒佈了《外商投資商業領域管理辦法》，明確中外投資者可依法設立外商投資商業企業，從事商業流通領域的經營活動；放寬外方投資者股比約束，取消企業註冊資

本和投資者規模等限制性要求。《外商投資商業領域管理辦法》的出台放寬了對外商投資的限制，而此時百麗投資在中國實際控制的零售網點已達到 1681 家。

2004 年年底，百麗投資旗下 1681 家零售店開始逐漸通過改簽租約的方式轉移至離岸公司百麗國際旗下，門店的管理則以重新聘用銷售人員的方式實現轉移；而百麗投資旗下的辦公設備、汽車及無形資產則以 6120 萬元的價格出售給了百麗國際。百麗國際在 2005 年 8 月終止了與百麗投資的獨家分銷協定，並在 2005 年 8 月 24 日開始重組，2005 年 9 月，摩根士丹利旗下的兩家基金公司以及鼎暉投資以約 2366 萬港元認購了百麗國際部份新股。

「在百麗國際的股權結構中，16 家分銷商佔據了 55%的股份，畢竟對日常的經營決策干擾比較大，重組後，百麗國際引入基金公司和投資公司這樣的戰略投資者，原來的 16 家分銷商不是退出就是股份被攤薄稀釋。這些戰略投資者並不干預公司的日常經營，但可以幫助百麗更好地和資本市場對接。」在業內資深人士看來，這一舉動是百麗國際向資本市場靠近的標誌。

此外，由於分銷商資金實力有限，不能滿足快速擴張管道和開店的要求，適時引進戰略投資者，還可以拿到更多資金，解決快速開店的資金壓力。從 2005 年 9 月後，百麗的管道再次開始高速擴張，截至上市前的 2007 年 5 月，直營連鎖店已經達到 4800 家。

百麗國際的成功上市，證明百麗的模式非常受資本市場的追捧。那麼，作爲一個國內女鞋品牌爲什麼如此獲得資本市場的追捧呢？

　　資本市場給予百麗如此高的市值，與其上市前的資本運作密切相關。

　　仔細分析上市前三年的財務數據就可以看出百麗迅速躥紅的奧秘：2004 年百麗的銷售收入和利潤分別是 8.7 億元和 7500萬元，而到了 2006 年這兩個數據暴漲到 62 億元和 9.7 億元，利潤增長了 13 倍。高速的成長率和良好的經營業績，沒有理由不受到資本市場的青睞。

　　這樣的增長速度當然會受到資本市場的青睞，但這樣的增長速度更多的是借助資本方式獲得的，這兩年中尤其是 2005年，百麗通過一系列的收購，百麗國際收購了旗下 1500 家優質的加盟店，直營店的數量大大增長，這樣通過合併財務報表，百麗體現在財務上的營業額和利潤就是一片飄紅了。

　　2005 年，百麗公司引入摩根士丹利和鼎暉投資兩家 PE 戰略投資者，融資 2366 萬港元，約佔百麗 4%的股份。從這些數據可以推斷出當時風險投資給出的公司估值大約為 6 億港元，而上市後市值達到了 789 億港元，摩根士丹利和鼎暉的投資回報達 130 倍。

　　那麼，對於那些在上市前被收購的加盟店而言，雖然被控股，但上市後，其資本增值的倍數帶來的收益比被控股失去的利潤大得多。以百麗公司 2006 年每股盈利 0.1475 港元、每股6.20 港元 IPO 價格計算，其上市市盈率達到 42 倍。值得注意的是，百麗用的是股權收購，用未來上市後的溢價換取加盟商51%的股份，從而取得控股地位，上市前並不和加盟商進行分紅，這樣就保證了加盟商的利益，同時又以很低的代價就將1500 家加盟商的財務數據合併到百麗的賬上，從而給資本市場

一個漂亮的成績。

事實上，百麗上市後，那些加盟商也享受到了上市帶來的巨大收益，造就了爲數不少的千萬富翁。

在業內人士看來，百麗的成功有很多因素：多品牌戰略、縱向一體化的模式、資本運作能力，但這些要素還是建立在其龐大的管道體系之上的。

而在百麗的每個發展階段，由於及時進行策略的調整，都順應了市場的需求，有效地促進了管道的進一步擴張：20 世紀 90 年代中的改分銷代理模式爲連鎖加盟模式，讓百麗的管道網點在內地女鞋市場上迅速做到了最大；2002 年成立百麗投資，則讓百麗國際加強了對下游管道的控制力；2004 年、2005 年的重組，引進戰略投資者，則讓百麗獲得了足夠的資金，再次開始了高速的管道擴張；2007 年香港上市，百麗國際則完全蛻變成了一個資本大鱷，攜上市後的巨額資金，開始了一系列的收購行動。

心得欄

- -

- -

- -

- -

- -

- -

5

企業的生命週期

企業生命週期(Corporate Life Cycle)是指企業的存續過程。和人的生命週期一樣，企業也有一個誕生、成長、壯大、成熟、衰老和死亡的過程，這個過程就是企業生命週期。企業也符合生命系統所具有的三個基本特徵，即新陳代謝、自我複製以及突變性。

然而，企業生命週期和生物生命週期卻有不同。生物生命週期是有限的，而從理論上講，企業的生命週期卻可以無限延續；生物的生命週期是不可逆的，企業的生命週期則具有可逆性。

企業生命週期這個概念是美國學者戈登尼爾（John W. Gardner)在 1965 年提出的。在《如何防止組織的停滯與衰老》這篇論文中，戈登尼爾比較系統地討論了組織的生命力與生命週期問題。人的生命可以通過科學的合理保健得以維護和延長，同樣，企業也可以通過一些措施保持青春、克服危機。這些措施包括聘請外部諮詢顧問進行整頓；鼓勵內部員工對企業問題進行批評和建議；對於關鍵崗位的員工予以鼓勵與支持；安排公司內部及外部的培訓；等等。伊查克・艾迪斯（Ichak

Adizes)的著作《企業生命週期》，對豐富企業生命週期理論有
著突出貢獻。他提出，企業生命週期共有 10 個階段：

(1)孕育期(Courtship)；

(2)嬰兒期(Infancy)；

(3)學步期(GO-Go)；

(4)青春期(Adolescence)；

(5)盛年期(Prime)；

(6)穩定期(Stable)；

(7)貴族期(Aristocracy)；

(8)官僚化早期(Early Bureaucracy)；

(9)官僚期(Bureaucracy)；

(10)死亡期(Death)。

　　以上企業生命週期的理論可以用來解釋風險投資的投資期
限問題。從風險投資的角度看，企業生命週期通常分為：種子
期、創始期、擴張期、成熟期、穩定期、下降期。種子期即艾
迪斯的所謂孕育期；創始期為其理論的嬰兒期和學步期；擴張
期則是其理論的青春期；成熟期是其理論的盛年期；穩定期是
其理論的穩定期和貴族期的結合；而其理論的官僚化早期、官
僚期及死亡期的綜合則是風險投資定義的下降期。

　　風險投資對於企業生命週期的定義與艾迪斯的頗為相似。
二者都是把企業的生命與人類的壽命相比喻，從出生到成長再
到成熟最後到死亡。雖然從理論上。公司(Corporation)的壽命
可以是無限的，但企業的出生、成長、成熟及衰落的過程似乎
比比皆是。

　　風險投資之所以把企業的成長過程比喻為人的生命，是因

為如同人類的成長過程一樣，企業在生命週期的不同階段需求也不同。人在不同的年齡階段所需要的營養補充不同，企業則在不同的階段對於資金規模、融資模式等的需求也隨之不同。

圖 5-1　企業生命週期與投資視窗

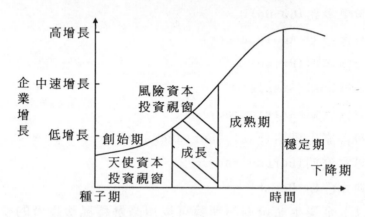

圖 5-1 把企業生命週期與天使投資/風險投資的投資階段相聯繫。在企業發展的種子期，尤其是其創始期，是天使投資的投資視窗，即這個時期是天使投資介入的最佳期。天使投資的資金是天使投資家個人的，這些資金與風險投資或其他機構投資者相比規模比較小，以這樣有限的資本金不可能投向企業發展的中晚期階段。

一方面，企業發展的中晚期的融資需求比較大，天使投資家個人的資本金只能是杯水車薪；另一方面，即使若干天使投資家進行組合投資，投資於中晚期必然會提高投資成本，因為這時的企業已經成長壯大，股價相對昂貴，在這時進行投資，也只能是每位天使投資家獲得相當小的股權比例。

與天使投資不同，風險投資的投資視窗是企業發展的成長

期，也稱爲「擴張期」或「發展期」。在這個階段，企業已經突破了「死亡谷」，正在蓬勃向上發展。這時企業的不確定性因素已經大大減少，它的技術在一定程度上加以證實，它的發展戰略經過了反覆推敲與修正，它的團隊已經經歷過一定的磨合，有了一定的凝聚力，也從各種經驗教訓中逐漸具有了一定的實戰能力。另外，它還沒有成熟，它還在朝氣蓬勃、迅速發展。這個時候，正是風險投資進入的最佳期。

圖 5-1 是一條凸曲線。我們注意到企業從種子期一直到穩定期都是逐漸上升的，但上升的速度不同。從企業發展的種子期到創始期，從創始期到成長期（擴張期），該曲線是以遞增的速度上升的（該曲線的一階導數爲正，二階導數也爲正）。在這個時期，企業不但在發展，而且在快速發展，企業正值青壯年，生命力旺盛，如饑似渴地不斷摸索，以圖前進。從成長期到成熟期，該曲線是以遞減的速度上升的（該曲線的一階導數爲正，而二階導數卻爲負）。在這個階段，企業雖然仍處於上升期，但其上升的速度已經減小，上升的力度已經不大，而從穩定期的中段開始，企業開始走下坡路。

值得注意的是，雖然天使投資與風險投資都處於企業快速上升時期，但天使投資的投資期比風險投資還要早，它承擔的風險還要高（企業越是在早期階段，它的各種不確定性就越明顯，自然風險越高）。天使投資一旦成功，它可能獲取的投資回報也就越高。

6

企業生命週期各階段的融資情形

一、各種融資管道介紹

隨著企業的生命週期從出生到成長再到衰老，企業對於資金的需求不斷變化，而企業的融資手段也隨之變化。企業的融資方式如下：

1. 3F

3F 即家庭（Family）、朋友（Friends）、創業者本人（Founders），也有人把 3F 解釋爲：Family，Friends and Fools（家庭、朋友和傻瓜）。把創業者戲稱爲傻瓜是因爲創業者往往爲了追求自己的理想而放棄了原來的相對輕鬆的工作，放棄了更爲優越的條件，投入自己的時間和精力，也投入了自己的全部激情和理想，很多創業者還爲創業投入了自己的全部積蓄，因此人們有時稱他們爲「傻瓜」，3F 是處於種子期創業企業的最基本的資金來源。

3F 中至爲重要的是創業者本人。創業者或是成功人士，或是具有一定的家庭資源，但更多的人是一無所有，白手起家。成功人士包括成功的企業家、管理者、投資家、著名演員、藝

術家、作家、運動員等。他們的成功使他們存有一定的積蓄，他們創業往往首先依賴於自己過去的存款。有家庭背景的創業者有時要依賴家庭的支持：家族企業、家庭遺產等。而白手起家者則只能依靠自己。創業者的資金來源若僅靠自己，他們融資的方式不外乎如下幾類：

(1)信用卡。在國外，靠信用卡貸款來起家的創業者比比皆是，創業者，尤其是年輕的創業者也開始以信用卡做創業融資。信用卡借貸的好處是資金進入比較迅速，手續簡單，只要個人信用好，信用卡借款並不難。然而，信用卡往往貸款利息較高，有時可高達 20%以上。如不能及時償還，債務負擔必定不輕。

(2)個人抵押貸款。有的創業者以自己的住房為抵押以獲取貸款。有的人由於自己住房的按揭貸款尚未還清，只能進行二次按揭，而二次按揭的貸款利息極高。

(3)典當借款。創業者若沒有上述可能的資金來源，他們也可能將自己較為珍貴的物品作典當品，以獲得小數額的資金。典當借款的利息往往高於信用卡借款，不到不得已，創業者一般不採取這種融資方式。

2.政府科技扶持基金

政府以資金來直接推動中小企業，尤其是科技企業的發展，是各國均採取的國策。美國實現科技成果轉化的一個重要的手段是小企業創新研究項目「SBIR」（Small Business Innovation Research Program）。SBIR 項目具體實施由聯邦政府各部委負責，具體參與是「研發經費為 1 億美元以上的」聯邦政府各部委，各參與部委要拿出每年研發經費的 2.5%作為 SBIR 項目經費（SBIR 項目每年的資金總額都在 10 億美元以上）

支持小企業創新研究。與小企業投資公司 SBIC(Small Business Investment Companies)不同，SBIR 是政府直接的資金支援，是不計投資回報的。政府扶持基金往往作為「無償資助」方式進行，所資助的企業或項目儘管使用資金，不需要償還。這種資金來源的優點是無償使用，資金成本較低。但缺點是政府扶持基金的申請程序比較冗雜，獲得批准的手續繁多，需要等待的時間也比較漫長。

3. 科技孵化器

孵化器是新生中小企業，尤其是科技型創業企業聚集的含有其生存與成長所需的共用服務項目的系統空間。這個「系統空間」包括被孵化企業、管理服務機構和服務環境。孵化器是一種資源能力的集合，包括硬體、軟體和資源分享。硬體如房子、設備等有利於企業成長的資源；軟體包括幫助創業企業進行工商註冊，教育他們如何進行管理，如何提高企業的核心競爭能力等；而資源分享是指被孵企業可以享受孵化器提供的市場資源、技術資源、政府資源等等。

4. 天使投資

天使投資家又稱為「商業天使」(Business Angel)，是以自己個人或家庭的資本進行種子期/創始期股權投資的富有遠見的投資者。天使投資又稱為非正規風險投資。與風險投資相比，天使投資的投資規模偏小，投資期限偏早，投資決策相對較快，投資成本相對較低，投資分析相對高。風險投資是投別人的錢（往往是 LP 的錢），而天使投資則是投自己的錢。天使投資的概念、運作及作用是本書探討的內容。從圖 6-1 可看出天使投資始終把種子期和創始期投資作為他們的主要投資目標。

圖 6-1 美國天使投資的投資期限

有數據顯示，在 2007 年，美國的天使投資將全部資金的42%投入種子期，48%投入創始期，僅有 10%投入擴張期，基本上沒有投入成熟期。

可看出天使投資的鮮明的投資特徵：天使投資家將他們投資資本的 90%投入企業發展的早期階段。而正因為天使投資的這種特質，使得它能夠彌補風險投資向中晚期投資所造成的資本空白，也使得它成為各國政府大力支持的一種投資模式。

5.風險投資（VC）

按照美國風險投資協會的定義，風險投資是由專業投資者投入到新興的、迅速發展的、有巨大競爭潛力的企業中的一種權益資本。風險投資是由有經驗的專業人士管理的一種資本運作模式。風險投資家不僅對於所投企業提供資金，更重要的是他們為所投企業提供管理經驗、市場信息、企業未來發展的戰略及商業關係網。

6.企業家商業信用

這包括企業間往來賬務，企業間的應付款項目及企業保理業務（Factoring）。保理業務是國際上流行的應收賬款融資方式，能夠滿足企業特別是中小企業的融資需求。這種業務是指銀行或其他保理商通過對應收賬款進行核准和購買，在基於買

方信用條件下，向賣方提供短期貿易融資、賬款催收、壞賬擔保等服務。2007 年，全球保理業務量已達 1.3 萬億歐元，佔全球 GDP 的比重超過 3%，其中歐洲佔它 GDP 的 6%。

7.中小企業擔保貸款

中小企業擔保貸款由專業擔保公司爲中小企業向商業銀行提供貸款擔保。中小企業融資難已經是人所共知的事實。中小企業不僅是股權融資難。而且也很難獲取銀行貸款。中小企業貸款擔保公司起到了橋樑的作用，一方面它降低了銀行的貸款風險，另一方面它緩解了小企業貸款難的矛盾。隨著經濟發展，擔保公司的市場也越來越廣泛。近年經濟環境的變化，爲擔保公司帶來了新的發展，擔保公司的信譽狀況有較大提高，同時，多種品種的擔保業務已獲得開發。

8.創業金融租賃

創業企業的金融租賃又被稱爲「Venture Leasing」。它是一般性金融租賃和風險投資的結合，通常與風險投資同時進行，但也有企業在獲取風險投資之前利用創業金融租賃的辦法融資。創業金融租賃的實質與一般性金融租賃類似，不同的是，前者是將金融租賃業務的對象設爲創業企業或小企業。

一般地，金融租賃公司需要與風險投資家合作，依靠風險投資家對需要融資的創業企業進行盡職調查和評估。一旦調查結果滿足要求，金融租賃公司就將購買企業所需儀器，如電子電腦主機，然後以租賃的方式轉給創業企業使用。一方面，創業企業沒有足夠的資金購買比較昂貴的儀器，但又急需使用；另一方面，金融租賃公司擁有儀器設備的所有權，還可通過收取租金補償折舊支出，並獲取利潤。

有時，風險投資公司自己直接從事創業企業的金融租賃服務，收取租金及股權。獲得金融租賃的創業企業將按照合約支付租金，通常是按月支付。對於初創企業的租賃會給金融租賃公司帶來附加的風險，因此，金融租賃公司除了要求企業支付租金外，往往還要企業付與一定的股權。從這個角度上看，它又具有風險投資的性質。

9. PE 基金，購併基金

PE(Private Equity)被譯爲私募股權，又爲私人權益資本，或非公開權益資本，而購併基金是 PE 的一種主要形式。PE基金往往規模較大，偏向於投資大型企業或成長型企業的發展晚期階段，因此，PE 基金往往不是創業企業或一般中小企業的融資選擇。

10. 商業銀行

商業銀行(Commercial Bank)是一個可以提供存貸款業務的信用仲介機構。銀行貸款存款的利息之差是銀行的利潤收入。它是以獲取利潤爲目的的金融企業。一般地，商業銀行僅貸款給那些成熟的，已經具備一定規模的，具有償還能力的企業。而中小企業，尤其是創業企業一般規模較小，沒有可以作爲抵押品的廠房、設備，也沒有穩定的現金流以作還款付息的保障。因此，初創企業以及一般中小企業很難獲得商業銀行的貸款。目前，政府通過建立各種貸款擔保機構來幫助中小企業獲取銀行貸款。

11. 資本市場

資本市場是指期限在一年以上的資金融通活動的總和。資本市場又叫長期資金市場，是相對於貨幣市場(短期資金市場)

而言的一種金融市場，通常是指一年以上的金融工具交易的場所，包括股票市場、債券市場和長期信貸市場等。籌資者、投資者、仲介機構和管理機構，他們相互制約、相互依存構成了資本市場的完整內涵。一般地，資本市場是爲成熟企業，尤其是優先的成熟企業提供融資的場所。各國創業板市場雖然爲中小企業和成長型企業提供了便利的融資條件，但即使是創業板市場也往往很難成爲種子期或初創企業的融資管道。

綜上所述，隨著企業生命週期的變化，與之相適應的融資模式也在發展變化。上述 11 種融資模式中的前 8 種都可以或多或少成爲企業生命週期早期的融資管道。

二、各階段的不同應用

天使投資與風險投資在企業生命週期各個階段中的位置可用圖 6-2 表示。

圖 6-2　企業生命週期與天使投資

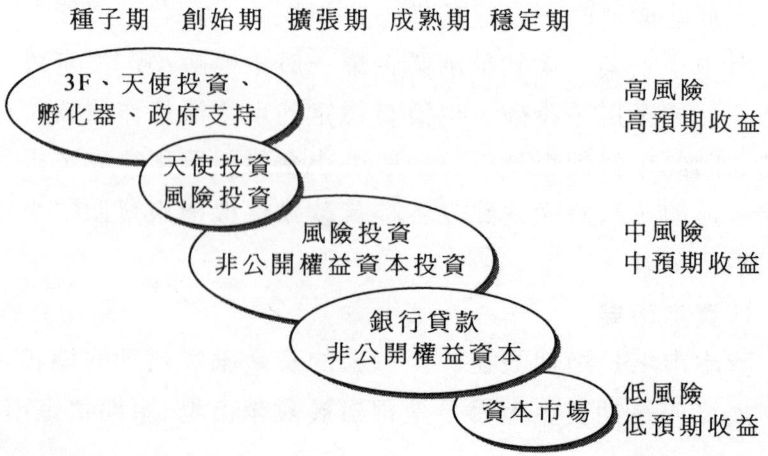

種子期　創始期　擴張期　成熟期　穩定期

3F、天使投資、
孵化器、政府支持　　　　　　　高風險
　　　　　　　　　　　　　　　高預期收益

天使投資
風險投資

風險投資　　　　　　　　　　　中風險
非公開權益資本投資　　　　　　中預期收益

銀行貸款
非公開權益資本

資本市場　　　低風險
　　　　　　　低預期收益

在種子期，企業家的資金來源往往是他們自己，他們的家人和親戚，他們的朋友，即所謂的 3F。此外，他們也尋求天使投資的幫助。如果企業是國家大力扶持的高科技企業，國家會給予一定的資金援助。科技孵化器也是企業種子期的重要資金來源之一，這些科技孵化器是由政府、大專院校或其他非營利組織所資助的，它們通過為創業企業提供廉價辦公室、各種專業服務，間接地幫助創業企業解決部份資金困難問題。有的科技孵化器也直接為創業企業提供小額運營資金。

在創始期，企業需要更多的資金以應付日益增長的資金需求。它們如果具有發展潛力，能夠在相對短的時間內迅速成長。如果它們是具有良好市場前景的企業，尤其是高科技企業，它們可以尋求風險投資。當然，這個階段天使投資也是企業家可選擇的資金來源。

在企業的發展期或擴張期，具有一定市場發展潛力的，又具有強有力的管理團隊的企業，有望獲取風險投資；即使是傳統產業，只要具有穩定的巨大的市場，企業也有可能獲取風險投資或其他 PE 資本，即非公開權益資本（也譯為私人權益資本）的投資。

在企業發展的成熟期，其本身實現正現金流所需資本大多是短期流動資金，這時企業往往可以從商業銀行獲取銀行貸款。如果企業由於種種原因，需要中長期資金支援，他們又可以通過非公開權益資本以獲取股本資金。

企業發展到穩定期，就可以考慮上市，從資本市場融資。

從企業的生命週期及其融資模式的選擇，可以看到天使投資存在於種子期和創始期，而風險投資則活躍於創始期和擴張

期。天使投資是連接 3F 和風險投資之間的橋樑，它填補了創業
企業在 3F 與風險投資之間的資本需求的空白。隨著風險投資越
來越轉向中晚期投資，這個空白就越來越大，而天使投資的作
用也隨之越來越顯著。這就是爲什麼天使投資在世界各地如雨
後春筍，不斷壯大。天使投資的蓬勃發展在 21 世紀尤爲明顯。

　　天使投資在企業成長過程中扮演了一個重要的角色。沒有
種子，就沒有生命；沒有創立，就沒有發展；沒有小企業，就
沒有大企業；沒有失敗，就沒有成功。企業生命週期的早期，
即種子期和創始期是企業生命最爲脆弱的時期。這個時期也正
是天使投資發揮其重大作用的時期。天使投資家往往在企業生
死存亡的關鍵時刻起著雪中送炭的作用。

　　天使投資與風險投資的共性可以總結如下：

　　1.二者都是對於創業企業的股權投資，天使投資雖然也做
些與股權投資相聯繫的債權投資，或信用擔保，但以股權投資
爲主。

　　2.二者都具有「高風險、高潛在收益」的特徵。

　　3.二者都投資於快速增長的、具有巨大發展潛力的創業企
業。「高增長」是他們選擇投資對象的主要目標。此外，管理團
隊、市場、產品/服務、專利等知識產權的持有等因素也是投資
目標的重要依據。

　　4.二者都在一定程度上參與被投企業的管理與建設。

　　5.二者都採取一定形式的聯合投資模式，以期減少投資風
險。

　　6.二者都在一定程度上是放眼長期的耐心資本，雖然在目
前，風險投資越來越趨向於投資於創業企業的後期。

7

不同企業類型採用不同的融資模式

一、創業企業與中小企業

　　中小企業的定義根據不同國家的不同情況而有不同。在美國，一般僱員為 100 人以下為小企業，而僱員為 100～500 人的為中型企業；在歐洲，其定義更窄一些：僱員為 50 人以下的為小企業，而僱員為 50～250 人的為中型企業。

　　在我國，中小企業標準根據企業職工人數、銷售額、資產總額等指標，結合行業特點制定。工業、建築業、零售業中小企業的定義各有不同。

　　一般地，企業在初創期大都屬於中小企業，更確切地說，大都屬於小企業。與此相反，中小企業不一定都是創業企業（見圖 7-1）。

　　如圖所示，企業從出生，到成長，到成熟，到穩定，以至到衰老，需要經過一個較長的時間。在種子期、創始期的企業屬於創業企業，這些創業企業大都是小企業，它們都經歷了成長、成熟，到穩定的過程，但它們最終將分化：一些企業會成長為大型企業，一些企業會成為中型企業，而另一些企業則永

遠保持小企業的形態，當然，還有相當一些企業會夭折。

圖 7-1　創業企業到成熟企業

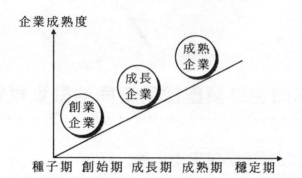

　　任何大型企業都是從創業企業開始的，所謂「千里之行始於足下」，微軟、谷歌、英代爾等大型企業都是從創業企業開始的。然而，並不是每一個創業企業都會成為大型企業。一方面，企業所從事的行業、經營的性質、從業的環境往往限定它們未來的規模，規定了它們是否可以成長壯大的路徑。此外它們是否願意成為大企業的主觀意願也起到重要作用。另一方面，即使創業企業主觀意願上希望能夠成長壯大，但它們自身的條件，它們的經營理念、管理團隊、戰略方針等又制約它們的發展。例如，街頭巷尾的小商小販可能很難成長為大型企業。還有些企業則因為業務性質，願意保持小企業的模式。如果我們以企業的員工人數來界定企業的規模，那麼，風險投資公司，或風險投資有限合夥制大都是小企業。美國目前只有不到 700家風險投資公司，風險投資家不足 3000 人。從這個意義上說，美國的風險投資公司都是小企業。當然，從風險投資公司所運作的資本額看，它們的可動用資本又比普通大型企業還豐富。

創業企業和中小企業的關係可由圖 7-2 解釋。

圖 7-2　創業企業和中小企業的關係

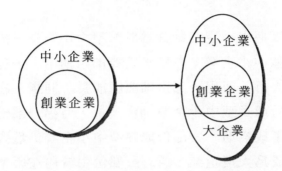

　　如圖 7-2 所示，創業企業和中小企業是兩個不同的範疇。一般地，創業企業都是中小企業，而中小企業並非都是創業企業。創業企業經過優勝劣汰的成長過程，成功的企業或蛻化爲大企業，或仍然保留中小企業模式。這裏的邏輯是：大型企業一定是成功的小企業所蛻化而成，但成功的小企業不一定都成爲大型企業，即小企業成功後，會分爲成功的大型企業和成功的中小企業。即使企業發展並不一定很成功，但它們戰勝了死亡，走出了死亡谷，它們存活了。既存活，就具有進一步發展的餘地。它們成爲成熟企業。

　　在企業發展初期，創業企業屬於中小企業的一個子範疇。然而，當企業成長和成熟後，創業企業卻分化爲大型企業和中小企業兩種模式。因此，在企業發展初期，幾乎所有創業企業都是小企業。另外，不是所有成熟企業都是大企業，很多成熟企業仍然是小企業。從現實情況看，絕大多數成熟期的企業是中小企業。

二、中小企業的三種類型

我們可以把中小企業劃分爲成熟型中小企業、成長型中小企業和創業型中小企業。在種子期或創始期中，一部份創業型中小企業會夭折，而另一部份則繼續成長；同樣，在企業的成長期，一部份成長型中小企業也會夭折，而另一部份則繼續發展；即使到了成熟期，一部份成熟型中小企業仍然會倒閉，另一部份則會成爲大型企業，還有一部份由於內在因素，或受制於外在因素，它們將永遠保持中小企業的地位（見圖 7-3）。

圖 7-3　三種類型的中小企業

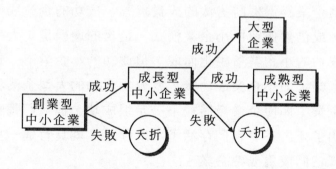

圖 7-3 從一個側面展示了創業企業和中小企業的關係。創業企業或成功，或失敗。成功者成爲成長型中小企業，失敗者退出歷史舞台。成長型中小企業繼續發展，或成功，或失敗。失敗者同樣退出歷史舞台，而成功者卻有兩種結果：或成爲大型企業，或保持中小企業規模。

從創業企業成長爲成熟型中小企業並不是創業的失敗，而是創業成功的結果之一。當然，如果一個企業在成長過程中本

來是期望，也可能成爲大型企業，但由於自身原因，如管理不善、經營方針不妥、發展戰略不佳等而始終維持在中小企業的形態。這時的企業仍然處於成長型中小企業，它們的狀態是暫時的，它們或者調整自己，成長爲大型企業，或者修正自己的戰略目標，選擇維持中小企業形態。

三、不同類型的中小企業，採取不同的融資模式

上述三種類型的中小企業：創業型中小企業、成長型中小企業和成熟型中小企業，其融資模式大不相同。

創業型中小企業——3F、天使投資、科技孵化器、政府扶持基金、風險投資等等；成長型中小企業——風險投資、PE 基金、擔保貸款、創業板上市等等；成熟型中小企業——中小企業擔保貸款、中小企業捆綁發債、中小企業集合上市、櫃檯交易、三板市場等等；大企業——銀行貸款資本市場 PE 基金等等。

可以看出，中小企業類型不同，所適用的融資模式也不同。創業型中小企業沒有廠房設備等作抵押，很難獲取銀行貸款。它們的資金來源往往是 3F、天使投資、科技孵化器、政府扶持基金、風險投資等等。這裏，科技孵化器本身不是融資機構，也不一定爲創業型中小企業直接提供流動資金，但它們會向在孵企業提供間接的資金來源，如廉價的辦公室/廠房、免費的文件秘書、公用的電話/電傳等等。

值得注意的是，天使投資、科技孵化器、政府扶持基金、風險投資等大都不是針對一般創業型中小企業的，而是針對那些投資者認爲具有巨大市場潛力、增長速度較快，具有巨大發

展前景的企業，這些企業中不少都是高科技企業。

　　其中，科技孵化器、政府扶持基金等資金來源可能專門投資於高科技企業，風險投資的重要支援對象也是高科技企業。而一般的創業型中小企業往往依賴於 3F 作為主要資金來源。

　　例如一對退休夫妻在街角開了一家雜貨店，他們也是創業型中小企業，但他們的發展前景，他們的增長速度可能使他們難以獲得天使投資或風險投資，更難獲取科技孵化器的資助。

　　與創業型中小企業不同，成長型中小企業的資金來源主要有：風險投資、PE 基金、銀行發放的中小企業擔保貸款，或創業板上市等。

　　成熟型中小企業的融資方式則可以選擇中小企業擔保貸款、中小企業捆綁發債、中小企業集合上市、櫃檯交易、三板市場等等。成熟型中小企業比較適合以債權資本的方式融資，而創業型中小企業則更適用於以權益資本（又稱股權資本）的方式融資。雖然對於創業企業來說，債權資本往往比起股權資本更加便宜，它不會產生股權稀釋問題，但比較不易獲取。這是因為創業型中小企業沒有足夠的有形資本作抵押，也缺乏信貸歷史記錄，而權益資本的融資一方面可以免去抵押的要求和信貸歷史的記錄，另一方面，又可以暫緩支付貸款利息的壓力。

8

風險投資是怎麼掙錢的

風險投資（VC）實質上也沒有什麼神秘的，它不過是一種商業模式。簡單地講，就是投資公司尋找有潛力的成長型企業，投資金錢，並換取這些被投資企業的股份，並在恰當時機將股份增值後套現退出，賺取高利。

「風險投資」這一詞語及其行為，通常認為起源於美國，是 20 世紀六七十年代後，一些願意以高風險換取高回報的投資人發明的，這種投資方式與以往抵押貸款的投資方式有本質上的不同。風險投資不需要抵押，也不需要償還。如果投資成功，投資人將獲得幾倍、幾十倍甚至上百倍的回報；如果失敗，投進去的錢就算打水漂了。對創業者來講，使用風險投資創業的最大好處在於即使失敗，也不會背上債務。這樣就使得年輕人創業成為可能。幾十年來，這種投資方式發展得非常成功。

其實在此之前，以風險投資方式進行投資早就存在了，只不過那時候還沒有「風險投資」的叫法而已。

一、什麼是風險投資

將 VC 作爲一種商業模式的定義，但實際上，我們常常聽到和看到的「VC」這個詞，還可以作爲「風險投資公司」、「風險投資人」、「風險投資行業」等的簡稱。

風險投資(VC)到底是什麼？既不是指維生素 C，也不是那裏有風險就往那裏投資。專家是這樣解釋風險投資的：風險投資是私募股權投資中的一種，投資具有潛力和成長性的公司，以期最終透過 IPO 或公司出售的方式，獲得投資回報。

風險投資屬於私募股權投資的一種，是專注於投資早期公司的那一類，那私募股權又是什麼呢？私募股權投資是一個寬泛的概念，指以任何權益的方式投資於任何沒有在公開市場自由交易的資產。機構投資者會投資到私募股權基金，並由私募股權投資公司投資到目標公司。

私募股權投資包括杠杆收購、夾層投資、成長投資、風險投資、天使投資和其他類型。私募股權基金通常會參與被投資公司的管理，並可能會引入新的管理團隊使公司價值更大。

美國全美風險投資協會(NVCA)的定義：風險投資是由職業投資家與其管理經驗一起，投入到新興的、迅速發展的、具有巨大經濟發展潛力的企業中的一種權益資本。

可以發現組成風險投資的幾個關鍵基因：首先是錢，就是風險投資投入到目標的資本，是由專門的投資人提供的；其次，風險投資是一種股權投資，一般不以貸款等債權投資形式體現；第三，投資行爲是由職業風險投資家負責的；第四，被投

資公司是還年輕、處於快速發展期、未來有可能獲得成功。

　　VC 其實跟一般的生產企業模式類似，如圖 8-1 所示。他們先從一些優質的創業者手裏低價買入「原料」——這些創業企業的股份，然後對「原料」進行加工——給企業提供一些增值服務，或者乾脆就等著創業者自己努力，從而使這些股份原材料成爲更加規範的產品，並獲得價值提升。最後，VC 將這些股份賣給大型企業，或者讓企業上市，VC 通過證券市場脫手，將手中的股份高價賣給戰略投資者或公眾，從而完成一個投資循環，實現投資收益。

圖 8-1　VC 商業模式

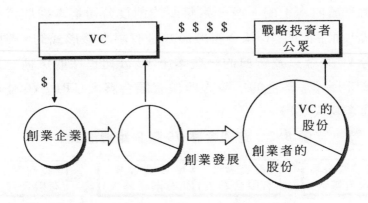

二、風險投資基金（VC）的組織方式

　　風險投資是一種集合的投資工具，通常是有限合夥或有限責任公司的組織形式，將第三方出資人或者把投資者的錢聚集起來，並投資到眾多目標公司中去。

　　風險投資公司(簡稱「VC 公司」或「VC」)是 VC 基金的管

理者，負責為基金融資，就像創業者為企業融資一樣，VC 公司也要向投資者融資，通過募集到足夠的資金並成立 VC 基金之後，才能開始投資。VC 公司裏負責投資的專業人士稱為風險投資人，也就是我們常常所說的「VC」，他們負責尋找、挑選以及評估投資目標，並將管理經驗、技術力量、外部資源以及資金等帶給被投資公司。

在哥倫布的故事中，我們可以將西班牙女王看作是出資人，她與哥倫布設立了一個 VC 基金，哥倫布就是一個 VC，他在汪洋大海之中尋找投資目標——陸地和陸地上的財寶。

按有限責任公司形式成立的基金跟普通的公司沒什麼太大的區別，國內本土的、有一定年頭的創投公司基本採取這種組織形式，而主流的 VC 基金組織形式是有限合夥形式的。美國絕大部份 VC 基金以及新興的一些本土 VC 公司也採取這種形式，如圖 8-2 所示。基金的出資人叫做有限合夥人(LP)，VC 公司叫做普通合夥人(GP)。

圖 8-2　有限合夥 VC 基金組織形式

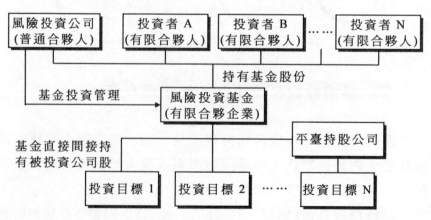

　　VC 基金一般是由 VC 公司出面，邀集一定數量的 LP 設立而成。爲了避稅，VC 基金一般註冊在開曼群島或巴哈馬等避稅天堂的地區。在 VC 基金的註冊文件中必須確定基金規模、投資策略等，VC 基金還會設定一個最低投資額，作爲每個投資人參與這一期投資的條件。一些大型 VC 的每期基金融資規模常常超過 10 億美元，它會要求每個投資人至少投入 200 萬美元。顯然，這些數額只有機構投資者和非常富有的個人才能拿得出。

　　基金爲全體合夥人共同擁有，VC 公司作爲 GP，除了要拿出一定資金外，還同時管理這一期 VC 基金。LP 參與分享投資收益但是不參加基金運作的日常決策和管理，VC 基金的所有權和管理權是分離的，以保證 GP 能夠獨立地、不受外界干擾地進行投資。另外，爲了監督 GP 的商業操作、財務狀況和降低投資風險，VC 基金要聘請獨立的財務審計顧問和律師，並設立董事會或者顧問委員會，他們會參與每次投資的決策，但是最終決定由 GP 來做。

　　天使投資本質也是早期風險投資，天使投資人（天使）常常是：一些有錢人，他們很多人曾成功地創辦了公司，對技術的感覺很敏銳，又不願意再辛辛苦苦創業，希望出錢資助別人而間接獲得收益。他們的想法簡單說就是「不願意當總（經理），只肯當董（事）」。

　　有些天使投資人獨立行動，自己尋找項目進行投資，但在美國，更多的情況是幾個天使湊到一起組成一個天使投資小組，共同尋找、評估和投資項目。

三、VC基金的壽命

有限合夥形式的 VC 基金存續期限一般是 10 年，或者再延期 1 年，到期就結算清盤，VC 公司通常在基金的前 3～5 年會將全部資金投資出去。

一個 VC 公司可以管理多隻獨立的 VC 基金，為了維持其持續運作，不至於把錢投完了沒事幹，VC 公司通常每 3～5 年就會募集一個新的基金。我們常常可以看到某某 VC 公司正在募集第 8 期基金、某某 VC 管理有 5 隻基金、資金規模達到 20 億美元之類的消息。

在 VC 基金生命週期的後段年，也就是第 6～10 年（有時會延期 1 年），VC 公司會將其投資變現，使 VC 基金獲得實際投資回報，如圖 8-3 所示。

圖 8-3　VC 基金的生命週期

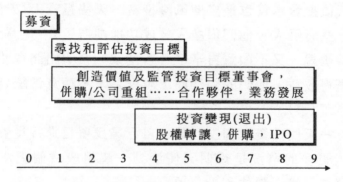

募資

尋找和評估投資目標

創造價值及監管投資目標董事會，
併購/公司重組······合作夥伴，業務發展

投資變現(退出)
股權轉讓，併購，IPO

0　1　2　3　4　5　6　7　8　9

四、VC 基金的錢從那兒來

根據全美風險投資協會(NVCA)、加州公共僱員退休系統(CalPERS)年度報告(2006)及耶魯大學捐贈報告(2006)可知，VC基金的資金來源比例如表 8-1 所示。從表中可以看到，機構投資者的資產配置偏向於上市公司的股權投資或者債權投資，而私募股權投資的比例都很小，給予 VC 基金的就更少了。

表 8-1　VC 基金的資金來源

VC 基金的資金來源	比例(%)	出資人資產配置特點
養老基金	42	上市公司股票——61.2% 債權/固定收益——24.5% 不動產——7.2% 私募股權——5.7% 現金——1.4%
財務公司/保險公司	24	不同公司差異很大 偏重低風險的債權投資，少量私募股權投資
捐贈基金/基金會	21	教育機構的平均情況： 上市公司股票——49.1% 債權/固定收益——32.9% 不動產及現金——11.7% 私募股權——6.4%
個人/家庭	10	基於個人風險偏好及投資經驗，差異很大

　　VC 基金的資金主要有兩個來源：機構投資者和非常富有的個人，包括公共養老基金、公司養老基金、保險公司、富裕個人、捐贈基金等，例如哈佛大學和斯坦福大學的基金會就屬於捐贈基金。另外，爲了讓投資者放心，VC 公司自己也會拿出些錢（基金總額的 1%左右）與投資者一起投資。

　　VC 基金的資金是所謂的承諾資金，這些承諾資金在 VC 基金存續期內逐步分期到賬，並不是設立時一次性全部到位。例如，某 LP 承諾給一個 VC 基金出資 1 億美元，那麼他會在特定的時候收到 GP 的一些出資請求，每個請求的金額爲其出資總額的 3%～10%不等。通常，LP 需要在 10 個工作日之內按 VC 公司的出資請求投入所需資金。如果 LP 沒有投入，他們就構成違約。這也是在當前金融危機的情況下，很多 VC 公司擔心的問題。因爲很多 LP 的資產在嚴重縮水，他們是否還會如約向 VC 基金投資呢？

　　首先，由上文可知，VC 基金的大部份 LP 是機構投資者，而在這些 LP 的資產配置中只有很少的比例是給 VC 基金，絕大部份比例是投於上市公司股票。隨著全球股市的集體跳水，以至於他們的資產總額嚴重縮水，承諾給 VC 基金的投資額對應的比例可能會超過預期，但這是這些 LP 資產管理所不允許的，因此，有些 LP 可能被迫違約。

　　其次，有些 VC 基金實際上對 LP 非常有吸引力，因爲他們的投資回報一貫很好，有很多投資機構擠破腦袋想投資給他們，所以 LP 是不會輕易對他們違約的。而且，LP 有優先認購權，即有權在此 VC 公司設立的下一隻基金中優先獲得投資比例。所以，對於好的 VC 基金而言，有 LP 違約也不用擔心，因

爲有很多投資者等著接手他們 LP 的投資承諾，投資承諾及相關權益的轉讓會在 VC 二級市場中進行交易。

第三，LP（有限合夥人）與 VC 公司簽署合夥協議，LP 同意在基金需要的時候投入約定數額的資金。一旦 LP 違約，VC 公司可以根據合夥協定採取相應的措施。例如，對違約的 LP，其分紅比例將會被嚴重打折（例如 50%）。要是某 LP 承諾投資 400 萬美元，在投資了 200 萬美元後，不繼續投資了，那麼，基金在分紅時，將按此 LP 只投資 100 萬美元（50%）與其他 LP 按投資金額的比例分配。違約的數額（200 萬美元）按比例由不違約的 LP 分攤承擔。同時，VC 基金可以將違約 LP 的分紅延遲到基金到期的時候才支付。這種處理方式的好處是：

⑴自動執行，不需要花費 GP 的時間和費用。

⑵對分紅進行打折會迫使 LP 不選擇違約。

⑶對於沒有違約的投資人有好處。

如果 LP 在基金運作的早期就違約，而且在 VC 二級市場沒有買家接手，GP 可以起訴這個 LP，強制其投入承諾資金。這種方式當然不太好，會花費一定的時間和費用，尤其是如果此 LP 在基金中的比例比較小，就更沒有價值了。

也有些合夥協議中規定允許違約 LP 繼續留在基金中，不予懲罰，但其基金比例只以已經投入的資金計算。這種方式的不利之處在於會鼓勵其他 LP 違約，並且 VC 基金可能無法募集到全部的承諾資金，基金規模就會被縮小。

比較有意思的是，儘管有些 LP 打算違約，可是有不少 GP 卻躍躍欲試，準備接手這些 LP 的投資比例。原因說白了很簡單，一是這些 LP 的比例通常是大幅打折出讓，第二是當前的風

險投資市場比較萎靡，VC 投資時對目標公司的估值非常低，這兩種情況都可以讓接盤的 GP 撿到便宜的好東西。

五、VC 的投資流程

每家 VC 都有自己感興趣的行業，並不是什麼行業都投或者只要是好項目就投。VC 公司畢竟人手有限，專業知識也有限，「遍地撒網」的方式是很難做好投資的。每家 VC 都有它們自己關注的投資領域，列為優先投資項目，例如 Internet、新媒體、新能源、醫藥、創意產業等。

每家 VC 還都有自己的投資規模和階段：種子期、早期、成長期。一般來說，關注不同階段的 VC 單個項目投資的資金規模差異很大：

(1)種子期：10 萬～100 萬美元。

(2)早期：100 萬～1000 萬美元。

(3)成長期：1000 萬～3000 萬美元。

每個 VC 公司的人手有限，對投資項目的管理能力也有限，所以，資金規模為 5 億元以上的大基金通常並不會投資很多項目，而是通過投資成長期、成熟期的公司，提高單筆投資的額度，來保證投資項目不至於過多。例如紅杉資本，一期基金動輒就在 3～5 億美元，如果每家公司只投資一兩百萬美元，合夥人要在幾年裏審查幾千甚至幾萬家公司，每個合夥人還要在幾十家被投資的公司做董事！這明顯是不現實的，因此，它們每一筆投資的數額不能太小。

如果公司需要 3000 萬美元擴大規模，找種子期的 VC 根本

沒用，即使他們把整個基金都投給你，這可能都不夠。就像當初盛大網路在融資 5000 萬美元的時候，找到聯想投資，當時聯想投資管理的資金規模也才 3000 萬美元，全給了都不夠。

同樣，如果創業者只需要融資 100 萬美元，就不要自討沒趣去敲投成長期 VC 的大門。對於初創的種子期公司，它們通常只需要融資幾十萬甚至幾萬美元就可以了，這種情況別說是投成長期的 VC，就是資金規模小的 VC 也不會參與，對於這些公司的投資就由一類特殊的風險投資商——天使投資人來完成。

VC 公司的投資是有方法、流程和決策機制的，如圖 8-4 所示。

圖 8-4　VC 投資流程

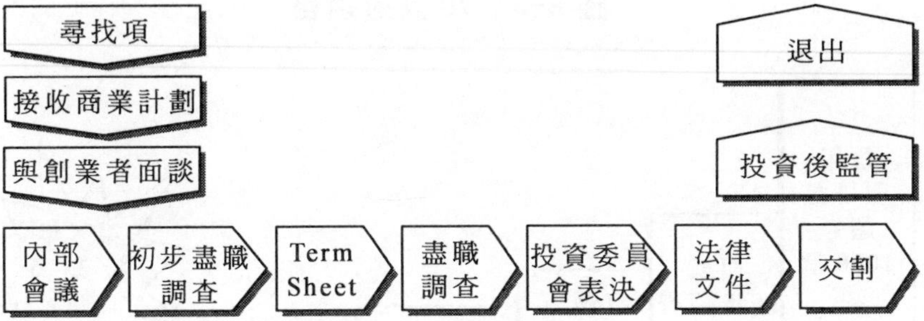

通常任何來源的項目都需要打動第一個人，不管是 VC 的合夥人還是投資經理，然後他要把這個項目拿回去在 VC 定期項目評估會上進行討論和排序，如果這個項目能夠在 VC 內部被一致看好，並能進入「潛在投資項目」排名榜的前 5 名，接下來 VC 就可能會指派專門團隊來和項目方進一步溝通，包括談判 Term Sheet、做盡職調查等，並最終把這個項目送到 VC 內部的最高決策機構——投資委員會上去最後通過。一旦通過，剩下的工

作就是起草和簽署正式的法律文件，將資金打到創業者的公司賬戶上。VC 陪著公司發展幾年之後，找到合適的機會，實現退出。

VC 基金一旦進入被投的公司，就變成了該公司的股東，並且持有公司股份。如果該公司關門大吉了，公司破產清算後剩餘的資產，VC 基金要優先於公司創始人和一般員工，拿回該拿的錢。但是，這時能拿回的錢相對於當初的投資額而言，通常就是個零頭。如果投資的公司上市或者被併購，VC 基金要麼直接以現金的方式回收投資，或是獲得可流通的股票。

為了降低風險，每隻 VC 基金必須分散投資，要投十幾家到幾十家公司，而不是「把雞蛋放在一個籃子裏」，如圖 8-5 所示。

圖 8-5　VC 篩選項目

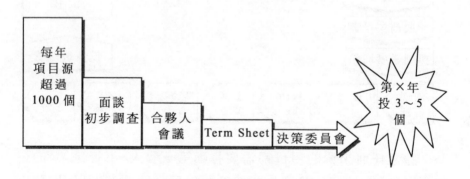

9

企業者的股權與收益

企業家在「富有」(Rich)和「自主權」(King)之間選擇時，常常進退兩難：或者放棄一些股權（可能不再控股），以換取得更高的利潤；或者放棄企業快速發展的機會，卻能夠牢牢把握自己企業的控制權。

1.企業家要如何取捨

企業家應當如何取捨，要看企業家創業的初衷。如果企業家雖然追求企業的發展壯大，但他們更重視自主權，更追求個人的自由意志，那麼，他們也可能放棄天使投資等外來資本的投入，放棄快速增長的機會。如果他們創業的初衷雖然也包含個人理想的實現，包含對於個人自由的追求，但他們更重視企業的增長壯大，更希望得到經濟上的回報，他們可能寧可多放棄一些股權和管理控制，而實現企業的快速增長。他們知道，他們本人對於企業的控制權雖然小了，他們的股份雖然被稀釋了，但這些更小的股權卻為他們帶來了更大的價值。

一個創業者如果自始至終都是一個人（或一個家庭），他可以控制自己企業100%的股份，但他的企業不能夠迅速發展。雖然創業沒有失敗，但也很難說取得成功。在這種狀況下，企業

家這 100%的控制權並沒有給他帶來財富。假定企業家的啟動資本只有 10 萬元，幾年後，他們依靠自身的積累和銀行貸款，企業總資產穩步發展到 30 萬元，那麼，100%的 30 萬元還是 30 萬元。如果他的發展策略適當，市場選擇正確，也可能他的企業會很快膨脹到 200 萬元或更大。相反，如果績效不佳，企業可能最終破產，那麼，他們的 100%股份並沒有任何意義，100%的零還是零。

股權比例與價值無關。有三種情況：

⑴ 100%的零還是零。創業者具有 100%的股權，但沒有價值的全部是沒有價值。

⑵ 80%的 100 萬則是 80 萬。雖然比起 100%的股份來，80%是少了一些，但其價值卻大得多。創業者讓位給天使投資家 20%的股份，但自己的 80%卻具有 80 萬的價值，有價值的局部是部份價值的實現。

⑶ 1%的 10 億則是 1000 萬。這時，創業者不但引入了天使投資，還引入了風險投資，又引入了其他投資者。創業者雖然僅擁有 1%的股權，但卻實現了 1000 萬的價值。

不是所有憑藉自身力量的企業都不能快速發展的。有的企業是可以既不從外部融資，又能夠保持快速發展。當然這種狀況是企業家的理想狀況，若實現這種理想狀況也是有相當的難度的。另外，不是所有能夠從外部融資的企業都必然成功。天使投資和風險投資都是風險較高的投資，之所以風險高，是因為他們投資的企業中，有相當一部份以失敗而告終。

如果該企業家終於決定從外部融資，他們可能仍然面對財富與控制權的選擇。損失部份股份，喪失部份控制權可能會給

企業帶來他們所最需要的資金，可以促進企業的快速發展，股份的大小與其所代表的價值的多少關係不大。

2.讓出股份，但讓公司更壯大

假定企業家最終決定求助於外部資本，再假定他們從天使投資家那裏融資 10 萬元種子期資本，並出讓 20%的股權，這 10 萬元幫助他們解決了最急需的現金流問題，帶來較快的發展。一年後，公司總價值爲 50 萬元，那麼企業家的股份比例雖然從 100%下降到 80%，但這 80%所代表的價值爲 40 萬元（50 萬元的 80%），而原來的 100%的股權，其背後僅僅是 10 萬元。假定這個企業家進一步融資，一年後，他們向風險投資家 I 那裏融到 A 輪風險投資 100 萬元，出讓 20%的股份。再過一年，他們向風險投資家 II 那裏融到 B 輪風險投資 500 萬元，出讓 25%的股份。企業上市前，又向風險投資家 III 那裏融到 C 輪風險投資 3000 萬元，仍然出讓 25%的股份，那麼企業家僅剩下 10%的股份。雖然企業家手中的股份從 100%下降到 10%，但上市後，如果該企業市場價值爲 5 億元，而企業家這小小的 10%的股份卻代表了 5000 萬元的龐大價值。

上述例子告訴我們幾個簡單的道理：

(1)股份的百分比的大小與它所代表的價值無關。你的股份比例可以很高，但其身後的價值可以微乎其微，甚至可以是零（剔除負價值的可能性）。

(2)企業家手上掌握的股份比例並不代表他們是否在經濟上取得成功。

(3)越是早期的融資，其他條件不變的情況下，其融資成本就越高，企業家爲其出讓的股份就越大（從投資家的角度看，越

是投資早，風險越高，所要求的股份也就越大，相應未來預期
收益就越高）。

(4)在企業不斷的融資，不斷的擴張的過程中，企業的價值
不斷的增加。因而，原有股東的股份很可能在再融資的過程中
不斷稀釋。

投資者應當認識到，企業增長非線性的。隨著企業生產/
服務的任何一個進步，都會相對減少企業的科技風險和企業管
理的執行風險，同時也就減少了投資者的風險，而風險的減少
又會大大地推進企業的發展。

10

VC 高估值的陷阱

2007 年 10 月，Facebook 將其 1.6%的股份以 2.40 億美元的
價格出售給微軟，這項投資是以 Facebook 評估價值 150 億美元
為計算基礎的。算下來，微軟給 Facebook 的估值達到了
Facebook 當年收入的 100 倍和當年利潤的 500 倍。Facebook 高
達 150 億美元估值的新聞一出，刺激了無數 Internet 創業者的
神經。瞬間，神州大地上出現了一大批「中國式的 Facebook」。
不過，大量創業者都沒有弄清楚，這個 150 億美元的估值，跟
他們自己企業的估值關係並不大。

Facebook 的異軍突起，吸引了微軟、雅虎和 Google 等 Internet 巨頭的注意。一方面，Facebook 的模式很可能代表 Internet 商業的一次重大創新，巨頭們願意在早期擁有對這種創新的控制權，因此出大價錢切入也是可以理解的。另一方面，微軟通過對 Facebook 少量股份的收購，一舉將 Facebook 的估值抬高到 150 億美元，實際上企圖斷送 Google、雅虎等巨頭染指 Facebook 的機會。所以，Facebook 的估值中包含很大比例的防禦性估值，也就是說，Facebook 是被故意高估的，是防備 Facebook 被其他巨頭搶購的外部條件。如果參照 Facebook 進行估值，那麼這個估值毫無疑問被大大高估了。

如果你認為，「我公司用戶比 Facebook 一半還多，不估個 150 億美元, 也要 150 億人民幣」，那麼這完全是外行的想法了。

在美國，Facebook 被故意高估了，在中國也有類似的情況。

2007 年 7 月，盛大以 1 億元人民幣收購錦天科技，該公司創始人——當時年僅 23 歲的彭海濤一舉成為億萬富翁。這一故事讓眾多網遊業者熱血沸騰。很多公司以此津津樂道：「錦天值 1 個億，那麼我的公司應該值多少？」

在自己這樣發問的時候，也許陳天橋正在暗中發笑，因為他的目的已經達到了。不少業內人士分析，盛大以 1 億元人民幣收購錦天科技的終極目的，根本不是錦天科技本身，而是通過這個大肆宣揚的收購案來抬高網遊行業的收購門檻。因為據這些業內人士分析，錦天科技怎麼計算也算不出這樣的公司價值，加上團隊也被競爭對手挖去很大一部份，所以還有一些人認為盛大傻呢。

2007 年，上市前的巨人網路、網龍網路等均表示，上市後

的第一要務就是「收購國內優秀網遊開發商」。一年後的今天，網遊業併購案並未如想像般風起雲湧。這時候，錦天科技收購案對盛大的價值才真正凸顯出來。

2007 年，幾個網遊公司上市融得鉅資，讓一向以網遊老大自居的盛大感到緊張。這一行業歷經近 10 年的發展，仍未出現壟斷巨頭，新企業不斷湧現。如何保住自身地位是作為先行者的盛大最為關心的問題，盛大以此狙擊後來者不失為上策。「大家都來收購，那麼我就先來定個價，願意買你就買去，只要你能買到物美價廉的『貨』，只要你的投資者通得過。」

實際上，盛大的付出並沒有外界想像的那麼大。用 1 億元收購並不是一次性支付，而是通過對賭協議，即先期給一部份資金，並定下商業目標，視完成情況再進行下一步資金進入。「其實盛大以很小的成本做了一件很大的事情，即給網遊行業收購定了一個很高的尺規。」

看來盛大公司的策略是成功的，從那以後網遊行業的確沒有大的收購出現。談收購的項目，很多最後都因價格問題不歡而散。無奈的競爭公司找不到價位合理的網遊企業作為收購對象，只得將目光轉向了社區類網站 51.com。

盛大公司不僅為競爭對手設立了一個很高的收購價格樣本，還讓眾多網遊開發商充滿自信而「從高定價」。眾多中小網遊開發商堅信：「在從世界各地飛往北京的飛機上，頭等艙坐滿了要進軍網路遊戲的投資界風雲人物。」在這樣的神話之後，為什麼沒有產生更多的投資故事？這正是盛大公司通過錦天科技設立了併購的價格標杆，導致了網遊產業企業估值集體膨脹造成的。

　　中小網遊開發商過高估計自身價值，導致許多大的公司很難併購國內網遊開發商。併購成本這麼高，還不如自己開發呢。如果投資人都說「不太願意投資網遊業，因爲價格太高」，那麼中小網遊企業就拿不到投資發展企業，早期的投資人也無法通過併購退出。

　　這就是高估值帶來的投資陷阱。所以，被媒體大肆炒作的價錢未必是算數的，可以參考，但別把那個數字隨便就當成了自己談判的底線。

11

除了 VC，還能從那裏找錢

　　創業者對資金的需求是一直存在的，公司初創的時候，需要小錢，公司長大了，需要的錢就更多了。所以，創業者要瞭解通常可以從那裏獲得資金支持，那些管道靠得住、那些靠不住，不要白白浪費掉融資的時間和精力。

　　另外，在向 VC 融資之前，創業者要做好充分的準備，知道自己需要的是什麼，是否適合向 VC 融資，在心理上做好面對 VC 的準備。當然，VC 融資通常是比較困難和漫長的，創業者要瞭解其中的一般流程，並小心上當受騙。

　　要向 VC 伸手要錢，創業者要做很多準備工作。例如，寫商

業計劃書、做財務預測、收集 VC 聯繫方式等。但在做這些具體事務之前，創業者還要瞭解 VC 的錢跟其他管道的錢有什麼不同？能帶來什麼好處？找 VC 要多少錢合適？你的公司是不是能夠對上 VC 的口味？VC 進來後對公司有什麼改變？VC 對你的公司沒有興趣怎麼辦？

在瞭解如何向 VC 融資之前，先瞭解一下，在 VC 之外，創業者常用的其他融資方式。

一、向銀行借錢

說起來，國內目前有國有銀行、股份制銀行、外資銀行的數量也很多，但在 4000 多萬家中小企業中，有幾家真的能夠從銀行獲得貸款融資？除非公司的資產規模、收入規模等已經達到相當規模，成為地方上、科技園區的重點企業，否則，向銀行貸款基本上就是一個夢。

中小企業貸款首先是前期評估風險大：一是公司抗風險能力不強，平均壽命只有 3～5 年；二是信用程度低，企業主素質參差不齊，偷漏稅普遍，賬目多數有假，真實經營狀況難以瞭解清楚；三是普遍缺乏固定資產等抵押物。

目前從事中小企業貸款的主要是中小股份制銀行，這些中小銀行原本人手就不夠，一個支行通常二三十個人，而轄內中小企業多達上萬戶，因此他們怎麼做得過來？同樣是做企業貸款，做一個小企業，一年也就幾十萬，而做一個大企業一年就是幾千萬貸款。大企業風險並不比小企業大，而信貸員耗費的精力相同，當然他們願意選擇做大企業。

　　銀行提供給中小企業的貸款不僅在時間、風險、管理等方面的成本高，而且經營效益也比不上政府、國有企業的大項目。做政府背景大項目能使銀行自身獲得快速發展，並且風險又小。

　　銀行本身也是公司，會考慮自身的利益。每家銀行的目標都是更大、更強，中小企業貸款做多了，會限制自身發展。雖然銀行放開中小企業貸款，各家銀行都成立了小企業貸款部門，但真正花費大量精力去做的並不多。

　　銀行現在要求責任追究到人，一旦出現壞賬等情況，就要處理相關當事人。從實踐來看，中小企業不良貸款追究起來漏洞最多，有許多是信貸員難以發現的，所以，抱著多一事不如少一事的想法，信貸員也不太願意做中小企業的業務，因為做這事可能會吃力不討好，說不定引火焚身呢。

　　由於向銀行貸款困難，一些公司只能通過地下錢莊或典當行借高利貸，利息可能是銀行的 10 倍。有企業負責人表示：「為了救急，借高利貸是常有的事，高利貸月息 5%，借 100 萬元一年還息 60 萬元。不僅利息高，而且不少放款人有黑道背景，風險太高。」

二、向政府要錢

　　無論是中央還是地方、科技園區，都有很多針對企業融資及資金扶持方面的政策措施，包括稅收減免及優惠、獎勵、擔保及補貼、貸款貼息、無償資助、投資入股、專項扶持等。

　　政府的用心可謂良苦，他們是帶有一定的社會性目的，但對於絕大多數創業者來說，利用免費的政府資助進行創業只是

個傳說，或者說只是個蒼白的謊言，從來沒有人是依靠政府免費援助創業、把公司做大的。

三、找到天使投資人

天使投資人是指富裕的個人，他們為處於創業初期企業，甚至是創意期的創業者提供最初的資金支持，以幫助創業企業迅速成長。資金額從幾百萬、上千萬不等，投資對象主要是 VC 認為太早期和風險太大的創業企業。

用「4F」形容天使投資人類型再也合適不過了：創始人 (Founder)、朋友 (Friends)、家人 (Family)、傻子 (Fools)。這是因為，初創企業的第一筆資金通常來自自己的積蓄或者從朋友和家庭成員中獲得。因為早期企業的投資風險巨大，只有朋友、親人或「傻子」一類的人可能會被你的項目打動，而為你投資。

朋友和家人，只能算作是創業者的天使，嚴格說來，他們並不能算是天使投資人。從他們那裏融資會給創業者帶來一些問題：

(1)他們的錢不夠多，1000 萬對他們可能是天文數字。

(2)融資之後，創業者的生意和私人生活會混在一起。

(3)他們可能並沒有像職業天使投資人或者 VC 那樣好的商業關係網絡，對企業的發展沒有更多幫助。

而所謂的「傻子」，並不是這些人真傻，實際上往往相反。這些人都是獨具慧眼、思維前瞻，投錢給一些在他人看來沒有好前景的企業。這些人可能在某個領域經驗豐富，或者本身就

有成功的創業經歷，因此他們才是真正意義上的天使投資人。

對於理想的天使投資人，至少要滿足三個條件：

第一，對產業瞭解，才能規劃方向。

第二，至少幹過企業，知道創業是怎麼回事，能夠給創業者一些很具體的指點。

第三，要有很好的人脈關係，要跟 VC 熟，給創業企業融到後續資金。

另外，如果天使投資人可以在業務、資源等方面提供幫助，那也不錯。例如，一位律師作為天使投資人，這意味著創業企業不需要從微薄的初始資金中分出一部份去支付法律事務方面的賬單了。

當創業者在尋找天使投資人的時候，要牢記網路上流行的一句話「長翅膀的不一定是天使，還可能是鳥人。」

心得欄 _____

_____

_____

_____

_____

_____

12

VC 基金如何取回投資回報

　　LP 投資是要求有投資回報的，VC（即 VC 公司、GP）要打出品牌、提高持續向 LP 募集基金的能力，也是要看其投資報酬率的。通常 LP 會計算投資到 VC 基金中的回報情況如何，年報酬率怎樣。VC 也會計算每筆投資的回報情況，例如，通常我們聽說某個 VC 在某個項目上賺了 10 倍甚至 100 倍，那整個基金的年報酬率是多少呢？

　　VC 基金是由 VC 從 LP 那裏募集的資金，由 GP 進行投資運作，投資收益返還給投資人 LP，如圖 12-1 所示。

圖 12-1　VC 資金流向

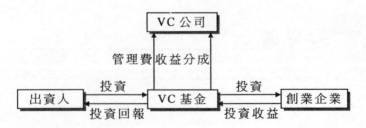

　　但 VC 基金的資金是所謂的承諾資金，LP 的這些承諾資金在 VC 基金存續期內逐步分期到賬，並不是設立時一次性全部到

位。這是因為 VC 的投資需要週期，需要經過 3～5 年逐步投資，而且對某個特定項目的投資可能也是分期投資、分期到賬，所以，VC 的資金流出比較慢。因此，IP 的錢投入到 VC 基金也是比較慢的。當一個被 VC 投資的公司實現退出後（IPO、出售等），VC 獲得投資收益。由於 VC 投資一個項目通常需要 5～7 年才能退出，因此，VC 需要在 5～7 年之後才能第一次給 LP 分配投資收益，這是很正常的。另外，VC 給 LP 分配一般是逐年逐步分配，而不是在基金結束時一次性分配。

1.一個簡單的案例

假設一隻 1 億美元的 VC 基金設立之初所有資金就全部一次性到賬，10 年之後 LP 得到了出資額的 2 倍投資回報，那這個回報倍數（2 倍）對 LP 而言就不太好，準確說內部報酬率（IRR）只有 8%而已，LP 把錢投資給 VC 基金，做的是 10 年左右的流動性較差的股權投資，這樣的報酬率顯然是不可接受的。

LP 的資金流出是比較慢的，而資金也是提前逐步分配收回的，假設 LP 資金的投入、收回都是如表 12-1 所示的安排，那 LP 的 IRR 就是 14.8%，而不是 8%，比上面的演算法有大幅提高，這是因為 VC 只號稱有一個總額為 1 億美元的基金，但實際他們手上並不是一直拿著這麼多錢，同時，投資有退出時，VC 要不斷分配，並不是要等到基金到期後才分配。

表 12-1　簡單的投資回報計算

單位：百萬美元

	LP 投資的資金	VC 給 LP 分配現金	LP 現金流	LP 回報信數及 IRR
第 1 年	15.00	0.00	-15.00	2.00
第 2 年	20.00	0.00	-20.00	14.8%
第 3 年	20.00	0.00	-20.00	
第 4 年	25.00	0.00	-25.00	
第 5 年	20.00	0.00	-20.00	
第 6 年	0.00	20.00	20.00	
第 7 年	0.00	40.00	40.00	
第 8 年	0.00	56.00	56.00	
第 9 年	0.00	60.00	60.00	
第 10 年	0.00	24.00	24.00	
合計	100.00	200.00	100.00	

表 12-1 的計算有兩個假設條件，即：

(1) 出資人 5 前年完成全部出資。

(2) VC 從第 6 年開始實現投資案例退出，並給出資人回報。

上面這兩條假設需要稍作解釋：

第一，LP 拿回 2 倍的資金是很低的，但這是可以接受的回報。

第二，LP 這樣的現金投入進度是保守的。有些基金在前 4 年只到位了 60%～70%的承諾資金，而這裏假設是 80%。因此，

真實的資金到位常常比這個案例更慢。

第三，這裏說在第 5 年才開始分配收益也是非常保守的，有些基金在第 3 年就開始分配。如果 VC 投資的企業比較成熟的話，可以在基金的早期就能夠成功退出，這種事在國內的市場也比較常見。

假如這個案例中資金到位更慢，而收益分配更早，那麼即便 LP 同樣也只收回 2 倍的承諾資金，也許可以獲得 40%的年報酬率。

2.考慮 VC 的管理費及收益分成

上述 LP 從投資中獲得的回報可以稱爲「淨回報」，是 LP 的投資業績考核指標。而 VC 的投資能力，即從投資中獲得的回報，可以稱之爲「毛回報」。兩者之間的差異在於 VC 的管理費和投資收益分成。

首先，VC 管理基金要收取管理費，用於 VC 公司日常運營及人員薪酬。管理費是基金總額的一個比例，對於大規模基金約 1.5%，而小規模基金約 2.5%左右。管理費在基金存續期每年收取，但收取比例在基金成立 5 年後會逐漸下降，因爲基金投資工作大部份已經完成。由於有一部份資金被 VC 以管理費的形式花掉了，所以 VC 能夠用於投資的資金會小於基金總額。

其次，如果投資有利潤，VC 還要獲得利潤分成，大部份 VC 要求 20%，也有要求 25%甚至 30%的。有人認爲，越好的 VC 要求的比例越高，但事實並不一定都是如此。分成是針對利潤，如果 VC 基金沒有投資利潤，就不需要支付分成。就是說，只有在 VC 給 LP 返還的錢超過了他們承諾的投資總額之後，才跟 LP 一起分配剩餘的投資收益（利潤）。

　　例如，上述 1 億美元的規模、10 年期的基金，假設管理費為每年 2%，利潤分成比例為 20%，則 10 年的管理費合計為 2000 萬美元，可供 VC 投資的資金總額只有 8000 萬美元。一旦 VC 有退出案例，獲得的投資收益先分配給出資人，只有在出資人累積獲得的收益超過 1 億美元之後，後續的退出案例收益 VC 將會分配 20%，剩下的 80%仍要分配給出資人。結果如表 12-2 所示。

　　表 12-2 的計算有兩個假設條件，就是：

(1)管理費率從 2.50%逐年下降至 1.00%。

(2) VC 前 7 年完成全部投資。

(3) VC 從第 6 年開始實現投資案例退出。

(4)利潤分成比例為 20%。

　　按照表 12-2，這隻 1 億美元規模 VC 基金的運營情況如下：

(1)基金總額：1 億美元。

(2)管理費合計：2000 萬美元。

(3)投資總額：8000 萬美元。

(4)投資收益（退出價值）：2.25 億美元。

(5)基金投資利潤：1.25 億美元（2.25 億美元－1 億美元）。

(6)收益分成：2500 萬美元（1.25 億美元×20%）。

(7) VC 的毛回報：2.81 倍（2.25 億美元/8000 萬美元）。

(8) VC 的毛 IRR：22.40A

(9) LP 的淨回報：2.00 倍（2.25 億美元－2500 萬美元)/1 億美元。

(10) LP 的毛 IRR：14.8%

　　綜上所知，VC 獲得 2.81 倍回報，而 LP 的回報則只有 2 倍。

表 12-2　有管理費和分成的投資回報計算

單位：百萬美元

	第1年	第2年	第3年	第4年	第5年	第6年	第7年	第8年	第9年	第10年	合計
LP投資的資金	15.00	20.00	20.00	25.00	20.00	0.00	0.00	0.00	0.00	0.00	100.00
管理費率	2.50%	2.50%	2.50%	2.50%	2.25%	2.00%	1.75%	1.50%	1.50%	1.00%	
管理費數額	2.50	2.50	2.50	2.50	2.25	2.00	1.75	1.50	1.50	1.00	20.00
投資額	12.00	16.50	17.50	17.50	11.75	2.50	2.25	0.00	0.00	0.00	80.00
VC獲得退出額	0.00	0.00	0.00	0.00	0.00	20.00	40.00	60.00	75.00	30.00	225.00
投資利潤分成比例	20.0%										
VC獲得投資收益分成	0.00	0.00	0.00	0.00	0.00	0.00	0.00	4.00	15.00	6.00	25.00
LP獲得的收益	0.00	0.00	0.00	0.00	0.00	20.00	40.00	56.00	60.00	24.00	200.00
LP現金流	-15.00	-20.00	-20.00	-25.00	-20.00	20.00	40.00	60.00	60.00	24.00	104.00
LP回報倍數及IRR	2.00	14.8%									
VC現金流	-12.00	-16.50	-17.50	-11.75	17.50	37.75	60.00	75.00	30.00	145.00	
VC回報倍數及IRR	2.81	22.4%									

3.考慮 LP 要求的最低報酬率

上述案例中，我們是假設 LP 在收回基金總額之後，才開始跟 VC 分配剩餘的收益，但很多 LP 通常會要求一個最低報酬率。也就是說，只有在 LP 收回基金總額，並獲得最低回報之後，才跟 VC 分配剩餘的收益。假定出資人要求的最低報酬率是 20%，那麼結果就變成如下表 12-3 所示了。

從下表 12-3 可知，最低報酬率不會改變 VC 投資的回報，但 LP 的報酬率會提高。當然，計算沒有考慮 VC 公司和 LP 的賦稅問題。

另外，這些計算完全是按照現金流的方式計算的。通常 VC 會在被投資的公司上市或者被收購後的某一個時間（一般是在禁售期以後）將 VC 基金所擁有的全部股票賣掉，並將收入分給 LP。但是，如果基金佔得股份比例較大，這種做法就行不通了，因為 VC 賣掉其擁有的所有股票，很可能會導致該公司的股價一落千丈。這時，VC 必須將股票直接付給每個 LP，由他們自己定奪何時出售股票。這麼一來，該公司就避免了股票被同時拋售的可能性。

對於尚未出售的股票，在計算其收益時，通常是按照其 IPO 發行價來計算其價值。

表 12-3　考慮最低回報時的投資回報計算

單位：百萬美元

	第1年	第2年	第3年	第4年	第5年	第6年	第7年	第8年	第9年	第10年	合計
LP投資的資金	15.00	20.00	20.00	25.00	20.00	0.00	0.00	0.00	0.00	0.00	100.00
管理費率	2.50%	2.50%	2.50%	2.50%	2.25%	2.00%	1.75%	1.50%	1.50%	1.00%	
管理費數額	2.50	2.50	2.50	2.50	2.25	2.00	1.75	1.50	1.50	1.00	20.00
投資額	12.00	16.50	17.50	17.50	11.75	2.50	2.25	0.00	0.00	0.00	80.00
VC獲得退出額	0.00	0.00	0.00	0.00	0.00	20.00	40.00	60.00	75.00	30.00	225.00
投資利潤分成比例	20.0%										
LP最低報酬率	20.0%										
VC獲得投資收益分成	0.00	0.00	0.00	0.00	0.00	0.00	0.00	0.00	15.00	6.00	21.00
LP獲得的收益	0.00	0.00	0.00	0.00	0.00	20.00	40.00	60.00	60.00	24.00	204.00
LP現金流	-15.00	-20.00	-20.00	-25.00	-20.00	20.00	40.00	60.00	60.00	24.00	104.00
LP回報倍數及IRR	2.04	15.3%									
VC現金流	-12.00	-16.50	-17.50	-11.75	17.50	37.75	60.00	75.00	30.00		145.00
VC回報倍數及IRR	2.81	22.4%									

13

VC 公司都有些什麼人

    VC 公司是 VC 基金的 GP，是實際管理者，負責基金的日常投資運營。VC 公司其實都是「小公司」，絕大部份採用「合夥人」制，在法律上稱之爲有限合夥企業。別看他們手裏掌管著上億甚至幾十億美元，可辦公室裏也就幾個員工，小小的一個團隊，他們的規模也不過幾十人。其實這也沒什麼奇怪的，因爲 VC 的工作是把大筆資金注入到高成長的企業去成爲公司股東，持有人家的股權，並等待股權升值。VC 並不參與、也不需要參與企業的日常運營。

    VC 公司採取「合夥人」制的原因，大致有三點：一是因爲 VC 是一個需要高度個人能力和經驗的行業，每家 VC 公司都必須有高度成熟的合夥人來相對獨立地具體負責投資項目，所以不能像一個企業那樣用「總經理負責」的方法，而要採取「合夥人」的管理制度；二是因爲合夥制的企業形式，可以對「合夥人」有更好的激勵，能夠保證他們在投資過程中更加科學和合理；三是因爲合夥制的企業自身不需要交稅，合夥人按個人所得繳稅即可，這樣可以減少一部份稅務支出。

    合夥制 VC 公司的最高管理者通常是合夥人，不會有什麼

CEO、總經理之類的頭銜。VC 公司的合夥人不僅在 VC 公司內部和 VC 行業有不錯的地位，而且在科技界呼風喚雨，例如 KPCB，美國最著名的 VC 之一，它的合夥人約翰·多爾就是 Sun、Amazon 等多家上市巨頭公司和更多未上市公司的董事。

為了簡便，我們通常將 VC 公司以及 VC 公司裏的人都稱為「VC」。一家典型的 VC 公司中，其職務層級如圖 13-1 所示，通常包括以下職位：合夥人、副總裁、投資總監、投資經理、分析員、投資助理等。

圖 13-1　VC 公司職位層級

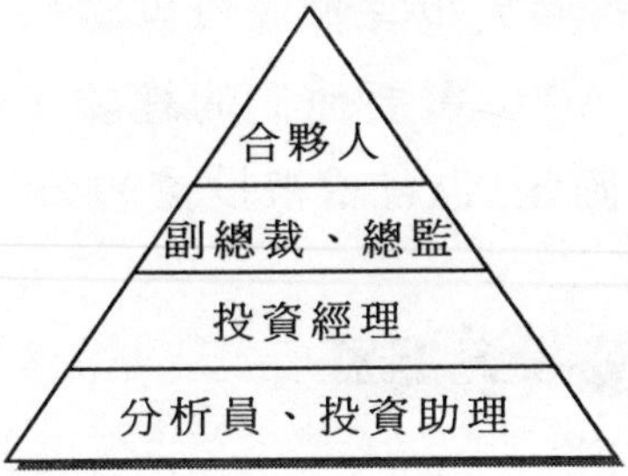

為了簡便，金字塔由上而下：合夥人／副總裁、總監／投資經理／分析員、投資助理

一、合夥人級別

合夥人是 VC 公司的最高管理人，按照他們內部職能的差異，又可以分為：

1.主管合夥人

他們是 VC 公司的主要管理人，主要負責基金的募集、項目的管理和退出，以及決定基金內部的重大事情。

2.合夥人

他們是 VC 公司項目投資的主要負責人，維持 VC 基金的正

常運轉。他們主要負責尋找及評估項目，做出投資的決定，並代表 VC 基金，在被投資公司的董事會中佔據席位，參與被投資公司的日常管理。

3.創業合夥人

創業合夥人也叫「入駐創業者」，他們通常是成功的創業者，賺了大錢之後，需要有個平台來重新調整一下自己的定位。對他們來說，VC 是一個很好的平台，他們在這裏可以幫助 VC 對項目進行評估，而且還能幫助 VC 投資過的公司出謀劃策。有些合夥人可能還會進入被 VC 投資的公司，作為 CEO 或其他高層管理者再次創業；有些人也許會成為專職的 VC 投資人。他們曾經是成功的創業者，VC 需要他們的經驗，有他們的參與，VC 對項目判斷會更準確些，也會給被投資的公司的幫助更多一些。

二、副總裁或投資總監

他們是合夥人的得力助手，有些 VC 設「VP」，有些 VC 設「投資總監」，因不同基金而異。他們負責找項目、與創業者會面、篩選項目、參加行業峰會。當他們出去面對創業者或政府部門時，VP 或總監的頭銜對他們有很好的身份優勢。在有些 VC 公司裏，甚至不設置投資經理，VP 就相當於投資經理。經歷過融資的創業者會發現，手頭的 VC 名片中，頭銜最多的可能就是 VP 了。

三、投資經理

他們負責兩項任務：一是要四處尋找項目源，二是具體執行擬投資的項目。例如，當合夥人確定了一個投資項目後，投資經理要負責進行盡職調查、準備投資文件、協調審計事務所、律師事務所和創業團隊、控制投資項目的進度等具體事務。在投資之後，投資經理還要負責這些被投資項目日常管理方面的一些瑣事。

四、分析員或投資助理

這些職位通常是大學畢業生進入 VC 行業的第一個台階，他們要對 VC 基金投資的行業作研究和分析，為基金的未來投資決策提供參考依據；另一方面，對於具體的項目也要作具體的行業分析、財務分析。在投資前，這些分析是盡職調查的一部份工作；在投資以後，他們會參與項目日常管理的一部份工作。

五、外部顧問團隊

不少 VC 和大學實驗室、研究機構、行業協會、知名大公司、科技園區、投資銀行等保持密切聯繫，以便能及時獲得最新的技術支持、行業信息和項目來源，並保持與國內外資本市場的互動聯繫。

14

VC 如何選擇投資目標
·······························

VC 要投資企業（項目），自然要有項目源。一般來說，VC 的項目來源有以下幾種：主動尋找、朋友推薦、仲介介紹、創業者發郵件、會議論壇交流等。

一家活躍的 VC，每年要接觸超過 1000 個項目，而這 1000 個項目中，平均只有 10%(100 個)能夠通過初篩，有機會跟 VC 在會議室進行面對面的詳細交流，在這些通過初篩的 10%之中，又只有 10%(10 個)能得到 VC 的投資意向書並接受盡職調查，最後只有 3～5 家能夠通過投資委員會的投票，並獲得投資。

VC 不管是投資什麼企業，都會通過初篩、面談、溝通、盡職調查等手段和方法，對潛在的投資機會進行評估，最後的投資決策是在經過多輪的交流溝通和談判之後才做出的。那麼 VC 選擇投資目標的標準到底有那些呢？簡單來說有如下三點：人的品質、業務的品質、投資的品質。如圖 14-1 所示。

圖 14-1　VC 選擇項目的指標

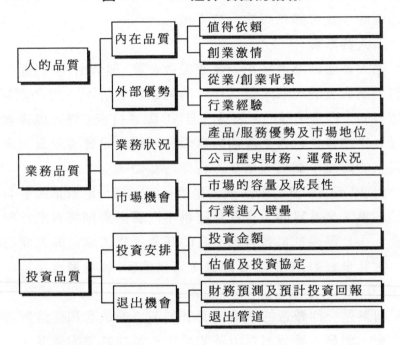

一、人的品質

KPCB 是美國最知名的頂尖 VC 之一，其合夥人約翰·多爾 (John Doerr) 曾這麼說過：「在當今的世界上，有大量的技術、大量的創業者、大量的資金、大量的風險投資。稀缺的是優秀的團隊。」99%的 VC 在評估企業的時候，會把人的因素作為最重要的考核指標，尤其在早期企業更是如此。甚至有 VC 開玩笑說評估項目最重要的三個指標是：「團隊、團隊、團隊」。早期企業離成功還很遠，還不能像成熟企業那樣可以交給職業經理人管理，創業者的特質會決定企業的走向。一個普通的業務在

優秀的團隊手裏可以變成傑出的業績，而一個絕佳的機會在普通的團隊手裏會被糟蹋的一文不值。

1.人的本質

絕大多數創業者是在兢兢業業做企業，他們跟 VC 溝通的時候將企業真實的現狀，包括存在的問題都告訴 VC，毫不隱瞞。這是對的，也是應該的。因為一旦 VC 願意投資，雙方以後會有長達九年的長期合作，前期的欺騙和隱瞞一定會導致公司未來發展上的障礙。誠信，是雙方合作的基礎。

對 VC 而言，要判斷創業者是否值得信賴，絕對是個很有挑戰性的事。最常見的方法就是通過不同管道對創業者進行背景調查，一旦發現創業者有過不良的商業、為人處世等方面的記錄，尤其是針對 VC 的不良記錄，正常的 VC 會選擇直接放棄投資。

創業是一件艱苦的事情，而且創業者的信念和激情對創業很重要。創業者要有面對困難的勇氣和越挫越勇的態度，有人說「成功是小概率事件，只有小概率類型的人才能成功」，「偏執狂才能創業成功」這些說法也是有道理的。創業激情一方面可以從創業者對企業的投入看出來，例如，創業者犧牲時間、金錢、房子甚至家庭，另外在跟 VC 面談溝通的時候，創業者的言談舉止也會自然流露出他的創業激情。VC 是願意投資一個對未來充滿信心、並願意為此犧牲一切的創業團隊，而不是小富即安，甚至還沒做出成績就開始享受生活的創業者。

2.團隊經驗

一般來說，VC 喜歡有過創業經歷的創業者，成功的創業經歷當然更好，而讓 VC 賺過錢的最佳。當然，失敗的創業經歷也

不是壞事，他們能夠從中學到很多經驗。另外，創業者的工作履歷也很重要，對於有知名企業高層工作背景的創業者，VC 會倍加關注，所以微軟、百度、新浪等提供了不少獲得 VC 青睞的創業者。

一個相互配合的創業團隊會比單槍匹馬的創業者更有吸引力，如果這個團隊有以下特點的話就更好：①多年的合作，穩定的關係，不是臨時組建的團隊；②在創業的行業領域經驗豐富，有足夠長的行業從業時間；③團隊成員在戰略發展、管理、市場、研發、團隊建設等方面的業務能力互相補充；④團隊成員有相同的價值觀、相互信任、擁有相同的創業熱情。

所有的商業計劃都會在運營中變化，所有企業都會面臨危機，VC 要確信他們投資的創業團隊能夠帶領他們走到最後。據統計，有 50%～60%非常有可能被投資的項目最終沒有獲得投資，其原因就是因爲創業者的種種問題。

二、業務的品質

在瞭解創業團隊之前，VC 通常會瞭解創業企業的基本情況及相應的市場情況。

1.公司及業務狀況

目前，國內 VC 的投資定位基本可以總結如下：

(1)絕對不會投資於研發新科學現象、驗證科學原理。

(2)很少投資於開發實用新技術、運用技術開發產品。

(3)偶爾投資於改進和完善產品、服務。

(4)常常投資於市場推廣、商業模式複製。

如圖 14-2 所示，VC 關注的企業通常處於發展早期、成長期甚至成熟期。

圖 14-2　企業發展階段

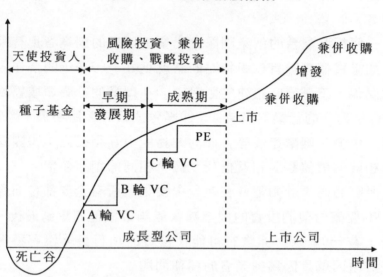

對於處於成熟期的企業而言，企業規模、研發力量、市場佔有率、歷史的收入規模及利潤水準、利潤率與同行對比情況等，都是很重要的考察指標。例如，一個年銷售額 3 億，利潤 8000 萬的傳統企業，會有很多 VC 搶著要看；而對於早期和發展期的企業，商業模式的獨特性、用戶規模、技術優勢、成本控制、成長性等指標是考察的重點。

VC 需要知道，企業是否擁有足夠的可持續的競爭優勢？這些優勢是否能保證企業領先於競爭對手？VC 從來都不相信沒有競爭對手這樣的說法，除非是這個行業缺乏吸引力。對於一個有吸引力的行業，很多人會看到、並且進入。

2.市場機會

企業所從事的行業是否是 VC 所熟悉的？這個行業有沒有潛在的行業風險？這個行業的市場容量有多大？擴展性如何？持續性如何？VC 不會投資一個自己陌生的行業，希望看到的是一個巨大的市場空間，或者是一個成長非常快的市場。在小市場裏是無法做成大公司的，市場要麼現在就足夠大，要麼成長足夠快並且能夠在未來的 3～4 年變得足夠大。

另外，還要看企業所從事的細分行業的容量大小。不管市場容量如何，每個行業總不會只有一家企業在做，甚至會有創業者不斷進入這個領域。如果該行業有一定的進入門檻，可能會保證當前企業的既得利益，維持一定程度上的領先優勢。但是如果該行業進入門檻很低，例如只是資金門檻、或者是政策門檻、或者是人才門檻，跟隨者很容易進入的話，那麼 VC 對於投資會非常謹慎。

三、投資的品質

1.投資額度

每個 VC 都管理或大或小的一個或多個基金，VC 的單筆投資金額是有上限和下限的。設置上限的目的是爲了保證投資組合的多樣性，基金能夠投資的項目數量足夠多，以便分散投資風險，這就是所謂的「不把雞蛋放在一個籃子裏」；設置下限的目的是不至於投資太多的項目，以防 VC 沒有精力管理，沒有精力「看好放雞蛋的籃子」。

通常，可以通過一個簡單的公式計算 VC 的單筆最小投資額

度：

$$最小單筆＝基金資金總額/VC 合作人數量$$
$$×每個合夥人能夠管理的公司數量$$

假設某 VC 管理一隻 3 億美元的基金，並且擁有 5 位合夥人和 10 位投資經理（國內比較典型的外資 VC），還假設每位合夥人能夠管理 10 家公司，並且投資經理能夠管理 5 家公司，那麼，上面的公式可以轉換成：

$$最小單筆投資＝3 億美元/(5×10＋10×5)＝300 萬美元$$

如果某企業的融資需求達不到 300 萬美元，上述 VC 很有可能不會感興趣。目前國內很多 VC 基金募資的額度越來越大，超過 10 億美元的基金也日漸增多，這就導致融資需求爲 100 萬美元左右的早期項目沒有太多 VC 願意關注。

如果項目融資的額度較大，VC 可以通過聯合投資的方式來解決。例如，一些成熟項目的融資需求通常超過 1000 萬美元，對於那些資金總額不太大的基金，要想參與只能通過跟其他 VC 一起聯合投資了。

2. 估值及投資協定

VC 投資項目的最終目的是要實現回報，投資時的價格高低，決定了最後回報的多少。考慮到 VC 投資有一定的失敗率，對每個投資項目，他們都會要求盡可能獲得最大的回報倍數，那麼在投資的時候，VC 儘量壓低價格就理所當然。目前 VC 比較流行 P/E 倍數估值的方式，對於不同行業的項目，VC 願意給出的 P/E 倍數從二三倍到十多倍，創業者對企業的估值區間如果與 VC 的要求有差異，可以通過談判的方式溝通，如果不能達成一致意見，VC 通常會放棄。

VC 通常會要求獲得企業 20%～40%的股份（第一輪投資時），以保證企業在經過後續融資，甚者 IPO 的時候，VC 仍有足夠比例的股份。創業者在跟 VC 溝通之前就要明白這個比例，如果創業者只願意給出很少的股份（例如 5%），對大部份 VC 而言是沒有吸引力的。

另外，VC 對企業的股權結構和法律架構非常關注。通常，有國資背景、股權過於分散的公司會讓 VC 感覺難以操作。另外，由於外管局 75 號的申報問題，如果外資 VC 要做紅籌模式的投資，也會是一個障礙。

再者，VC 說到底是要規避投資風險，他們通常會通過投資協定，要求對所投資的公司在經營管理上有進行監督、參與的多種權利。例如塑有董事會席位、優先清算權、防稀釋條款等。這些投資協定條款都有談判的空間，但 VC 也有自己的底限，如果創業者不能讓 VC 通過這些條款獲得控制投資風險的能力，VC是不可能投資的。

3. 退出

VC 對項目的興趣主要在於退出管道：沒有退出管道，他們的投資收益就無法體現，沒有任何 VC 有興趣永久持有某個企業的股份。典型的退出管道有被併購(M&A)、上市(IPO)等。

當然上市退出是最理想的，因為對 VC 而言這種退出方式使得投資的價值最大化了。通常 VC 期望在投資之後 3～5 年之內，企業有實現上市的機會。對企業而言，就要發展到足夠上市的規模，財務預測上要達到 IPO 目標市場的要求。很多創業者，無論是出於保守的原因，還是穩健的考慮，如果在合理的預測條件下，公司財務指標無法達到 IPO 的要求，VC 對此會失去興

趣。

　　如果目標公司無法實現上市，那麼該公司有併購的機會也很好。例如視頻網站，儘管在可預見的未來，他們要上市，甚至盈利的機會都很渺茫，但不妨礙 VC 投資之後將企業賣掉，甚至賣個天價。不管企業的其他任何條件，VC 只有看到投資之後有高額回報退出的機會，才會最終決定投資。創業者必須要審視和分析，自己是否能夠提供給 VC 這樣的機會。

四、考慮因素匯總

　　哈佛商學院的馬克‧歐斯納布格(Mark Van Osnabrugge)和羅伯特‧羅賓遜(Robert J Robinson)曾經對大量 VC 的項目選擇標準進行過分析，並將選擇的各個考慮因素進行重要性排序，得出了一個更為詳細的結果，如表 14-1 所示。

表 14-1　VC 選擇投資目標的考慮因素排序

	VC 選擇企業時的考慮因素	重要性排名
團隊	創業者的可信賴程度	1
	創業者的行業經驗	2
	創業者的事業激情	3
	創業者的歷史業績	8
	投資人與創業者面談/交流時是否愉快	9
市場、產品	產品/服務的銷售潛力	5
	市場的增長潛力	6
	產品/服務的品質	10

	產品/服務的整體競爭保護機制	11
	細分市場	13
市場、產品	非正式的競爭保護（技術、訣竅、方法等）	14
	行業競爭情況	16
	正式的產品/服務競爭保護（專利）	20
	可預計的財務回報	4
財務前景	期望報酬率	7
	高利潤率	15
	公司無融資情況下實現盈虧平衡的能力	19
	管理費用低	21
公司財務狀況	市場測試費用低	22
	投資額	23
	資本性支出低（用於資產投資）	24
	潛在的退出途徑	12
	投資人對業務和行業的理解	17
	投資人對業務發展的參與	18
其他	有跟投的投資人	25
	投資人幫助企業的能力	26
	企業在本地	27

15

IPO：首次公開發行上市

⋯⋯⋯⋯⋯⋯⋯⋯⋯⋯⋯⋯⋯⋯⋯⋯⋯⋯

　　IPO 的中文全稱是「首次公開發行」，它跟之前公司把股份賣給 VC 的「私募發行」相對應，IPO 是指一家私人公司第一次將公司股份向公眾出售。在首次公開發行完成後，這家公司就可以申請到證券交易所或報價系統掛牌交易，這個過程稱作「上市」，有時也把 IPO 直接稱之為「上市」。

　　VC 基金的壽命期通常為 8～12 年，到期就要清盤結算。VC 的投資只有實現退出，才能給基金的出資人分紅；只有讓出資人賺到錢了，他們才會繼續給 VC 基金投資，VC 團隊才有資格和號召力去募集新的基金。

　　通常來說，IPO 是最理想的退出管道，原因如下：

　　(1)公司上市後，VC 出售手中的公司股份非常容易。理論上在禁售期滿之後，VC 就可以在證券市場把股份賣給散戶，實現套現。如果公司沒有上市，要找到一個買家來接手 VC 手中的股份是需要時間的。

　　(2)公司上市後，VC 手中的股份就擁有了公開的市場價格。一般說來，信息最多的人是最有議價能力的人。最早投資的 VC，他獲得股份的價格是最低的，而證券市場裏的散戶，對公

司的瞭解最少，他們最容易以不對稱的高價購買公司股份。公司股份也只有在上市之後，才能獲得最高的市場價格。而 VC 一旦將股份轉移到散戶手裏，基本上就實現了投資回報的最大化。另外，如果有機構投資者或戰略投資者對公司有興趣，也可以以股份的市場價格爲基礎，購買創始人股東手裏的未流通股份。如果公司沒有上市，創始人股東出售公司股份給戰略投資人時，價格談判需要花大量的時間。

(3)公司上市後，VC 可以直接把股份分配給出資人。由於上市公司股份的出售非常便利，基本上跟現金差不多，在 VC 基金壽命期結束時，如果股票市場行情不好，VC 可以不選擇變現手裏的股份，而將股份分配給出資人，現實中具體的操作還是由他們等到適當的時機自行處理。但如果是非上市公司，出資人是很難願意接手這樣的股份的。

IPO 市場一旦變壞，VC 就會非常痛苦，因爲他們的後路被切斷了。在 2008 年中期到 2009 年中期，國內 IPO 市場關閉，VC 的投資也急劇下滑。但 IPO 市場一旦過於紅火，VC 也很痛苦。例如：2007 年的 A 股歷史高點和 2009 年底創業板的 100 多倍市盈率，這些讓 VC 感覺到證券市場裏的巨大泡沫，同時創業者的胃口也越來越大，給 VC 的套利空間帶來很多的不確定性，因爲等到 VC 的股份解禁出售時，市場行情在那裏誰也預計不到。

如果公司難以上市，那麼對於 VC 來說該公司被其他戰略投資人併購(M&A)也是一個不錯的退出方式。像微軟、思科等這樣的大公司，每年都會收購一些不錯的中小型公司，很多這樣的公司背後都有 VC 的身影。因此，對於被收購公司的創始人和 VC 來說，這相當於自己的公司變相上市了，但成功的收購在國

內還非常少見，絕大多數收購都以失敗告終。

另外，如果公司做得不好，VC 讓創業者以回購本公司股份的方式退出是基本行不通的，公司沒做好，創業者那裏有錢回購呢？找一個其他 VC 過來接盤也許可以考慮，但要讓這個新 VC 相信這個公司不是一個燙手山芋是有很大難度的。此事最後的選擇就是該公司關門大吉，VC 搬回家幾台電腦、幾套坐椅。

16

VC 投資故事

2005 年 7 月 13 日，美國東部時間 8 點 30 分，分眾傳媒公司創始人，32 歲的財富新貴江南春，站在紐約納斯達克證券交易所門前，仰望著那個早已爲國人熟識的巨大的電子屏。也就在這一天，分眾傳媒股票（FMCN）在納斯達克正式掛牌交易，從此在中國創造了一個傳媒帝國。

大學時代，江南春是頗有名氣的華東師大「夏雨詩社」社長，並且他還出過一本詩集《抒情時代》。江南春的人生轉捩點出現在華東師大學生會主席的競選中。據說，江南春的勝利主要得益於他的口才和事先充分的準備工作。一個廣爲流傳的版本是：當時江南春找了很多系的學生會主席，一頓十元、十幾元錢地請吃飯，溝通想法兼拉票。

　　江南春上任不久，上影屬下的一家廣告公司到學生會招聘兼職拉廣告。由於這家公司的負責人是江南春的校友，並且還是他的前任詩社社長，江南春的應聘自然順利。他的第一個客戶是匯聯商廈，並且給了 1500 元讓他做影視廣告策劃。江南春連夜寫了劇本，隨後客戶痛快地投入了十幾萬拍廣告。第一單的成功，讓原本準備只幹一個月的江南春打消了回校過愜意生活的念頭，於是他把學生會的工作放下，全身心幹廣告，沿著淮海路「掃」商廈。1993 年，江南春所在的廣告公司一年收入 400 萬，其中 150 萬來自江南春的貢獻。

　　1994 年，當他到大學三年級時，21 歲的江南春籌資 100 多萬成立了永怡廣告公司，自任總經理。到 1998 年，永怡已經佔據了 95%以上的上海 IT 領域廣告代理市場，營業額達到 6000 萬至 7000 萬元人民幣，到了 2001 年，收入達到了 1.5 億。永怡的輝煌持續了幾年，終於在中國 Internet 嚴冬到來的時候畫上了句號。在 2001 年後，成千上萬的網站紛紛倒閉，江南春的廣告公司利潤一落千丈。

　　為了維持運轉，習慣做大買賣的江南春也接起了餐廳的小廣告，這一年裏他每天都在熬日子。

　　然而在廣告代理業辛苦打拼七八年的江南春，卻清醒地意識到一點：在廣告產業的價值鏈中，廣告代理公司處於最下游，是最脆弱的一環，賺很少的錢，付出最多的勞動。作為其廣告客戶和好朋友陳天橋的一席話，更觸動了江南春轉型的念頭：為什麼非要一直在廣告代理的戰術層面上反覆糾纏，不跳到產業的戰略層面上去做一些事情呢？因此在 2002 年，江南春決定另闢蹊徑，開創一個新的媒體產業。

其實這個想法源於一次偶然，那天他正百無聊賴地等電梯，他不經意間發現在等電梯的人都同樣無聊，而這時大家眼前的電梯門不就是很好的廣告投放點嗎？

2002 年 5 月，29 歲的江南春把自己 2000 萬的家底全部拿出來，鎖定上海最高級的 50 棟商業樓宇安裝液晶顯示器。但是面對這種全新的廣告投放模式，客戶們並沒有忙著掏腰包，大家都在觀望。如果沒有客戶投放，對江南春來說就等於每天在燒錢。

2003 年 5 月，江南春把永怡傳媒公司更名為分眾傳媒（中國）控股有限公司。之後不久，先期積累的 2000 萬在公司成立不久很快就花完，於是他就想到了通過風險投資來融資。江南春曾開玩笑說，他的第一筆風險投資是在廁所裏撒尿時談出來的。因為當時他自己對風險投資並不熟悉，也不會做融資方案，幸運的是他的辦公室恰巧跟軟銀中國的辦公室在同一層。但平時大家不熟悉，只有在去廁所時大家也許還可以碰上面，於是江南春在每次去廁所時，只要碰到軟銀的人就跟他們講分眾，講自己的創業史。

終於，皇天不負有心人，軟銀上海首席代表余蔚經過一番認真詳細的調查之後，決定找江南春好好聊一聊。三個小時聊完之後，餘蔚已經和江南春達成了初步融資協定。於是軟銀中國就幫江南春寫了份商業計劃書，然後直接轉交給軟銀日本總部。軟銀原本計劃要投 1000 萬美元，但江南春沒有同意，因為他覺得 1000 萬美元投進來，公司就會被更換門庭，因此江南春堅持只接受軟銀 50 萬美元的投資。同時，另外一家 VC 維眾中國也在這一輪投資不到 50 萬美元。這樣，分眾傳媒第一輪不到

100 萬美元的融資到手了。

　　江南春獲得了第一輪風險投資之後，將其業務從上海擴展到其他四個城市。一年以後，即 2004 年 3 月，分眾傳媒再次獲得注資，與 CDH 鼎暉國際投資、TDF 華盈投資、DFJ 德豐傑投資、美商中經合、麥頓國際投資等國際知名風險投資機構簽署第二輪 1250 萬美元的融資協定。TDF 華盈投資的董事總經理汝林琪則說：「江南春是個帥才。他創立了樓宇電視這個商業模式，並且在廣告業界有很強的人脈和執行能力。分眾能成功，不僅是提出一個新概念，而是讓這個模式迅速得到市場認同，並能迅速把概念變成盈利的模式，他有這個能力。」分眾第二輪融資的規模原來計劃是接受 600 萬美元～800 萬美元，後來擴大到 1250 萬美元。

　　九個月之後，即 2004 年 11 月，在當時不需要很多資金的情況下，分眾傳媒又完成了第三輪融資，美國高盛公司、英國 3i 公司、維眾中國共同投資 3000 萬美元入股分眾。高盛直接投資部董事兼總經理科奈爾說：「高盛對分眾傳媒進行了詳細深入的分析，對其取得的業績感到驚訝和讚賞，看好其創造的商業樓宇新媒體的市場前景和商業模型，完全可以確保其在未來的發展過程中將繼續保持極高的成長性。」

　　後來的發展證明江南春的決策是對的，因為他獲得了大量的資金支援，使得其網路規模得以迅速擴張，並且能夠配合市場需求的迅速增長，所以這種方式對公司的效益提升很大。

　　2005 年 7 月 13 日，分眾登上了 NASDAQ 證券市場。上市以後，有了更多資金的支持，江南春把這種商業模式擴張開來，將其新媒體的版圖一步一步擴張到涵蓋樓宇、Internet、手機、

賣場、娛樂場所等。通過兼併收購的方式，分眾傳媒吃下了框
架傳媒、聚眾傳媒、好耶、璽誠傳媒等大大小小的競爭對手，
其中，聚眾、好耶、璽誠甚至都是在上市之前的最後一刻才被
收入囊中。如表 16-1 所示。

表 16-1　分眾 IPO 及主要收購

公司名稱	退出日期	金額（美元）	涉及 VC
璽誠傳媒	2007-12-10	3.5 億	上海實業控股、集富亞洲、華盈基金、紅點投資、美林公司、住友亞洲、和通集團
好耶	2007-3-28	2.25 億	IDGVC、IDG-Accel、橡樹投資
聚眾傳媒	2006-1-9	3.25 億	上海市信息投資、凱雷投資
框架傳媒	2005-10-18	1.08 億	IDGVC、漢能投資
分眾傳媒	2005-7-13	8 億	高盛、3i、維眾投資、鼎暉國際投資、華盈基金、德豐傑、中經合、麥頓、軟銀中國

　　分眾傳媒的成功，不僅僅是創造了一個新媒體的帝國，更
是帶動了中國整個新媒體產業的極大發展，戶外新媒體行業在
短短三年間，從 2005 年的 8 起投資案例，發展至 2007 年的 26
起；而涉及的投資金額，從 2005 年的 5660 萬美元，到 2007
年上升至 3.74 億美元。一批沿襲分眾模式的後來者們，在隱身
其後的資本鞭策之下，在各自領域內興起圈地瓜分熱潮。

　　當然，分眾傳媒的上市，也讓投資分眾的 VC 賺得盆滿缽
滿。同時，投資框架、聚眾、好耶、璽誠等公司的 VC 也收益頗
豐。

分眾傳媒可能是國內涉及 VC 最多的創業企業,也是讓最多 VC 賺到錢的企業。細心的創業者可能會發現,分眾傳媒也是被 VC 用來作爲宣傳用得最頻繁的成功案例。

17

天使投資與風險投資的區別

天使投資作爲非正規風險投資,與作爲正規軍的風險投資 (VC)存在著一定的區別。

1.天使投資是投自己的錢,而風險投資家是投別人的錢。 這是二者最基本的區別,其他許多區別都是基於這個基本點的。

2.正因爲天使投資家是投自己的錢,它的運作過程比起風 險投資來少了一個環節。風險投資具有融資、投資、投資後管 理、退出四個環節,而天使投資僅有投資、投資後管理、退出 三個環節。二者的區別如圖 17-1 所示。

從圖中可以看出,投資階段也是風險投資家進入企業的階 段。既然風險投資家是投資家,他們一般不會在企業中永遠做 股東,他們是金融家,他們是用資本賺取資本的。他們是要從 投資的企業中退出的,而且是帶著豐厚的投資利潤退出的。退 出後,他們會將所獲利潤(資本增值)在投資者(LP:Limited Partner,有限合夥人)和他們本身(GP:General Partner,一

般合夥人）之間進行分配，然後進行新的一輪循環過程：重新進行融資、投資、投資後管理及退出。

圖 17-1 **天使投資的三個階段與風險投資的四個階段**

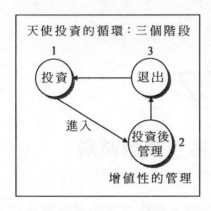 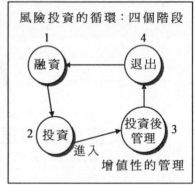

風險投資的這四個階段形成一個資金的循環過程。與此不同，天使投資的循環則僅僅具有三個階段：投資、投資後管理、退出。天使投資家是用自己的錢來進行投資的，他們不需要向投資者融資，因此，也就沒有融資階段。此外，天使投資家也不需要進行利潤分配。

3.天使投資是非正規的風險投資，而其非正規的性質目前正在慢慢地淡化。

4.作為正規軍的風險投資更強調組織結構、審核和投資管理的程序、規避風險的手段。對於創業者來說，風險投資是「機構投資者」，而天使投資則是更為分散的、個別的、更可親近的個人投資人。

5.風險投資具有兩層委託代理結構，從而產生雙重代理成本問題，而天使投資只有一層委託代理結構，沒有雙重代理成

本問題。風險投資的第一重代理關係產生在風險投資的融資過程中。融資時，投資者(LP)是委託人，而風險投資家(GP)是代理人。風險投資家作爲資金管理者應當代表其委託人——投資者的利益，執行其意志。

風險投資的第二重代理關係產生在風險投資的投資階段和投資後管理階段中，在投資時及在投資後積極參與被投企業的管理中，風險投資家卻搖身一變，從代理人變成委託人，而被投企業的企業家(創業者)這時成爲代理人。創業者作爲資金使用者應當代表其委託人——資金管理者的利益，執行其意志。

風險投資家在這兩層代理關係中的角色不同，作用也不同。而在天使投資全過程中，僅存在一重代理關係，天使投資家始終是委託人。從這個角度中，天使投資的委託代理關係要簡單得多，相應地，天使投資的委託代理成本也低得多。

6.與風險投資相比，天使投資的投資期限更早。根據 A. Wong(2002)的調研，天使投資平均的投資期限在創業後 10 個月左右。傳統的情況下，風險投資的投資期限往往在種子期、初創期、擴張期，其投資重點爲企業的擴張期。而天使投資則主要投資於企業的種子期和創始期。目前，風險投資在各國均有向後期投資的趨勢。風險投資越來越向非公開權益資本(又稱爲私人權益資本：Private Equity)靠近。這種現狀使得天使投資在企業發展早期的融資過程中起著越來越重要的作用。

7.與風險投資相比，天使投資的投資額度更小。風險投資是一種機構化的資本運作形式，而天使投資則通常是非機構化的個體的分散的股權投資形式，作爲機構化運作的風險投資基金規模越來越大(見圖 17-2)。

圖 17-2　2002～2007 年美國風險投資規模的狀況

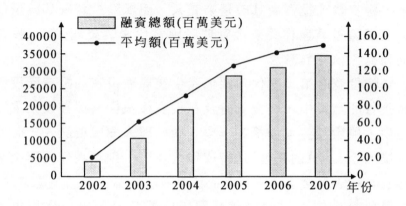

　　如圖 17-2 所示，美國風險投資基金規模自 2002 年以來類似直線式上升。融資總額從 2002 年的 39.4 億美元到 2007 年的 346.8 億美元，增長了近 10 倍。與此同時，平均每個基金的規模從 2002 年的 2200 萬美元提高到 2007 年的 1.476 億美元。

　　以一個 1.5 億美元的基金為例：假定風險投資基金投資到 15 個項目，那麼，每個被投項目的平均投資額為 1000 萬美元。這種現實使得相當多的小企業、初創企業對於風險投資只能是「可望而不可即」。而天使投資則得到越來越多的企業的青睞。

　　8.與風險投資相比，天使投資的投資項目更多。風險投資選擇投資項目的標準可以說是百裏挑一。如果一個風險投資家在一個月中略讀了 100 個企業的商業計劃書，他或她只挑選 3～5 個詳細閱讀，可以僅對其中的 2～3 個做盡職審查，最終可能只對一家企業投資。所以，風險投資所投資的項目是很少的，以美國風險投資數據為例，見圖 17-3。

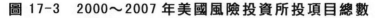

圖 17-3　2000～2007 年美國風險投資所投項目總數

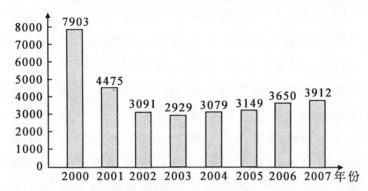

如圖 17-3 所示，美國風險投資在 Internet 泡沫高潮時（2000 年），全美風險投資共投入 7903 個項目，達到歷史最高紀錄。從 2000 年起，風險投資的項目數開始下降，直到 2003 年觸到谷底。從 2004 年始，風險投資項目數逐年上升，到 2007 年，增加到 3912 個。雖然近 5 年來，風險投資一直呈上升趨勢，但投資項目總數仍然有限。與風險投資相比，天使投資的所投項目數量卻多得多，在 2007 年已經達到 50000 個。

9.與風險投資相比，天使投資的投資風險更高。天使投資比風險投資投資的期限更早，投資越早，所投項目的不確定因素就越多。這些不確定性是伴隨企業的誕生而誕生，隨著企業的逐漸成長而減弱。企業越走向成熟，不確定因素就越減少。當然，不確定性會伴隨企業的整個生命歷程，只會減小，不會消失。

10.與風險投資相比，天使投資的投資成本更低。

風險投資是機構化的投資管理，這種正規化為風險投資的運作帶來了效益，同時也造成一定的管理成本。而天使投資則

是非正規的風險投資，相應地，其管理成本較低。

風險投資過程包含兩層委託代理關係，其委託代理成本自然比只有一層委託代理關係的天使投資要高。

風險投資家是經過訓練的、經驗豐富的職業資金管理者。他們所要求的工資及利潤分成相對較高，而天使投資家雖然也是經驗豐富的企業家、銀行家、投資家、其他成功人士，但他們本身並不以此職業為生。他們已經在事業上有所成就，他們作為天使投資家是為了利潤，但更是為了實現自己的理想，幫助創業者建設企業，他們在投資和參與初創企業的成長壯大的過程中得到精神的享受。從這個意義上說，金錢的收入並不是他們唯一的追求，這種狀況造成他們的資金管理成本相對較低。

天使投資家是投資自己的錢，而風險投資家是投資別人的錢。自己管理自己的錢，自己投資自己的錢自然省去相當大的管理經費。

11.與風險投資相比，天使投資的投資決策更快。天使投資家的決策快主要也是取決於他們是在投資自己的錢。

天使投資家投資自己的錢，不必得到其他人的許可或默認，不必經過一定的流程。

天使投資家投資自己的錢，不需要和合夥人協商，不需要探討和溝通，省去很多時間。

天使投資家投資自己的錢，往往投資於自己所熟悉的領域，或投資於自己所熟悉的科技，自然輕車熟路，不必要過多的計量和更長時間的思索。

12.在投資後積極參與企業的管理與建設上，天使投資家與風險投資家有些類似，但又不盡相同。天使投資家也參與被投

企業的管理與建設，他們也給予被投企業除了資金以外的其他幫助，如幫助組織下一輪融資，幫助企業尋找商業機會，幫助企業修正現存的成長戰略。然而，風險投資畢竟是機構投資者而天使投資大都是個人投資行為。前者的社會關係、商業關係都比後者豐富。他們的再融資能力也比後者強。

表 17-1　天使投資家與風險投資家的區別

	天使投資家	風險投資家
融資	投資自己的錢，基本上不需要向其他人融資	投資其他人的錢，需向富有的個人、家庭，主要是向機構投資者融資
投資	投資期限：種子期、初創期及初創後期，以投資種子期和初創期為主	投資於種子期、初創期、初創後期、擴張期、成熟期，以投資於擴張期為主
	一次投資，往往缺乏後續資金投入	多輪投資，往往有後續資金投入
	投資工具以普通股、優先股為主	投資工具以可轉換優先股為主
	投資工具中很少附加風險控制條款	投資工具中往往附加各種風險控制條款
	一般不以分期投資作為減少代理成本的手段	往往以分期投資作為減少代理成本的手段
	一般不太利用投資附加條款以在清產時保護自己的利益	往往利用投資附加條款以在清產時保護自己的利益
	一般不在投資時進入反稀釋條款	往往在投資條款中附加各種類型的反稀釋條款
投資後管理	積極參與管理	積極參與管理
	很少進入董事會，不認為這是參與被投企業管理的主要手段	進入董事會，並作為參與被投企業管理的主要手段之一
	投資後，創業者往往仍然保持對企業的絕對控制權	投資後，創業者可能會失去對於企業的絕對控制權
退出	股權贖回、轉讓、出售、被購併、首次公開上市(IPO)、清產，但一般很少參與 IPO	股權贖回、轉讓、出售、被購併、首次公開上市(IPO)、清產，一般 IPO 是投資者退出戰略首選

18

你公司現在適合 VC 胃口嗎

　　有兩個創業者：其中一個創業者做的手機端應用的產品尚未完成，但公司資金快頂不住了，他從網上搜索了滿滿一頁的 VC 名單，不知選那一個。另外一個創業者開了一家精品服裝店，1 年銷售額 40 萬左右，利潤率 50%，他什麼時候可以去找 VC，等他開了 20～30 家店、收入達到千萬級別、管理模式成形之後，VC 才會感興趣的。可他卻說：「那我還要他的錢幹什麼？」

　　這應該不是少數現象，很多創業者都面臨著這樣的問題：「我現在適合找 VC 嗎？」

　　很多創業者並不太清楚需要錢的時候該找誰融資。當然，他們都知道銀行這條路是不可能的。曾經有很多創業者會問到同一個問題：「當初他被投資的時候，什麼也沒有，我現在比他當時的情況好多了，為什麼不能找 VC 融資？」這個問題只能說，一個單獨案例的成功，不能掩蓋成千上萬初創企業融資的失敗。正如買彩票一樣，有人中一等獎，並不表示你也能中。

　　據最近幾年的統計數據，目前國內風險投資逐年升溫，無論是 VC 基金數量、VC 管理的資金總額、投資額度還是投資案例數，都不斷創出新高。但是，投資早期項目的 VC 卻越來越少，

越來越多的創業者發現找 VC 融資更難了。一個殘酷的現實是：沒有幾隻田鼠能夠長大成羚羊。國內的 VC 越來越傾向於投資成熟的公司，關注發展期甚至是 PreIPO 的項目，VC 與 PE 的投資界限越來越模糊。而天使投資人的群體在國內尚處於萌芽狀態，只有零星的投資案例。對於找不到 VC 投資或不適合 VC 投資的創業企業，投奔天使投資人的懷抱似乎更難，因爲基本上創業者連天使投資人在那裏都不知道。要在國內找 VC 融資，創業者要先審視一下自己：

(1)你的團隊是不是曾經讓 VC 賺過錢，如果是，那麼你再創業的話，會有 VC 關注的，甚至你一個新的創意也有可能獲得 VC 投資。

(2)你的商業模式是不是在國外或國內已經有成功融資、併購、上市的先例，如果是，那麼只要你的公司在行業能排名靠前，融資的機會就會有很多。

(3)如果你從事的是傳統行業，而收入已經達到千萬級別，甚至上億，那你具備了 VC 融資初步條件。

如果上面幾個問題都是肯定的，你可以精心籌備一下找 VC 融資的事，也許會有 VC 向你伸出橄欖枝。

一般來說，下面四種情況下的公司，不要向 VC 融資：

(1)還只有想法、專利、產品原形等，而沒有成形的產品或服務。

(2)市場容量太小，沒有市場的延展性。

(3)融資額太小，只需要兩三百萬。

(4)創業的目的不是爲了賺大錢、收穫名利，而是爲了社會公益、悶頭掙錢。

找 VC 融資是一件「請神困難，送神更難」的事，創業者在決定找 VC 之前，要先瞭解 VC 的需求，還要對著鏡子審視一下自己，掂量掂量公司能不能做到萬里挑一、滿足 VC 的胃口。絕大多數公司，從商業模式、發展階段、行業、團隊等方面就先天決定了它們是無法滿足 VC 的回報要求的，也有一些創業者是不願意接受 VC 的控制模式的，這些企業就不應該浪費時間和精力找 VC。但這絕對不代表這些企業不好或者不能掙錢，而是他們應該尋找其他融資管道。

19

你能承受 VC 帶來的壓力嗎

VC 的工作是給出資人（LP）創造回報，要實現這個目標，他們就要去發掘能成為羚羊的企業。所以，對於一些有出色技術和穩定團隊的公司來說，不要輕易接受 VC 的錢。假如公司只需要很少的資金就可以起步、成長，或者由於產品的特性面臨的競爭、商業模式的限制、市揚容量的限制，如果被併購是一個更可行的出路，那麼遠離 VC 而找週圍的朋友籌一點錢才是更好的選擇。

創業者如果拿到 VC 的錢，至少會面臨以下幾個麻煩：

1.公司小規模退出的可能性沒有了，即便有，創始人也不

太可能掙到什麼錢。例如上面那個例子，即便公司最後以 1 億
的價格出售了，創始人 18%的股權能夠得到多少呢？是 1800 萬
嗎？錯！因為 VC 通常在投資協定中會要求優先清算權、參與分
配權和最低回報倍數，假如 VC 要求的最低回報倍數是 3 倍，並
且有參與分配權的話，VC 先拿走投資額 2000 萬的 3 倍，即 6000
萬。對於剩下的 4000 萬，包括 VC 在內的全體股東按照股權比
例分配，所以，創始人最後只能得到 720 萬，而 VC（40%股權）
還可以分配到 1600 萬，合計獲得 7600 萬。

VC 的錢就像是火箭燃料，希望能夠儘快把你的公司送上
「太空軌道」，使得公司快速發展，收入規模大幅提升。但是，
這可能跟你的經濟利益並不一致（你原本每年可以有百八十萬
分紅的），或者超出了你的能力範圍，在 VC 的助力下，你原來
想跑，但公司可能會朝著一個不一定合適或者最佳的方向飛去。

2.你願意放棄一部份股份和控制權嗎？真的要做 VC 融資
嗎？這好比是開車上高速公路，中途沒有出口，出口在遙遠的
地方，叫做「IPO 上市」或者「被併購」。創業者只有在這條路
上一直開下去，要麼順順利利開到底，要麼人仰馬翻地衝破高
速公路護欄，公司破產清算結束。

在這條高速公路上開車是有規則的，走上 VC 融資道路的公
司也是有規則的。

首先，你要給 VC 一部份股權，可能是比較大的比例。例如，
第一輪 VC 就出讓超過 30%，第二輪、第三輪融資之後，你剩下
的股權就不到 50%了。這很正常，不要說不想放棄公司的所有
權，不願出讓太多的股份，可是除此之外你還能給投資人什麼
呢？投資人不需你的「好創意」，他們只希望能從自己投下去

的錢裏獲得合理回報。如果你現在就在抱怨他們搶奪了你的利益，並且你有把握融到錢的話，那就別向 VC 融資。

把蛋糕做大才是關鍵，創業者只有把公司做大了，股份比例才有意義，一家長不大的小公司 100%股權又能怎麼樣，還不如換成一家大公司 10%的股權有價值。

第二，公司以後重大決策不再是你一個人說了算了。你可能習慣了自己在公司「一言堂」，但 VC 也是股東，通常是「優先股東」，他們擁有一些特殊的權利，用來保護自己的利益。最直接的就是董事會了，他們通常會在董事會上佔上一兩個席位，對公司的重大事情有舉手表決的權利，可能很多事情他們還擁有一票否決的權利。你會發現有人管著你了，不能「為所欲為」了。

第三，財務規範化和透明化。你不能再偷稅漏稅了，該補的補、該交的交，免得以後有大麻煩。報表要正式編制了，不能只找個會計記記流水賬，而且每季還得給 VC 看看報表，年底還要給 VC 做下年度的預算。公司的每一筆超過一定額度的資金支出都需要 VC 點頭。更有甚者，VC 可能直接派一個財務總監過來，把持公司的財務，以便清清楚楚地知道公司的每一筆錢是怎麼掙的、每一筆錢又是怎麼花的。這是公司走向正規和做大做強的基礎，你要做好這個準備。

3.股份鎖定：VC 通常會要求創始人把股份鎖定，需要 3～4 年才能逐步兌現（Vesting），如果創始人提前離開公司，尚未兌現的股份就被公司收回了；

4.業績對賭：達不到既定經營目標，股權要被 VC 稀釋；

5.被 VC 綁定。公司的未來通常是維繫在創始人團隊身上

的，VC 一旦投資，一定要給創始人帶上三副「手銬」和一個「緊箍」。

6.董事會席位及保護性條款：VC 對公司經營上的監督和決策。帶上「手銬」和「緊箍」的創始人，只有華山一條路了。

7.競業競爭：如果創始人跟 VC 合不來，執意要走人，股份也不要了，但是競業禁止協議也不允許創始人去做類似的、競爭性的業務。

20

企業向 VC 融資的流程步驟

很多公司融資失敗，不是因為公司沒有吸引力，而是企業創業者不瞭解 VC，不知道 VC 是怎樣運作，最重要的是，他們不瞭解向 VC 融資的流程。

向 VC 融資是很費時間的，快的 4 個月，慢的要 1 年以上，VC 知道你現金流有問題的話，會拼命壓低價格的。對於創業者來說，至少要留好 10 個月的現金餘量，不要融資過程剛進行一半，公司就沒錢了。預計年中需要錢的話，在年初就要開始融資。

VC 融資的基本步驟和時間，平均 2 個月進行前期準備，4～8 個月實際操作。這個時間和流程只是通常的情況，實際情

況可能會有所不同。

1.確定目標 VC（4 週）

2.準備融資文件（6 週（可與 1 同時進行））

3.與不同的 VC 聯繫（6 週）

4.給 VC 做融資演示（0.5～1 小時）

5.後續會談和盡職調查（10 週）

6.合夥人演示及出具 Term Sheet（4 週）

7.Term Sheet 談判（2 週）

8.法律檔準備（4～12 週）

9.公司需要找 VC 要多少錢

10.資金到賬（1 天）

要做好準備，融資是很艱苦的過程。創業者需要分出很大一部份精力，所以會導致創業者對公司業務的管理時間會減少很多。

第一步，確定挑選出的 VC

第一步的目的是挑選出那些可能會投資你的 VC，不是每個 VC 都合適你，你也不會適合所有的 VC。

VC 融資的第一步是非常重要的，一旦你知道那些 VC 是可能跟你匹配的、值得花時間溝通的，你就不必要在不相關 VC 身上浪費時間，而要集中全部時間和精力，定點「轟炸」真正有機會的 VC。

通過以下四個步驟，就能挑出你的潛在 VC：

(1)通過網路，搜索出過去兩年內在本國有過投資項目的 VC 清單。

這個工作很容易，網路上有很多 VC 投資項目清單可供查

詢。在過去兩年都沒有投資項目的 VC 可能不是好的選擇。當然，新成立的 VC 除外，他們雖然沒有開始投資，但優先順序應該最高。

(2)從上面的 VC 清單中，挑出有計劃在你所從事的行業進行投資的 VC。

依次訪問這些 VC 的網站，或者收集相關的介紹材料，你可以看到每家 VC 對那些行業有投資興趣，把那些不打算投資你正在從事的行業的 VC 從你的清單中刪除，他們跟你沒什麼關係。

(3)剔除那些已經投資了你的競爭對手的 VC。

在 VC 的網站上，看看他們都有那些投資案例，是不是有你的競爭對手在其中，通常不要去找這些 VC。原因很簡單：

①大部份 VC 不會投資互相競爭的公司，這樣會帶來很多麻煩。

②有些 VC 如果覺得有用的話，會把你的所有材料給你的競爭對手。

(4)找出有錢投資你的 VC。

很多創業者把大把的時間花在不會投資給他們的 VC 身上。VC 沒有錢投資你可能有兩個原因：

①VC 的基金裏真的沒錢了。

②創業者要融資的數額跟 VC 的基金不匹配。

所以，創業者要看看 VC 掌管的基金的情況：

①最後一筆基金是什麼時候募集到的？

②基金的總額有多大？

因此，對於上面的 VC 清單，需要弄清楚：每家 VC 最後一筆基金是何時募集的？總額有多少？然後再跟你公司目前的狀

況進行比較，五六年前募集基金的 VC 要刪除掉，基金總額大的
話，VC 的每一筆投資的金額就會比較大，反之也是一樣。如果
VC 的基金跟公司的資金需求不匹配，也要將這些 VC 剔除出去。
等你最後形成了一份這樣的 VC 清單，你就知道該去向誰融資
了。

　　但需要強調一點，當你問 VC，他的基金中是不是還有錢投
的時候，如果 VC 覺得你最終有機會被 VC 投資的話，他的答案
一定是「有」。即便是他們不感興趣、沒錢投資，他們也希望看
到你的商業計劃，聽你當面做融資演示。

　　由於一方面 VC 需要自己的項目來源不要斷；另外一方面，
VC 需要讓想融資的創業者和他們背後的 LP 投資人知道他們有
項目源、有知名度。所以，VC 想看你的商業計劃書，給你做融
資演示的機會，但這並不表明他們有興趣投資你或者有錢投資
你，而可能僅僅是想讓人知道他們的存在而已。

第二步，準備融資文件

　　你的公司在為 VC 融資準備文件的時候，常常會聽到很多建
議，但他們都會提到的一點是你需要一份「商業計劃書」，用
E-mail 發給或者直接送給 VC 看。最好不要這麼做！商業計劃
書是有用的，如果一開始你就直接發給 VC 看，是非常不合適
的。因為 VC 通常不會看那些冗長、無聊的商業計劃書；第一次
接觸，商業計劃書無法取得良好的溝通效果；商業計劃書只是
泛泛而談，沒有針對具體的 VC。

　　融資文件不是一次性的，通常隨著融資的進程，需要準備
不同的檔，例如初次面談之前：一兩頁篇幅的「執行摘要」，也
可以叫做「魚餌」文件，用來吸引 VC 的目光，引發他們的興趣。

至於，其他文件：

- 融資演示：PPT 演示文件，用於面對面跟 VC 演講，加深 VC 對公司的印象。
- 盡職調查：讓 VC 對公司進行詳細摸底。
- 法律文件：公司章程、銷售合約、以前的投資協定（如果有的話）等。

把這些文件都準備好，並且按內容分成單獨的小文件，這樣既能滿足 VC 的需求，又能有很好的保密性。另外，應按照次序及時提交 VC 所需要的文件，這樣也能給 VC 留下好印象。

「執行摘要」和融資演示文件是最重要的兩個文件，他們決定著 VC 跟你是「一面之緣」還是「深入交往」。

第三步，與 VC 聯繫

跟 VC 聯繫的關鍵，在於：與誰聯繫？怎麼聯繫？什麼時候聯繫？

(1)與誰聯繫？

VC 公司通常是合夥制的，合夥人主導項目的投資，通常會配備投資副總裁、投資經理、分析員等來幫助他們。

VC 公司的合夥人各自找項目、看項目、評估項目，但真正要投資的話，需要 VC 公司內部集體決定。所以，創業者要想獲得 VC 的投資，就得先說服 VC 公司裏的某個恰當的合夥人，由他來負責推進你的項目，並說服其他合夥人。

例如，某 VC 公司有 6 個合夥人，1 個負責通信行業，2 個負責半導體，3 個負責軟體和 Internet 行業。如果你是一家通信相關的公司，你需要說服那個負責通信行業的合夥人。一旦說服他了，他在作盡職調查的時候，會驗證你的公司是不是真

的有價值，並說服其他合夥人。但通常，其他合夥人也會有很多項目需要推進。大部份 VC 公司是一票否決，只要有一個合夥人不認同，任何項目都要放棄投資。

拿出第一步整理好的 VC 清單，他們是可能會投資你的 VC。針對每家 VC，找出你需要說服的合夥人，這項工作難度很大。當然有些 VC 並沒有分得這麼細，有些 VC 由投資經理、副總裁來跟項目初次接觸。

(2)怎麼聯繫？

找到相應的 VC 聯繫人（合夥人或投資經理）之後，跟他們聯繫的最好方法是找人推薦。看看你的朋友圈，有沒有可以做推薦的人。如果找融資顧問幫你的話，這項工作就簡單多了。如果你的「魚餌」文件能夠「釣」起 VC 的興趣，他們會讓你作面對面的融資演示。

如果你聘請了一些有頭有臉的人物做公司的董事、顧問的話，你會發現這個時候，他們會給你很多推薦。另外，參加一些風險投資的會議、論壇也可以認識一些 VC。

圖 20-1　融資推薦

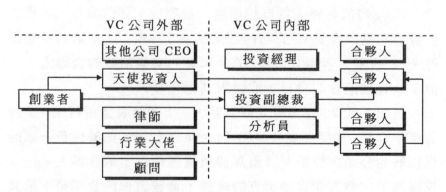

⑶什麼時候聯繫？

有些 VC 沒有錢投資你，但他們還會看項目嗎？正好，如果可以的話，找 2～3 家這樣的 VC 演練，看看你的融資演示文件準備得怎麼樣，你的演講水準如何，他們有什麼樣的問題等。

演練完後，再對你的融資文件進行修改和完善，然後去找真正有可能投資你的 VC。跟這些 VC 聯繫要在盡可能短的週期內集中 2～3 個批次完成，一次 10～20 家。不要這週聯繫幾個，下週聯繫幾個，下個月又聯繫幾個。集中聯繫的好處是，VC 的投資意向書也會集中到來，這樣你就可以比較那家的條款好，那家的報價高，也可以在 VC 之中形成競爭。但如果同時一次跟全部合適的 VC 溝通，你會花很多時間。而且，如果很多 VC 都跟你談過，但他們對你的項目都沒有興趣，那你可能會在 VC 圈得到個壞名聲——你的公司沒人要，這樣的結果會很糟糕，因為 VC 是喜歡跟風的。

第四步，給 VC 做融資演示（DEMO）

很多人可能認為只要給 VC 做個完美的演示，就會得到投資。但這是一個很值得懷疑的觀點，因為 VC 比創業者更擅長從演示中找出問題。決定你跟 VC 第一次親密接觸的結果不在於你的演示有多麼好，而在於你給 VC 演示了什麼內容。

那應該怎麼樣演示？演示些什麼內容呢？

怎樣做演示這個問題包括：PPT 的結構、PPT 的頁數、每頁的主題、每頁的內容量、演示者的演式方式、演示文件的重點內容等。

演示的內容當然要比演示方式更重要。要知道演示內容是否能成功，那你首先要知道 VC 想通過你的演示瞭解什麼。當

然，無非就是規模巨大的市場及行業、完美的產品、獨特有效的商業模式、誘人的財務狀況及預測、夢幻的團隊等等。

如果你的 PPT 中包括了上述全部內容，也許真的夠了，但這並不是 VC 想瞭解的全部內容。一個 VC 的合夥人一年可能只投資一兩個新項目，你給 VC 做演示的時候，相當於在跟他說：「忘掉你正在看的、已經看過的所有其他項目吧，我的項目就是你今年最好的投資機會。」

對於任何 VC，決定他們對項目判斷的是兩樣東西：對公司管理團隊的信任度和公司能成功的客觀證據。VC 越信任你，並且公司運營良好的信息獲得越多，你就很有可能從 VC 桌上的一大堆項目中脫穎而出。如圖 20-2 所示。

圖 20-2　VC 評估

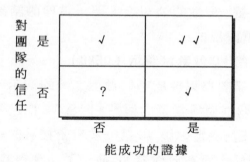

你需要向 VC 展示你是一個值得信賴的人，你的公司將會走向成功。VC 並不是眼光短淺、不願意承擔風險，他們只不過是投資給他們能看到的最好的項目而已。

第五步，後續會談及盡職調查

一旦創業者給 VC 做了一個成功的融資演示，博得了 VC 的興趣，後面就是更多的會談和 VC 對你公司的盡職調查。有些

VC 這個時候只做一些簡單的調查，在簽訂 TermSheet 之後再進行詳細的盡職調查。

在 VC 投資過程中，盡職調查工作通常由 VC 的一個合夥人及投資經理來實施，詳細的盡職調查就會請第三方的會計師和律師介入。

通常只有在你跟 VC 簽了排他性的 Term Sheet 之後，VC 才會請第三方的會計師和律師進場作財務調查和法律調查。

在盡職調查期間，你跟 VC 的接觸會非常頻繁，也許每週 2～3 次，會跟 VC 公司不同的人談公司方方面面的事，但目的只有一個，就是驗證 VC 對你的判斷。

VC 在對你做調查的時候，你也最好能抽時間查查 VC 的情況。最好的方式就是跟這家 VC 投資過的公司的 CEO 談談，例如，VC 的合夥人都有什麼特點？他們投資後的增值服務如何？他們是不是在投資後會更換現有管理團隊？把很多你關心的問題弄清楚之後，你也可以決定是不是接受這家 VC。

第六步，合夥人演示及出具 Term Sheet

這次，你要給 VC 合夥人做的融資演示，決定你能否拿到 VC 的 Term Sheet。這個演示比你給那個在過去幾個月一直跟你密切溝通、正在調查你的 VC 合夥人的演示更重要，但是重點不太一樣。創業者給全體合夥人演示的目的不是不讓他們挑出毛病，對你說「NO」，而是讓他們發掘你的投資價值，對你說「Yes」。

合夥制的 VC，內部決策通常要一致通過，一票否決。只要有一個合夥人對你的項目有異議，無論其他合夥人怎麼看，這個項目 VC 通常是不會做的。

因此，在盡職調查時，你要讓那個負責你的項目的合夥人

認可，並有信心，他才會積極推進你給全體合夥人做演示。爲了促成投資，他在某種程度上甚至跟你是一夥的。另外，VC 內部的其他合夥人對你所從事的行業不一定熟悉，他們不會輕易提出異議，除非從你的演示中，真的發現了什麼重大問題。

在你給全體合夥人作演示之前，負責你的項目的 VC 合夥人已經跟其他合夥人溝通過多次，他們可能已經很認同你的項目。因此，當你做演示時，你沒有必要過分強調項目有多好，而是儘量別出錯，以防節外生枝。

合夥人演示中，記住下面幾個要點：

• 不要有什麼意外的壞消息。

• 不要換一個新的演示材料，它已經被證明是有效的了。

• 不要任何不必要的細節，簡單一些。

演示時，將你的注意力放在問題最多的合夥人身上，任何一個都可以讓你的融資失敗，要儘量贏得他的認可。

這個過程跟做研究生畢業答辯有點像，你的導師（負責的 VC）看過你的論文了，甚至幫你提了很多修改建議，但答辯小組還要聽你怎麼說，如果他們有人不喜歡你的論文，你可能就麻煩了——推遲畢業，甚至拿不到學位。放到融資這件事上，那就有可能讓你過去幾個月的努力付之東流。

如果演示成功，VC 公司會給你一份 Term Sheet，這證明你初戰告捷，勝利不遠了。

第七步，Term Sheet 談判

得到 VC 的 Term Sheet 是創業者跟 VC 關係到了一個重要時期，如果雙方在 Term Sheet 上簽字了，那創業者最終獲得投資的可能性非常大，就像一對談戀愛的男女，舉行訂婚儀式，最

後結婚基本上是水到渠成。但在簽字之前，雙方還需要就條款內容進行談判。

Term Sheet 的談判對創業者來說是比較困難的，主要是缺少這方面的經驗。例如，公司價值、VC 要求的各種優先權利、保護機制、公司治理方面的要求等。這些東西創業者可能是第一次遇到，而 VC 整天琢磨這些內容，你怎麼能跟 VC 公平談判？

解決的方法只有一個，就是同時拿到不同 VC 的幾份 Term Sheet，這樣你就知道什麼條款好，什麼條款不好，那家估值合適，那家估值太低。一旦有了選擇的餘地，談判的天平就向你傾斜了。

最好能同一天收到所有感興趣 VC 的 Term Sheet，一週內收到也行，這樣你才能有對比機會和談判的地位。要達到這個目的，融資時就不要把時間戰線拉得太長，談崩了一家再找下一家，而是要跟所有 VC 同時進行。

當創業者拿到 Term Sheet 後，就可以請律師了，一定要找有過代表公司向 VC 融資經驗的律師，沒有這方面經驗的律師會讓你的談判非常艱苦，甚至會把 VC 趕跑。

創業者不要急著在 Term Sheet 上簽字！很多創業者因為覺得 Term Sheet 是融資的一個最重要的里程碑，急著要簽。但要記住，你有 Term Sheet 拿在手上，可以促使別的 VC 儘快給你 Term Sheet。先給 Term Sheet 的會很急，因為他怕項目被別的 VC 搶走；後給 Term Sheet 的 VC 也著急，因為他怕沒機會了。這樣，主動權就在你手裏。簽了 Term Sheet 後，因為通常有排他性條款，你只能跟一家 VC 繼續下去，主動權就回到 VC 手中。VC 就可以慢慢地做詳細的盡職調查，甚至有些 VC 會變更條款

內容。

第八步，法律文件

創業者終於跟 VC 把 Term Sheet 簽了，但 VC 還要作詳細的盡職調查，通常是財務和法律兩部份。另外，VC 還要把項目提交投資決策委員會批准。如果盡職調查發現問題，或者投資決策委員會否決投資的話，VC 跟你的緣分就到此爲止，這一點在簽署的 Term Sheet 中 VC 通常是會明確告訴你的。

VC 通常有一套所謂「標準的」投資文件，但基本上都是從 VC 的利益角度出發，創業者要自己與 VC 談判 Term Sheet，落實具體條款的用途和目的，然後由律師將你的真實意思轉換成法律文件。其實，大部份的條款都是可以協商的。如果有律師幫忙解釋和溝通會讓你的法律文件更有針對性，另外，如果你手上能夠拿到好幾家 VC 的 Term Sheet 會讓事情更爲簡單，相互對比一下，你就能夠在談判桌上有更多的底氣。如果在項目足夠好的前提下，同時又有其他 VC 的競爭，這個時候，沉不住氣的 VC 會主動鬆口，而且很多苛刻的條款會被放鬆。

如果創業者是在做第二輪融資，最好是請第一輪 VC 聘請的律師，因爲他最清楚他當初爲了第一輪 VC 的利益，他給創業者設置一些什麼樣的條款，對創業者有什麼樣的限制。這個時候一旦他掉轉身份，要維護創業者利益的時候，他就會在所有條款上想方設法跟第二輪 VC「對抗」。這個時候，創業者就會發現：原來，所有的 Term Sheet 條款都是可以談的！

目前國內外資 VC 很多，如果投資者向他們融資，可能涉及到的法律問題會更多一些。例如是投歐元還是投美元？這會涉及到向有關政府主管部門的一些申報手續，當然這個問題創業

者不必擔心，律師和 VC 非常清楚相關操作程序。

第九步，公司需要找 VC 要多少錢

「我能融多少錢？」這可能是創業者找 VC 融資前最想知道的問題。一旦 VC 問到企業創業者想要多少錢的時候，常常會有 3 個答案冒出來：

(1)「不知道」。

(2)「××公司融了 500 萬美元，我也要融 500 萬美元！」

(3)「我覺得公司值 1000 萬美元，我只能出讓 20%股份，就融 200 萬美元吧！」

通常來說，在創業企業的發展過程中，存在很多的風險和不確定性，可能是業務層面的、政策層面的等。而隨著公司的發展，這種風險會逐步降低，甚至是跳躍性的降低。導致風險「跳躍性」降低的事件，可以稱之爲公司的下一個發展里程碑。這個里程碑有很多種，可能是新產品上市、盈虧平衡等。

VC 的夢想是入 1000 萬到一個投資前估值爲 2000 萬的公司，並因此持有下一個蘋果公司的 33%股份，最終獲得超過 100 倍的投資回報。VC 非常看重回報的數額，同樣也以回報倍數來衡量投資的品質。如果某 VC 一直持有上面這家公司 33%的股份直到上市，如果公司市值是 30 億，那麼 VC 股份的價值就是 10 億，他就賺到了 100 倍。假如當初投資的時候，公司估值爲 4000 萬，他還要佔 33%股份的話，就要投資 2000 萬，那麼在公司 30 億市值情況下，VC 的回報只有 50 倍。很顯然，兩種情況下，VC 都賺了約 10 億，這是千年不遇的情況了，但回報倍數卻相差很大。

其實，VC 一旦決定投資，他就認爲項目有很大的把握成

功，在這種情況下，多投 100 萬僅僅只會讓最後的回報總額降低一點兒而已。即便是看走了眼，導致投資失敗，也只不過再多損失 100 萬而已。可是 VC 仍然會在投資的時候，儘量壓低公司的估值，告訴你「估值太高對公司沒有好處」，以便能在獲得同樣股份比例的情況下，儘量少投資，這樣可以獲得更為可觀的回報倍數。

對於 VC 來說，在什麼情況下投資，他們所面臨的風險和期望的回報是對應的。因此，公司所處的不同階段，VC 的報價也不一樣。如果公司沒有發展到下一個重要里程碑，公司的風險水準就沒有太大變化，VC 給公司的估值也不會有太大提高。

對於創業者來說，向 VC 融資一次，相當於是經歷一次磨難，要花費大量的時間、精力和資金。另外，融資的時機不是什麼時候都有的，一旦能夠抓住一次.融資機會，企業還是要把估值儘量抬高些，儘量多要些錢，省得以後還要受一次罪。另一方面，創業者要把公司帶到下一個里程碑，才能找下一輪 VC 融資。問題是達到下一個里程碑，需要多長時間？需要多少錢？創業者要作一個詳細的規劃和預算，這樣自己心中有數，把所有需要花的錢加起來，基本就是你需要向 VC 融資的額度了。

但是，這可能不是你的最終答案。因為幾乎所有的創業者都會對前景非常樂觀，直接的後果就是對困難認識不足，對資金需求認識不足，通常的預算會比實際小很多。另外，即便你的預算差不多，但還要給下一輪融資預留時間，目前 VC 融資的一般週期是 6 個月左右，最快也要 3 個月，不要在下一輪融資過程中公司的資金鏈就斷了。所以，通常你需要把上面計算出來的融資額度乘以 1.5～2，這才是你要的答案。

如果計算出的數字太低，例如，只有五百萬元，這說明你的商業模式看起來很省錢，因此，你不妨多融一點，保證公司發展更遠的一個里程碑。一是因為創業者的時間寶貴，融一次算一次，並且一次多拿點。對於創業者來說，融一次資，就要脫一層皮。另外，對於幾百萬數額的融資，大部份知名 VC 基本是不會感興趣的，他們財大氣粗，這種小項目是看不上的。況且，這麼點錢，估計公司出讓的股權比例也不會超過 20%，對於第一輪融資來說，這樣的股權比例對於 VC 也沒有什麼吸引力。但是如果計算出的數字太大，就會造成創業者需要出讓更多的股份，這是非常不划算的，創業者甚至可能會失去公司的控制權。創業者可以減少本輪融資的額度，在公司達到里程碑並且估值大幅提高後再進行後續融資，這樣可以少稀釋自己的股份。但是如果刻意降低這個融資數額，導致公司達不到里程碑，下一輪融資會有很大的問題。所以，創業者要盡可能找到合適的里程碑。

第十步，資金到賬

此時，你已經完成了融資程序，錢現在到了公司賬戶。但可能是分期到賬，所以在興奮之餘要小心：不要亂花錢。

按照你給 VC 的資金使用計劃，在未來一年左右的時間內按照需求使用。逐步實現公司設定的里程碑，兌現給 VC 的承諾，這樣 VC 的後續資金才會及時到賬。換豪華辦公室、大幅漲薪、大肆招人等這些事情不要輕易決定，因為有很多公司沒錢能經營活下去，融到錢卻破產了。

21

怎樣向天使融資

· ·

有這麼最讓人津津樂道的天使投資案例：張朝陽得到其老師——美國麻省理工學院尼古拉‧尼葛洛龐帝（Nicholas Negroponte）教授的 20 多萬美元天使投資，做成了搜狐網；李彥宏和徐勇借助 120 萬美元的天使投資，創建了百度；田溯甯和丁健獲得了 25 萬美元的天使投資，創建了亞信。

尋找天使投資固然是一條路，但也不是誰都適合，至少要具備下面這些特徵：

(1)有不錯的創業團隊，在行業經驗、技術上等有獨到之處。

(2)有創新的商業模式或產品，也許還處於創意階段，企業沒有正式開始運營。

(3)創業企業已經開始運作，已經有了一定的發展，雖然小，但有發展的大機會在。商業模式也得到市場驗證，例如網站訪問量、產品銷售量等都有了一定的數據。

(4)所在的行業並不熱門，可能還沒有吸引 VC 的注意，但潛在空間很大。

(5)創始人已經傾其所有，創業者不應該還開著汽車、住著大房子或者在別人的公司裏兼職。

(6)資金的需求量不大，可能是幾百萬人民幣。

創業者在被天使投資人挑選和考察的同時，也要瞭解天使投資人。在跟他們打交道的時候，要確信他們是真正天使，而不是魔鬼。這麼說並不是聳人聽聞，選擇錯誤的合作夥伴，很有可能會毀掉還處於艱難期的創業企業。

首先，要瞭解對方，多花點時間研究他們的背景和以前的投資業績。

其次，最好是能找到專業的天使投資人，他們懂得投資後的管理，知道如何幫助創業企業，並且他們那裏也有一定的資源可以利用。而偶爾做一兩次投資的投資人或者家人和朋友，他們一旦把錢交給創業者，就會非常關心他，可能隔幾天就要去公司看看，或者每天打電話問問公司情況。剛開始，創業者出於感激，是可以接受和理解的，時間長了，就受不了這種「騷擾」了，而投資者也會覺得企業的發展不像創業者說的那樣樂觀，雙方就會逐漸產生隔閡、矛盾了。

另外，由於天使投資人是個人投資者，他們沒有太多的名聲需要保護，這點跟 VC 有很大區別。一般 VC 不會把創業者壓迫到無法容忍的地步，因為如果這傳出去，別的創業者就不會再去找他們了。而天使投資人的交易條款差別很大，由於沒有普遍接受的標準，有時天使投資者的交易條款像 VC 的條款一樣可怕，而有些天使投資者，只用一份兩頁紙的協定就可以投資。創業者可能沒有錢請律師來幫他，所以自己更要小心。

有些創業者會遇到願意投資他的天使投資人，投資人的投資方式有兩種，一種是「定價融資」──即天使投資人已經確定了公司的估值，並根據這個估值水準購買公司的股份。另一

個選擇是「可轉換債券」，這種方式不需要馬上確定投資價格。這種類型投資者的股份購買價格會在將來公司進行第一輪 VC 融資時才會確定。

一、天使投資人如何思考

天使投資就像是一場愚蠢的賭博，除非你口袋裏的錢足夠多，或者你剛好處在牛市之中——這些時候的項目即便沒有後續幾輪融資，也可以成功實現退出。

1.天使投資應該確定價格

支持這個觀點的天使投資人認為：「如果我投資了一家公司，我把所有關係網都給了它，我幫他們介紹業務、推薦人才，讓他們在融資時更可信。假如我剛看中這家公司的時候，它才值 100 萬，在獲得我的關係網和資金幫助後，公司現在能夠以 600 萬美元的估值融一輪 VC 資金，我就會損害自己的利益了。50 萬的投資，以 600 萬估值的 30%折扣轉為股份（相當於估值超過 400 萬），得到的股份會遠遠少於以 100 萬的投資前估值所能獲得的 33%的股份。」

天使投資人應該這樣思考：你的錢幫助創業者度過一個非常艱難的時期，而你的錢還冒著很大的風險，因為你不知道 VC 是否會投資這個創意或團隊。你面臨的也是最大的風險，而這個風險在如今這種經濟困難的時期更加顯著，因為這時候 VC 的錢更難找。你當初應該以確定價格的方式做天使投資。

2.如果該公司太「熱門」了，天使投資人就不該確定價格

支持這個觀點的天使投資人想法很簡單，「好公司都有很多

投資人搶，而我只想投資其中最好的公司。如果我要花幾個星期的時間去談判估值問題，那我能投資到好公司的可能性就會降低。我寧願在 VC 投資的時候以 30%的折扣轉股，也不願錯過投資這些最好公司的機會。如果經濟形勢變得更糟，那我就會要求更高的折扣，也許是 40%，也許 50%。」

這也有道理，因為很多天使投資人有很好的名聲，他可以給被投資公司提供手把手的幫助，幫助創業者制定公司戰略，直到吸引到 VC 的投資。因此，他確實可以接觸到很多在創建階段的好公司。創業者願意跟他一起合作，也認可他給公司帶來的貢獻。如果創業者有更多的時間去見更多的天使投資人或者早期 VC，先前的天使投資人想要投資的話就更難了。

大部份可轉換債券的天使投資案例都是那些非專業投資人做的。有很多天使投資團體，他們喜歡把錢彙集在一起投資技術公司。有些人之前是賺了一些錢的技術公司的管理者，有些團體是由醫生、律師、房地產從業者等組成。他們不採取確定價格的方式投資，也許是因為他們不大瞭解這些，或者他們認為如果不接受可轉換債券方式，就不能投資到某個公司裏了。

二、創業者該怎樣思考

知道了天使投資人對確定早期投資的價格是怎麼想的，那這對你在融資過程中的決策有什麼影響呢？

作為創業者，應該從一群經驗豐富的天使投資人那裏融資，因為這些天使投資人幫助過很多公司，並讓他們從小創意階段成長為一個個有好產品、可行的市場戰略的優秀公司。在

這個階段你考慮放棄公司 10%的股權是沒有意義的，因為公司的最終命運不是成功就是失敗。

別擔心會被聰明的天使投資人佔了便宜，如果他們真的是受人尊敬、持續的投資人的話，他們是不會佔你便宜的，因為，如果他們想用 50 萬換走你公司 50%的股份，那他們也知道公司以後就很難引入 VC 資金了，因為 VC 會發現在投資之前，創始人的太多利益被天使投資人拿走了。

有些知名的天使投資人，他們本身有著創業成功的歷史，也給他們投資的公司提供很多幫助，例如，引入優秀管理團隊、推出一流技術產品，重要的是幫助公司從頂級 VC 那裏融到錢。

大部份公司有兩種結果：要麼非常成功，要麼破產。不幸的是，絕大多數公司最後的結果是後一種情況。如果你正在苦苦融資，那麼你應該從任何你可能拿到錢的地方融資。如果你相信自己的創意一流，而且激情十足，你甚至在創辦一家基於創意的公司，那麼雖然從沒有投資經驗的人手中融資不好，但徹底融不到錢就更糟糕了。

三、VC 對於天使投資結構怎麼想

首先，其實很多 VC 在過去幾年投資過早期的、天使級別的項目。現在很多 VC 知道早期項目投資的風險比他們預想的更大，他們會在公司切實得到更多驗證的時候再來投資 1000 萬元，而不是在公司早期投資 100 萬，所以很多 VC 可能會回到傳統的角色，讓天使投資者去承擔早期的風險。

如果你拿到了天使的錢，VC 會怎麼看呢？

(1)如果從知名的天使投資人手中融到了錢，那麼你再獲得 VC 投資的機會要大很多。

(2)大部份情況下，VC 不關心天使投資是以確定價格還是以可轉換債券的形式。但是，他們會確信你的股權沒有被稀釋太多，因為這是個負面因素。

(3)如果你在跟 VC 談融資之前的兩個月，以很大價格折扣（例如說 30%）的可轉換債券方式做了天使融資，那麼 VC 很可能會抱怨天使投資人獲得的折扣太高，但最終大部份 VC 會接受的，因為可轉換債券的折扣所造成的股權稀釋由創始人承擔，而不是 VC。

(4)如果你有很多天使投資人（例如說有 10～15 個），而這些人不是專業的持續天使投資人，那麼這可能會產生問題。VC 會擔心有些小投資人會干擾公司的後續融資。任何一個在該行業做了很長時間的人，都會看到過這樣的事情發生。如果你獲得的投資是來自那些沒有經驗的小投資人，要確保聘請一個做過 VC 項目並且經驗豐富的公司律師，給你搭建投資架構，在將來向 VC 融資的時候只需要盡可能少的人簽字認可。

心得欄 _____

_____

_____

_____

22

你要先製作一份商業計劃書

·······································

一、商業計劃書的作用

商業計劃書是企業爲了達到招商融資和其他發展目標的目的，在經過前期對項目科學地調研、分析，搜集與整理有關資料的基礎上，根據一定的格式而編輯整理的一個向投資人展示公司狀況、未來發展潛力的書面材料。

一份典型的商業計劃書包括以下幾部份：企業簡介、產品與服務介紹、行業概況與市場分析、營運計劃、管理團隊和財務預測。

1.可以用來吸引投資者，幫助投資機構更好地瞭解企業

作爲投資者，在考察一個項目時，基本上關心兩個方面的問題：一個是好的商業計劃書，它將展示該企業的發展潛力；另一個是好的經營管理團隊，即項目的執行者。爲什麼投資者考察項目時關心的兩個方面之一是商業計劃書而不是項目本身呢？一個很簡單的原因就是：所有投資者首先面對的是您的商業計劃書而不是您的項目，他也沒有時間一個一個地先去看項目，因爲需要錢的企業太多了。因此，即使一個實際上很好的

項目，如果沒有通過商業計劃書這一被眾多投資者認可的文字方式充分展示出來，其結果很可能仍是把項目留給了企業家自己。所以，一個好的商業計劃書至少決定了企業融資成功的一半，故其重要性不言而喻。

2. 可以作為企業的行動規劃

一份專業、完備的商業計劃書，不僅是企業融資的「敲門磚」，寫商業計劃書的過程還可以幫助企業家厘清思路，發現許多原來沒有考慮到的問題。就像在創業之前預先準備好地圖或找好嚮導，這樣創業的旅程將會安全順利得多。即使創業的實際執行情況會與當初的計劃有很大的出入，但是有一個深思熟慮的企劃方案和目標將大大增加創業成功的幾率。

二、如何製作商業計劃書

投資者每天都要收到數量可觀的商業計劃書，據統計其中只有不到 1/10 會令投資者略感興趣。如何讓投資者對你的項目感興趣，約你見面，優秀的商業計劃書起到關鍵作用。一份好的商業計劃書必須簡明易讀，重點突出，能夠讓投資商在很短的時間裏一下子興奮起來。那應該怎樣才能製作出一份優秀的商業計劃書呢？

1. 概要部份

⑴ 概要的主要內容

概要是整個商業計劃的濃縮，是提起投資者興趣的關鍵部份。面對大量的融資申請，絕大部份的投資商最多只花 5～10分鐘初步審閱一份商業計劃書，在這麼短時間裏他們最先看的

是其前面寫的摘要，其次是後面的財務預測。不要指望投資者把每一份到手的商業計劃都仔細研究，如果摘要不能引起他們的興趣，就不會再往下看了。所以商業計劃書的概要一定要言簡意賅，同時又要抓住投資人的興趣點。

具體而言，概要的主要內容包括：

①企業形態（股份制、有限公司、合夥、個體），企業所在地，以及主要股東；

②企業的歷史簡介和主要成就（是新設立還是有若干年經營歷史，現在是否正處於快速增長期）；

③業務簡介，即企業是做什麼的，以及企業面向的市場和客戶群；

④企業的發展和贏利潛力，企業的核心競爭力；

⑤企業的目標（市場目標和財務目標）和實現這個目標的基礎與策略；

⑥企業財務數字摘要；

⑦融資需求量和擬出讓股份比例以及資金用途。如果以前接受過其他投資，請說明。

⑵**概要的寫作技巧**

①概要力求簡明，而且包含主要信息，讓人家不看具體的幻燈演示就能夠一下子瞭解你公司的概況。

②重點描述企業已經實現的成就。雖然企業價值評估是基於對將來的預測，但是重點描述企業已經實現的成就同樣重要，這樣能夠給投資者一個信心，相信企業管理團隊能夠實現對將來的計劃。

③闡明為什麼你的企業能夠成功。

④合理描述投資人可能得到的回報。概要的長度控制在 2 頁紙、1500 字以內，並可以作爲一份單獨的文件用於吸引投資商，因爲在第一次與投資商接洽時往往只需遞交商業計劃書的概要。

2.產品與服務部份

⑴產品與服務部份的主要內容

首先，用簡單明晰的語言描述你的企業所提供的產品或服務以及你們怎樣提供，要從客戶的角度說明你們的產品或服務能爲客戶帶來什麼好處，是否符合他們的使用習慣，這是建立客戶滿意度和用戶忠實度的基礎,也是建立競爭戰略的出發點。

其次，在描述技術先進性的同時，不要忘記分析潛在的風險、知識產權的保護措施、企業擁有那些專利、許可證，或與已申請專利的廠家達成了那些協定？下一代產品的研發計劃和可能的替代品。

最後，要講清楚技術或產品的研發進度，是否已經開始生產，成本構成與定價方針是怎樣的。

⑵產品與服務部份的寫作技巧

①避免晦澀難懂的專業術語，如果你能把商業計劃書寫得門外漢都能看懂，你的計劃書就成功了一半。

②用一兩個成功案例簡單地輔助說明，可能的話在這一部份加一兩張產品或服務現場圖片，效果將會更好。

3.市場分析部份

創業投資公司對市場的重視更大於他們對技術的重視，但是過分誇大市場潛力和企業的成長性，會令投資人覺得你不切實際，缺乏商業判斷力。

⑴**市場分析的主要內容**

①對企業所處的行業和面向的市場作一個定義，說明誰是你們的潛在客戶，客戶的購買習慣或採購標準是怎樣的。

②用可靠的數據說明並分析市場規模和形勢，給出該市場的價值規模、用戶數量、地域範圍和演變趨勢。如果你們已經有了成功的銷售記錄，那是最好的證明，一定要講出來。

③講清楚你們的產品或服務在整個市場中的位置，競爭對手是誰，他們的市場佔有率有多大，列一個表從用戶的角度比較你們與競爭對手的產品或服務的不同。

④說明企業的發展機會和贏利空間，還有獲得目標市場佔有率所需要的時間和成本。

⑤客戶對售後服務的需求是怎樣的，能不能維持一個穩定的客戶群，以及產品推廣將會面臨的困難。

⑵**市場分析的寫作技巧**

①有關市場分析的內容必須以事實和數據說明，必要時可以引述市場諮詢公司的報告。

②客觀地描述並細分市場規模和各家競爭對手在其中所佔的比率，通過比較然後得出合理的結論。

③如果能做一個波特五力分析（業內競爭程度、進入壁壘、替代品、供應商的議價籌碼、客戶的議價籌碼），無疑將幫助投資者加深對這個行業的認識。

4.**項目運作計劃部份**

這部份是講實施，也就是你們準備怎樣把理想變成現實。項目運作計劃的主要內容及寫作技巧：

⑴經營地點的選擇、分銷管道、戰略合作夥伴以及將如何

保持市場優勢；

(2)在對市場進行細分、確定目標市場和分析用戶喜好和期望的基礎上，說明將如何滿足顧客；還要描述一下銷售組織的建立、促銷方法和定價策略，以及競爭對手的定價策略；

(3)列一個表說明各種產品和服務的銷售預測和依據，特別要講清楚收入預測關鍵點，如生產能力、顧客回頭率和採購商的需求量；

(4)對項目實施的里程碑作清楚的定義並給出預計完成時間，必要時對整個企業的運作流程做一簡單描述；

(5)商業計劃書中要有一張時間進程表，描述主要工作的開始和完成日期，何時需要支出多少現金。

5.管理團隊部份

創業投資商們總是強調他們投資的是人，不是項目，是人把項目計劃變成現實。企業家撰寫商業計劃書是為了讓創業投資家相信創業企業管理團隊的能力，並把資金交給他們管理，並不是為了把一個項目簡單地推介給投資機構。

(1)管理團隊部份的主要內容

①在企業的團隊成員中，投資公司最重視的是總經理、銷售總監和財務總監。在介紹管理團隊時應有團隊主要成員的簡歷，其中要特別強調以往的成就或參與過成功企業的運作管理，如果初創企業的團隊成員有其他成功創業的經歷，將會給整個團隊增色不少。

②一張簡要的組織結構圖，並解釋清楚各部份的功能與責任。

③如果你的企業已經有業績考核制度和員工激勵制度，那

就簡單描述一下這套制度。對於管理團隊和員工的激勵機制必須明確，企業創業初期往往不能負擔過高的工資，採用分紅計劃和股票期權計劃較爲實際。

④最後還要簡單介紹一下員工聘用和培訓計劃、員工工資福利政策。

⑵寫作技巧

①不要爲了迎合投資公司而過分強調管理團隊的完整性。作爲初創企業，從一開始就建立一個完整的骨幹隊伍並不現實，因爲小公司還不足以吸引管理高手。如果在初創期爲了隊伍的完整而組建了一個能力並不勝任公司發展的團隊，則有可能爲將來重新聘請高級經理帶來困難。

②如果管理團隊有某一方面的能力的缺陷，就要說明你們將如何克服這個不足。

③這一部份另一個常見的錯誤是列出一長串顧問的名單，但這些顧問沒有一個在企業裏任職。

6.競爭分析和風險分析部份

⑴競爭分析

①你需要把主要的競爭對手列出來，並說明他們的特點，以及你如何與他們競爭。

②在上面的競爭對手分析的基礎上，再對自己的企業作一個分析（優勢、劣勢、機會、威脅），還可以描述一下企業或企業家可以如何從正面影響環境因素。

⑵風險分析

①創業要充分考慮到技術、市場、經營、財務、社會政治、法律、政策等方面的環境因素的變化和風險。不但要分析風險

發生的可能性，風險的影響程度有多大，還要設計風險發生時的應對措施。

②設想一下市場熱點變了怎麼辦，技術被證明不成熟怎麼辦，關鍵技術人員離職怎麼辦，對手投入大量資源參與競爭怎麼辦，還沒有達到盈虧平衡，錢就用完了怎麼辦。投資人預先知道可能遇到的風險及應對措施，可令他們放心很多，而且也有助於以後他們提供相應的幫助。

7.財務分析部份

財務分析包括資金需求分析、財務報表預測和投資回報分析。

(1)資金需求分析

創業企業在說明資金需求量時要講清楚以下問題：

①需要多少錢才能達到預期目標？

②什麼時候可以達到盈虧平衡？到盈虧平衡時總資金投入是多少？

③資金主要用於那些方面？

④下一輪籌資預計在什麼時候？籌資額將是多少？

⑤達到預期銷售目標和利潤率的概率有多大？

⑥消除各個主要風險的預算是多少？

(2)財務預測

企業的財務預測應建立在合理的假設和採用科學的方法基礎之上。而事實上，大多數創業者雖然是技術專家或行銷高手，但財務預測是他們感到最難準備的一部份，也常常是投資機構對計劃書最不滿意的一部份。

通貨膨脹、稅收政策變化、匯率變化、原料或產品的市場

價格變化都可能影響企業的盈利水準和投資回報。因此，在財務預測的基礎上，需要進一步作敏感性分析，以充分估計各種風險因素的影響，可變因素對投資回報影響的具體程度有多大。通過改變上述可變因素計算各種情況下的內部報酬率以及淨現值。為了方便計算，有必要製作一個基於電子試算表的財務模型，這樣在改變預測假設時可以即時算出預測結果。

很多投資商接到商業計劃書後會跳過前部份先看財務預測和回報分析。因此，財務預測中切記不可有常識上的錯誤和故意的樂觀估計，應避免過於誇張。如果你的商業計劃書裏的預測沒有堅實的依據和合理的假設，或者一看就發現利潤率和人均產值遠遠高於行業平均水準，那麼這份商業計劃書的可信度就在讀者眼中大打折扣了。

⑶投資回報分析

最後，還要做一個簡單的投資回報分析，可能的話再講一講創業投資公司資本的退出途徑。有經驗的創業投資公司對於那些在一定的時間內無法套現退出的項目是不會投資的。由於 IPO 並不是必然的，所以需要說明那些戰略投資者或合作夥伴可能收購或參股你的企業。如果以前曾經融過資，請說明已經投入多少資金，達到了怎樣的成就，以及投資者的背景。

三、商業計劃書的寫作偏失

創業企業失敗的原因很多，很多失敗的例子在製作商業計劃時就已經埋下了種子，企業在做戰略規劃和寫商業計劃書時不可不慎。

（一）寫作偏失

為了幫助融資企業避免走入歧途，下面列舉了一些在撰寫商業計劃時常見的偏失：

1.過於強調技術的先進性或產品服務的創意，可事實上投資公司對市場推廣和實施能力更重視。

2.產品線或客戶過於單一，或者產品技術太多太雜；投資者既擔心前者抗風險能力弱，又擔心後者不夠專注。

3.強調面臨的市場容量或生產能力，卻沒說清楚怎樣銷售自己的產品。如果說市場規模有 10 億元，我們將獲得 30%的市場佔有率，3 年內我們將成為一個 3 億元產值的企業，可是未能令人信服地說明怎樣成為一個 3 億元的企業。

4.強調過往成就，卻不能令人信服地說明可持續競爭優勢。

5.低估競爭對手的實力，或者乾脆說沒有競爭對手。

6.過於強調與某一大公司的供銷關係，可是投資者很擔心那些過於依賴單一戰略合作夥伴的項目。

7.管理團隊的實力言過其實，或聲稱若獲得投資，某某名人將加入本公司。

8.過分做表面文章（如強調留洋博士、大會獲獎、眾多的顧問）。

9.盲目樂觀地預計公司將在兩三年之後上市。

（二）製作商業計劃書要特別注意的問題

1.可讀性

⑴用盡量短的篇幅和簡潔的語言，提供足夠多的信息。

⑵避免艱深的專業術語和泛泛的描述，假定你是寫給外行

人看的。

⑶儘量用表格展示數據而不用敍述說明，用圖表演示複雜的信息，用編號和不同的字體分清章節，排版圖表醒目但不花哨。

⑷商業計劃書正文不需要附帶大量的成果鑑定報告和報章摘要，如果確實是有必要的詳細資料，可以放在後面的附錄裏。

⑸寫完後找一個對你的公司不熟悉的朋友校讀一遍，修正錯別字和語法錯誤，看看內容描述清不清晰，容不容易抓住重點，有沒有被打動。

2.長度

⑴商業計劃書有簡單的一兩頁的概要，再加上 10～20 頁的計劃書主體和另外幾頁紙的財務數據與預測。

大型複雜的項目可以寫成五六十頁（包括附錄），小型簡單的項目 10 頁紙已經足夠。

⑵短要短到把方方面面講清楚，長要長到讓人有耐心讀完。總的原則是儘量地短，如果投資商真的對你的項目感興趣，他會打電話向你要更多的資料。

四、商業計劃書樣本

以下是公司提供融資服務時製作的商業計劃書，簡略了一些內容。

Y 市 Z 進出口有限公司商業計劃書
目錄

一、摘要

1. 公司簡介

2. 公司業務模式

3. 公司產品的經營情況

4. 公司目前的產品和進出口國家簡介

(1) 公司目前的產品

(2) 進出口國家簡介

5. 股本結構

6. 資本需求、融資階段、退出方式及承諾

二、公司基本情況介紹

1. 基本情況

2. 公司榮譽

3. 公司股權結構

4. 公司經營管理層——我們的團隊及主要管理人員

5. 公司組織結構

三、公司商業模式——我們的業務

1. 行業背景

(1) 什麼是農產品供應鏈

(2) 農產品物流行業背景及環境分析

(3) 農產品(果蔬)物流行業現狀

2. Z 獨特的商業模式

(1) Z 物流配送中心模式(FHD-M-Logistic)

(2) Z 模式與傳統果蔬流通體系的對比

四、公司發展戰略

1.公司未來 5～10 年的戰略

2.人力資源戰略

3.合作戰略

4.客戶管理戰略

五、財務信息

1.損益表

2.資產負債表

六、募集資金投資計劃

七、定價依據及方式

1.定價依據

2.定價方式

八、投資退出方式、公司承諾及上市時間安排

1.投資者退出方式

(1)上市退出公司

(2)回購退出

2.上市時間大致安排

正文

一、摘要

1.公司簡介

A 公司(以下簡稱 Z)是從事果蔬現代化供應鏈管理的專業公司。公司經過 10 年的耕耘，現已發展成集種植、採摘、收購、分選、包裝、冷藏、配送、出口、進口、批發等為一體的多元化的規模企業，公司擁有完善的全球果蔬行銷網路和農業商品

流通產業鏈中最核心的資源，業務範圍涵蓋了果蔬的生產基地建設、進出口、物流配送、商品化處理等，目標是建立全球化高效的農產品行銷網路，做最優秀的果蔬通路商。

2. 公司業務模式

以發展現代化農產品基地、推廣良好農業種植規範為目標，建設現代化農業示範圍；建立現代化的果蔬產後加工、冷藏保鮮的商品化處理加工幫，將新鮮果蔬出口至世界各地，並從世界各國、各地進口政府允許進口的新鮮時令水果；在生產基地附近及城市投資果蔬物流配送中心。

3. 公司產品的經營情況

近幾年來銷售額持續高速增長，2007 年營業額 3 億元，公司年營業出口額排出口企業首位，2006、2007 年進入果蔬出口企業前三名。目前 Z 面向國際市場，服務世界各地客戶，市場網路涉及中國、美國、加拿大、荷蘭、俄羅斯、印尼、馬來西亞、泰國、新加坡、法國、羅馬尼亞、阿聯酋、台灣、香港等30 多個地區。

4. 公司目前的產品和進出口國家簡介

(1) 公司目前的產品

柑橘類：蘆柑、琯溪蜜柚、南豐蜜橘、砂糖蜜橘、蜜柑、臍橙、紅江橙、金橘；

蘋果類：富士蘋果、紅星蘋果、煙紅蜜蘋果、秦冠蘋果、花牛蘋果、雞冠蘋果、嘎啦蘋果、青蘋果；

梨類：鴨梨、香梨、山東梨、貢梨、早酥梨、西洋梨、碭山梨、蜜梨、新高梨、黃梨；

其他水果：香蕉、荔枝、龍眼、鳳梨、芒果、橄欖、木瓜、

楊桃、枇杷、李、奈、桃子、柿子、板栗、蓮霧、獼猴桃、葡萄、紅棗、青棗、甜瓜、哈密瓜。

(2)進出口國家簡介

美國、加拿大、澳大利亞、荷蘭、俄羅斯、法國、南非、智利、阿根廷、羅馬尼亞、斯里蘭卡、阿聯酋、沙烏地阿拉伯、印尼、馬來西亞、泰國、新加坡、菲律賓、香港、台灣等 30 多個國家和地區。

5. 股本結構

公司的控股股東為 C 女士及其家族。

6. 資金需求、融資階段、退出方式及承諾

現為公司 IPO 前的引進戰略投資者階段，擬尋找合適的戰略投資者作為股東，私募總額約 3000 萬元，公司承諾最遲於 2010 年 10 月前在創業板上市成功，否則公司大股東在資金進入 3 年後可回購該部份出售的股權。

二、公司基本情況介紹

Z 創立於 1998 年，註冊資本 2100 萬，註冊地址為······

自成立以來，公司一直專業從事水果蔬菜的國內外市場行銷，並一直致力於建立全球化的果蔬行銷網路。

Z 公司已在投資各種高度自動化的分選設備······

2005 年，公司在 YYY 獨資建「Z(YYY)安全果蔬物流配送中心」，面積 3 萬平方米······

Z 堅信品質管理始於原產地，自有及合作的生產基地近 3000 公頃······

協助他們獲得各種證書，如 ISO9002、HACCP、GMP 和 EUREPGAP 認證等。

近幾年來 Z 年業績持續成倍在增長，2005～2007 年連續三年營業收入及淨利潤保持較快增長。同時，公司年營業出口業績排農副產品出口企業首位，2006～2007 年入圍果蔬出口企業前三名。

2. 公司股權結構

公司目前股權結構為……

公司實際控制人……持有公司 88.10%的股權……

3. 公司經營管理層——我們的團隊及主要管理人員

多年來，公司以為國內外顧客提供高品質的農產品為己任，以建立全球化高效通路為目標，專業從事農產品的國內外市場行銷和流通，建立了一隻具有專業化、知識化、國際化的工作團隊。公司現有 100 多名員工和十幾家外協加工廠，員工 80%為大專以上學歷、各種專業人才形成了一隻具有拓展思維、嚴謹務實的管理團隊。公司長期以來科學、以人為本的精神使公司成為一個充滿關懷與溫暖的團體，秉持「服務、敬業、拼搏、創新」的企業精神、「高、嚴、細、實」的管理方法，一隻穩定、高效的隊伍為公司的發展奠定了堅實的基礎。

董事長

……

總經理

……

4. 公司組織結構

三、公司商業模式——我們的業務

1. 行業背景

⑴什麼是農產品供應鏈？

　　農產品供應鏈，是指以銷售終端為龍頭，由農戶、農村經紀人、農業產業化龍頭企業、農產品進出口商、批發市場經營者、物流配送商和超市為主要參與者的供應鏈。

　　農產品供應鏈管理服務行業作為一種全新的業態，是農產品流通領域重要環節。其重要性及價值表現在：

　　……

　　(2)農產品(果蔬)物流行業現狀

　　目前果蔬流通體系中，存在多種形式的物流通道。其中，果蔬批發市場是農產品流通主管道中的一個關鍵性環節，它將眾多生產者的果蔬產品通過多種供應管道彙集到一起，然後……

　　2. Z 獨特的商業模式

　　Z 一直致力於全球範圍內的果蔬供應鏈管理服務。我們的商業模式是建立在公司全球網路及強大的信息系統下的各環節服務組合，公司通過對供應鏈各環節進行計劃、協調、控制和優化，採用商流、物流、資金流、信息流合一的創新經營模式，以幫助農產品、零售企業專注於核心競爭力、削減管理及運作成本、增強服務能力和提高客戶滿意度，最大限度地為客戶創造價值。

　　在新的商業模式中，Z 是農產品(果蔬)供應鏈中的核心企業，主要作用有：

　　……

　　(1) Z 物流配送中心模式(FHD-M-Logistic)

　　公司憑藉全球客戶(網路)資源和豐富的運作經驗，通過對果蔬供應鏈的整合，在農戶……

(2) Z 模式與傳統果蔬流通體系的對比

未來的 5 年裏，Z 將建設或收購 10 個以上的產區物流配送中心和 10 個主要港口，城市或邊境附近的物流配送中心……與傳統批發市場(WHOLE-SALE MARKET)的對比表如下：

四、公司發展戰略

1. 公司未來 5～10 年的戰略

2. 在未來的 5～10 年，Z 將以……

3. 合作戰略

Z 以建立全球市場網路為目標……

4. 客戶管理戰略

Z 提供全面客戶解決方案，強調建立與客戶的長期關係……

五、財務信息

1. 損益表

表三　公司過去 2 年及未來 3 年損益測算表

……

2. 資產負債表

……

六、募集資金投資計劃

……

表四　資金使用計劃表

……

七、定價依據及方式

1. 定價依據

此次引進戰略投資者以 2008 年的業績作為計算依據，公司

承諾 2008 年的業績為淨利潤不低於 2100 萬元。

2.定價方式

本次增資擴股按市盈率法定價；

股份價格按照 2008 年 12 月 31 日的淨利潤為計算口徑；

此次定價以雙方協定的市盈率倍數計算

八、投資退出方式、公司承諾及上市時間安排

1.投資者退出方式

(1)上市退出公司

公司承諾不遲於 2010 年 10 月前在創業板上市成功。戰略投資者所持股份在公司上市後解禁(以交易所要求為準)。

(2)回購退出

公司承諾若 2010 年 10 月前沒有上市成功，投資者可選擇繼續等待或由公司大股東回購投資者的股份。

2.上市時間大致安排

心得欄 --------------------------------

23

私募股權融資談判
·····························

如果 VC 投資人向你發出了談判邀請，那恭喜你！因爲你的
商業計劃書沒有白寫，其中至少有一兩項內容打動了他。這樣，
你就差不多成功了 40%。到了這時，要再接再厲，摸清楚投資
方談判的內容、目的以及談判中要注意的事項、技巧等。

<hr>

一、談判的準備工作

投資者收到創業企業家的商業計劃書後，可能一個月內會
回饋意見，當然如果沒有回饋意見那就是代表拒絕了，如果有，
那說明他有意向和你談，你就得做好準備了。而且融資談判的
準備工作做得越充分、越專業，投資的進程就會越快。這就相
當於準備公司股票公開上市前的招股路演，一定要對準備工作
予以充分的重視，見面時才有可能很好地推銷你們的商業計
劃，打動投資人。準備工作一般要做好以下幾個方面：

1.熟悉、完善談判材料

(1)在與投資商接洽之前，準備好的商業計劃書與項目摘
要，儘量做到對你寫的商業計劃書了然於胸，必要時根據市場

變化和業務進展對商業計劃書做恰當的補充。

(2)準備一個 30～60 秒鐘的電梯間演講，用最簡潔的語言說明市場需求和你的解決方案。

(3)準備一個簡短的幻燈演示。

一個精心準備的幻燈演示可以幫助你清晰描述口頭語言難以表達的內容，引發投資人的好奇心，加深投資人對項目的印象。

幻燈演示的主要內容可分為七個部份：

①市場機會（市場規模和增長潛力）。

②你的企業提供什麼解決方案：描述技術和產品、企業的定位。

③分析潛在顧客與需求、市場空間以及競爭對手。

④講述你將如何達到目的，包括行銷策略、合作夥伴和競爭優勢。

⑤介紹管理團隊，要強調已有的成就。為什麼這個商業機會能夠由你們來實現？你們的個人投入有多少（時間、資源、資金）？

⑥講述資金需求和贏利預測，何時盈虧平衡。

⑦重點總結。

幻燈演示文件的準備技巧：

①幻燈演示文件應該是脈絡清晰、文字精簡得當、重點突出。注意不要把商業計劃書中的整段文字貼到幻燈片上。

②儘量多使用數字、表格和圖片。要有幾張吸引注意力的圖片，但又不能太花哨。如果加進一小段錄影就更好了。

③ 20 分鐘的演講 10～16 頁之間最為合適。如果你只有 10

分鐘的演示時間，你必須準備用更短的時間傳達每張幻燈片的主要信息。

④演示幻燈時可以參考商業計劃書的摘要，講清楚市場、產品、實施計劃、企業優勢、管理人和資金需求。

⑤再說一遍，要強調的是企業的贏利能力和投資者的回報，而不是技術或產品的先進性。

2. 組建一支優秀的談判隊伍

第一次會面可能是在投資商的辦公室，更大的可能是投資商到創業企業來實地考察。

⑴無論是在那裏談，領隊人應該是企業家自己，最起碼以示誠意。

⑵如果是到投資商的辦公室見面，應該帶上主管銷售和主管技術的副總經理，必要的話也要帶上財務總監。

⑶如果是投資商到企業參觀，一般要有三個人參加與投資商會面，一人主講，一人輔助，一人負責內外聯絡安排。

⑷主講人最好是公司總經理或者是負責市場開發的高層管理人員。不要由技術人員來做演講，因爲他可能拘泥於技術細節；也不要找年紀大的人講，要不然會給人公司缺乏活力的感覺。

⑸要保證團隊成員都充分瞭解商業計劃的內容，並能看說服力地陳述。

3. 瞭解你要會見的 VC 投資商

所謂知己知彼，百戰百勝。唯有如此，才能掌握協商和討價還價的籌碼。你應該利用各種管道瞭解你要會見的投資商，如打個電話給與他們打過交道的人，或者到他們的網站看一

看，查一查最近有關他們的新聞。瞭解的內容大致包括：

(1)投資公司以前投資過的項目及其目前投資項目的組合。

(2)可能的話，要瞭解一下投資商的個人情況。

(3)投資商的談判策略。

雖然大多數投資商都會講道理，理性地與融資企業進行談判，但不要天真地認為投資公司不會使用壓力戰略、談判技巧甚至欺騙手段達成對他們有利的交易。一般來說，投資商是投資談判老手，錢在他手裏，他不一定要投資給你；而創業企業急需資金發展業務，在融資談判時往往處於相對弱勢。為此，你必須事先瞭解投資商常用的談判手法。

投資商常用的談判手法包括：

①拖延，拖得企業家沒脾氣。

②列舉其他作價很低的交易案例，打壓創業人的心理底線。

③拒絕討論理由（如我們一向都是這樣做的）。

④在最後關頭增加要求，迫使融資方讓步。

⑤誇大他們能為被投資企業提供的幫助。

二、談判/面談的主要目的

1.瞭解對方

投、融資雙方都想瞭解對方的誠信度、實力。通過面對面的交談、觀察，往往可以發現一些人的品性。有些人誇誇其談，好像很有成就或學問，卻不知這正暴露了他的真實面目，因為你說的內容可能別人早就知道真偽，只是不當面揭穿而已。有句古話叫「外行看熱鬧，內行看門道」說的就是這個道理。

2. 核實商業計劃書的內容

投資人在談判的過程中會有意無意地提及商業計劃書中的內容，如果是真正認真的、有實力想幹一番事業的企業應該能夠準確無誤地對答如流；但如果是那種想渾水摸魚的企業，就很有可能會答得牛頭不對馬嘴。所以，通過與投資人交談往往能發現企業提供的商業計劃書中的一些問題。

3. 擬定交易條件，簽訂意向書、備忘錄

在會談中，雙方會就股權交易結構等一些基本問題進行協商，達成一致後，一般會簽訂一個備忘錄或投資意向書，為以後簽訂正式的投資協定做準備。

三、談判的技巧

1. 投資者的提問

演示過後投資人將會問一些問題，投資商希望在簡短的時間內，用最少的問題來發現項目的價值和隱藏的風險。創業人為了打動投資商，最好要預先準備好那些投資人常問問題的答案。回答投資人提問要注意不要簡單地回答「是」或「不是」，要有具體明確的解釋，但也不要糾纏細節而滔滔不絕。另外，不要迴避那些難回答的問題，也不要隱瞞你的弱點，要積極地面對困難，對自己的產品和服務充滿熱情。關鍵要顯示你已經很認真地考慮過這些困難和弱點，談談你準備怎樣應付存在的挑戰。

談判不僅是將準備好的內容告訴對方，更重要的是一種溝通，而溝通水準的高低甚至談判的成敗有時決定於你談話的技

巧，所以任何時候都不要忽視技巧的作用。以下是與談判有關的幾個方面的一些基本技巧：

2.態度方面

態度是談判成功的一個關鍵，因爲從態度可以體現出你的誠意。爲顯示你的誠意，須注意：

(1)談判必須由創業企業家親自出面，不要讓部下代理。

(2)不能採取「要幹就幹，不幹拉倒」的態度，企圖以強硬手法獲得對自己有利的投資條件。

(3)不要在交易定價上過於執著，要在瞭解對方立場和對風險考慮的基礎上，尋找替代方案和變通的交易結構，達到雙贏目的。

(4)不要盲目樂觀，而要謹慎客觀。

(5)不要掩飾自己的困難，雙方必須開誠佈公地討論目前的狀況和面臨的困難。要避免使風險公司感覺有些事實或問題被掩蓋了起來。

(6)指明退出安排。投資人最擔心投資被套牢而無法退不出，如果你能爲投資商做好退出安排計劃，無疑能夠加深投資商對你的印象。但是你最好不要班門弄斧，更不要盲目吹噓企業能夠在短期內公開上市。

(7)當你向風險資本家表達自己的想法時，最好有一個人專門觀察你們的談話並且做筆錄，確切地記下投資商問了那些問題、風險資本家的身體語言、什麼引起了他們的興趣以及其他關係到商業計劃的線索。這樣不但可以顯示你對談判的認真態度，而且即使在你沒有得到這個投資商的資助的情況下，你也獲得了在與下一位風險投資家會談時所能用到的寶貴信息。

(8)與投資商的見面往往只留下一個印象，所以需要進一步進行跟蹤，使投資人逐漸深入瞭解你，並越來越向企業核心的問題前進。

3.投資方的偏好方面

你自己很看好的東西投資商不一定看好，所以，揣摩投資商的偏好十分重要。如千萬別浪費很多時間向他們講述諸如 Internet 的歷史或無線通訊的大好形勢之類的常識。創業企業應該從以下幾個方面來突出自身的價值，從而吸引投資商：

⑴優秀的創業團隊

一般來說，項目的發起人有過成功創業的經歷或在業內頗有名氣，最好是團隊成員來自於一家快速成長的知名企業，這些事實都能增加投資者的信心，從而增加項目的作價。

⑵你的競爭優勢

要強調公司有什麼特別的優勢，即核心競爭力。描述競爭形勢要詳細，不能只是簡單地羅列幾個競爭對手，必須認真地分析你的企業與競爭對手有什麼不同，爲什麼你能贏而他們不能贏？

⑶企業的成長性

用市盈率法對企業估價時要注意企業的成長性，成長性越高，所取市盈率也應該越高。創業投資公司一般不願意按比較高的市盈率出價，但是有些戰略收購者出於整體戰略佈局和協同效應的考慮，他們往往會出更高的價錢。

⑷投資報酬率

投資商考慮的是項目的投資報酬率（IRR）是否能達到或超過預期值，所以，在向投資公司推薦交易項目時，要強調項目

的投資報酬率。

⑸行動計劃

談判中常犯的錯誤是空談目標，卻沒有一個切實的行動綱領。其實是否一定要達到「最大」之類的目標並不重要，重要的是如何把目標分解，那怕目標並不那麼宏偉，但讓人覺得你能一步一步地靠近目標。

4.其他

⑴演講時間控制在 20 分鐘左右，再準備 20 分鐘的時間回答投資商提出的問題。

⑵演講的開頭一定要引起投資者的興趣，結尾一定要讓人提起精神、建立起投資信心。在前幾分鐘的時間內，最好的介紹方式是找對應物（行業中成功或失敗的例子）。談對應物會讓對方非常容易瞭解你在做什麼，可以立刻區分開你與競爭對手的不同之處，以強化自己的項目優勢。

⑶想要多少錢這個問題一定要投資商首先提出，這是一個技巧。大家都明白一個道理，最後開價的人最值錢，雖然計劃書裏面有詳細的資金使用額度與財務分析等，但投資商還會問你，如果他不問，你不要強調你想要多少錢，而要強調你的競爭優勢。

⑷儘量採用一問一答式，不要投資人問一個問題，你就解釋很多問題：也不要他們問了很多問題，你就用一個答案解答了，最好的方法，他問什麼，你就清晰地答什麼。

⑸由於目前國內資本市場剛起步沒多久，還有很多不正規的地方，特別是一些仲介公司，存在大量的違規操作甚至欺騙的行為。但是，無論你過去是否被騙過，見到新的投資人的時

候，都不要說出來，否則，談判的氣氛就會被你破壞掉。不要直接詢問關於投資人的內幕，如「我可以瞭解您成功的投資案例嗎？」或者「我可以查一下你們公司的資金來源嗎？」……如果你真的對這些問題感興趣，請在離開之後，利用其他管道進行瞭解。畢竟，投資人也是人，沒有人喜歡這樣被人懷疑。

(6)不要避開提問，不要含糊地回答問題。風險投資者沒有時間忍受躲躲閃閃的回答問題，這樣將迫使其不得不反覆提問。如果你含糊回答問題，則當你問到對方是否同意投資時，他也會以其人之道還治其人之身。回答問題越直接越簡短越好，對直接提問要直接回答。

(7)若聽不清對方提問，要問清對方本意後再直接回答，多數風險投資者幾乎是以提問為職業，是這個領域的專家，如果他發現你在和他兜圈子，則你一定無法從對方那獲取投資。

(8)談判結束時，一般都不會有很明顯的結果，更多的是讓你等消息，這個時候，千萬不要問：「您覺得我的項目，獲得您投資的機會有多大」，更不要說：「希望儘快給我答覆，因為還有很多家投資公司在約我」，否則，談判過程所有的努力，都可能將成為過去。

四、談判的主要內容

雙方面談的內容其實大多就是下一步投資合約中的內容，它關係到雙方的權利和義務，當然也關係到融資能否成功。面談的主要內容及注意事項如下：

1. 企業的核心競爭力

企業的核心競爭力大致有兩種：一種是技術；另一種是商務模式。當然管理也是企業的核心競爭力，但那是無形的。無論那種核心競爭力，其基本特點是能將自己和同行區別開來，能比別人做得更好。談判時對這些問題的回答才是對核心競爭力的表述，而不是誇誇其談其他的。

另外，任何產品，只有給別人帶來價值，別人才會使用。即使你的技術或商業模式是首創的，也不要反覆說自己對這個東西如何沉迷、喜愛，這是沒有說服力的。任何好的東西都必須有市場，沒有市場就沒有價值。因此，在談判中強調你技術的先進性的同時，還要闡明它的潛在市場。

2. 企業的財務預測

企業的財務預測是投資方最關注的問題之一，它反映出來的是商業模式與贏利模式。在面談中，融資方要向投資人說明他的財務預測，同時要說服投資商，表明他確實能夠實現這樣的目標。

為了說服投資人企業能夠達到財務預測的目標，融資人首先在製作商業計劃書的時候就應該做好充分準備，有詳實充分的數據、事實作依據。所以，這些工作如果在製作商業計劃書的時候做好了，與投資人的談判也沒問題。

3. 公司估值

估值大小一向是私募融資談判的重中之重。不同行業、不同發展階段的公司，估值方法不同。對於處於成長期有贏利的公司，一般按照市場參考的市盈率為基礎並輔以其他方法加以綜合考量。對於擁有很多資產的金融類公司一般會採取市價賬

面值倍數(P/B)係數估值；對於現金流入非常穩定、可以預測的公司往往會採用折現現金流法(DCF)。

對於一個沒有贏利的初創 IT 公司，估值很難用其財務數字作爲基礎，通常以其市場地位、團隊、競爭狀況及其網站流量大小等非財務指標爲基礎來估值。在估值時，還要結合公司的特殊情況、發展態勢以及 VC 未來退出時的報酬率要求。

如何平衡估值？這將考驗雙方談判的藝術水準。如果估值偏低會使創始團隊的股份稀釋太多，這樣勢必抑制團隊的創業積極性。若估值偏高，投資人會難以接受，談判難以進行。但對於急需現金的公司，資金若不能早日到位，公司就不能放手開展業務，這會貽誤商機。在這種情況下，即使基金公司給的報價比企業管理團隊的心理底線低，但只要不失合理性，屬於市場水準範圍，企業也不要放棄。爲了不因此打擊創業者的積極性，可以提出從融資後的公司價值裏設置 ESOP(員工持股計劃)，而不是放在融資前公司價值裏，由新進入的投資人和現有股東一起發放 ESOP，大家共同稀釋股權，而不是只讓現有股東稀釋股權。

4.創始人股份的行權計劃及團隊期權計劃

這個計劃意在限制公司創始人在一定期限內對其股份的轉讓權。雖然這個條款並不限制對創始人所持股份的投票權等權利，但如果創始人在行權計劃未滿前離開公司，則會喪失剩餘部份股權。如某創始人擁有公司 20%的股份，如果他在簽訂投資協議一年後離開，其所擁有的股份比例實爲 5%。在這一年中如果發生股東投票事宜，其仍擁有 20%的投票權。如果 4 年期滿後離開，其股份則爲 20%。

同樣道理，獎勵給管理層的期權一般也會設立行權期，分幾年向團隊發放。設置行權期的目的在於在服務期限內鎖定管理團隊爲公司的服務。對於行權計劃，尤其是對於創始人股份的行權計劃，創始人很難理解。

他們認爲給管理層的期權獎勵以及創始團隊的股份應該是團隊一次性獲得。創始團隊的想法不無道理，他們本來擁有公司的股份，現在投資人要進來了，自己的股份反而要分幾年才能拿到。

而投資人的要求也並非過分，因爲其對公司的估值不低的原因往往是看好團隊。在這種情況下，任何投資人都會鎖定團隊，要求團隊在未來的幾年內爲公司的發展作貢獻。何況在行權計劃條款下，團隊作爲公司股東，擁有一切相關權力，只是如果提前離開公司，則未行權的股份應當留在公司。如果團隊連這點決心或信心都沒有，那麼投資人也不敢投資。

對於這種局面，雙方可各讓一步。保持行權計劃的框架，但縮短行權計劃的時間。前者體現團隊經營公司的信心和對遊戲規則的尊重，後者體現投資人的誠意。

5.拖帶權

拖帶權是投資人在考慮退出時會行使的權利，尤其是以出售爲退出方式時，該權利對投資人尤爲重要。出於戰略考慮，出售中的買方在購買賣方的股權時傾向於購買賣方多數股權。而單一財務投資人一般不會擁有賣方的多數股權，因此，若想促成出售，投資人必須要求其他股東隨之賣出一些股份，這就是投資人所要的拖帶權。

通常，如果一家公司經營數年上市無望，且創始團隊和投

資人一致認爲如果能夠以合理價格出售給行業領頭羊也是不錯的套現方式，則該條款不成爲障礙。而如果投資人與創始團隊對公司的經營戰略和方向發生重大分歧，則此條款不符合創始團隊的意願或利益。

如公司的創始人胸懷大志，把公司當作自己畢生的夢想，從未想過出售自己的公司。在這種情況下，創始團隊擔心，投資人與其競爭對手聯合在一起對他們進行惡意收購，因此，團隊對拖帶權條款非常敏感。這時爲平衡雙方的利益，可以提出折中方案：在保持投資人拖帶權的同時保護創業團隊利益，即將來萬一出現併購時，創業團隊的股份應得到不低於上市的回報。

6.保護性條款

財務投資人一般不直接參與公司的日常運營和管理，所以，可能導致其對公司日常運營中的信息不對稱的狀況。但投資機構當然不希望公司把他們投資的款項用在高管辦公室的裝修上，因此，投資者通常會設置一定的保護性條款來保障自身權益。保護性條款中會列出一些涉及公司運營的重大事項，在發生這些事項時，投資人希望具有一票否決權，以期在關鍵時刻掌控對其不利的局面。

不過，如果這些保護性條款過於細緻，的確會增加公司經營中某些不必要的麻煩，所以雙方應該對此進行耐心協商。在有效保障投資人的權益的前提下，對於保護性條款所涉及的事項不應過於寬泛，以免妨礙公司的日常經營。

7.可轉換證券

可轉換證券，是指持有者可以在一定時期內按一定比例或

價格將其轉換成一定數量的另一種證券。

可轉換證券的特徵：

(1)是附有認股權的債券，兼有公司債券和股票的雙重特徵。

(2)具有雙重選擇權。即可轉換證券賦予投資者以將其持有的債券或優先股按規定的價格和比例、在規定的時間內轉換成普通股的選擇權。如果投資人不選擇轉換，則到約定的期限後可以要求融資方還本付息。

可轉換證券產生的原因是投、融資雙方對融資方財務的信息不對稱，投資人為了規避風險但又不失去收益的機會而設定的一項制度。當然這項制度之所以會被融資方接受，對資金的需求是一方面，但另一方面也是因為這一制度本身可以促使創業者更加專注、積極地投身於自己的事業。

8.清算優先權

優先清算權是投資合約中一個非常重要的條款，決定公司在清算後「蛋糕」怎麼分配，即資金如何優先分配給持有公司某特定系列股份的股東，然後再分配給其他股東。

通常所說的清算優先權有兩個組成部份：優先權(Preference)和參與分配權(Participation)。

參與分配權，或者叫雙重分配權(Double Dip)，有三種：

- 無參與權(Non-participation)
- 完全參與分配權(Full-participation)
- 附上限參與分配權(Capped-participation)

因此相應的就有三種清算優先權。

假設 A 公司的投資前估值$10M，投資額$5M，投資人要求參與分配的清算優先權倍數為 2 倍(2X)，清算回報上限是 4 倍

(4X)。

根據以上數據，投資人的股份（可轉換優先股）比例爲33%[\$5M/(\$10M＋\$5M)]，優先清算額爲\$10M(\$5M×2)，清算回報上限是\$20M(\$5M×4)：

(1)如果公司清算時的價值低於投資人的優先清算額，即\$10M，那麼投資人拿走全部。

(2)如果公司清算時的價值高於\$60M，那麼投資人會將優先股轉換爲普通股，與普通股股東按股份比例(33%)分配清算價值，投資人獲得的回報將大於\$20M(\$60M×33%)，而不受優先股清算回報上限(\$20M)的限制。

(3)如果公司清算時的價值介於\$10M 至\$60M 之間，投資人先獲得優先清算額(\$10M)，然後按股份比例跟普通股股東分配剩餘的清算價值。此時會有一個有趣的情況：當清算價值介於\$40M至\$60M 之間時，投資人拿走優先清算額之後，剩餘的清算價值爲\$30～50M，投資人按股份比例理論上可以分配的金額爲\$10～16.7M，兩項相加投資人獲得的回報爲\$20～26.7M，突破了清算回報上限\$20M 了，因此，按照約定，此時投資人仍然只能獲得\$20M，多餘的部份由普通股股東分配。

投資人設置這一制度的目的是避免創業者從投資人那裏不當獲利，讓投資人蒙受損失。如你從投資人那裏獲得\$10M 投資，出讓 50%股份。然後在投資人的資金到賬後立刻關閉公司（沒有其他資產），那投資人只有得到企業價值(\$10M)的 50%，這樣你就從投資人那裏欺騙到\$5M。要是真的這樣，以後你的基金就很難募到資金了。爲了避免出現這種情況，也因爲投資人一貫的貪婪本質，他們會要求最少 1 倍(1X)的清算優先權，這

樣在公司發展到退出價值超過投資人的投資額之前，你是不會
關閉公司的。

當然，大部份專業的、理性的投資人並不願意榨取企業過
高的清算優先權。優先於管理層和員工的清算優先回報越高，
管理層和員工權益的潛在價值越低。每個案例的情況不同，但
有一個最佳的平衡點，理性的投資人希望獲得「最佳價格」的
同時保證對管理層和員工「最大的激勵」。很明顯，最後的結果
需要談判，並決定於公司的階段、議價能力、當前資本結構等，
但通常大部份創業者和投資人會根據以上條件達到一個合理的
妥協。

9.防稀釋條款

風險投資人對某公司進行投資時，通常是購買公司某類優
先股（A、B、C……系列），這些優先股在一定條件下可以按照約
定的轉換價格（conversion price）轉換成普通股。為了防止其
手中的股份貶值，投資人一般會在投資協定中加入防稀釋條款
（anti-dilution provision）。

防稀釋條款主要可以分成兩類：一類是在股權結構上防止
股份價值被稀釋，另一類是在後續融資過程中防止股份價值被
稀釋。

⑴結構性防稀釋條款（Structural anti-dilution）

結構性防稀釋條款包括兩個條款：轉換權和優先購買權。

①轉換權（Conversion）

這個條款是指在公司股份發生送股、股份分拆、合併等股
份重組情況時，轉換價格作相應調整。這個條款是很普通而且
合理的條款，也完全公平，通常企業家都能夠接受。

舉例來說：優先股按照$2/股的價格發行給投資人，初始轉換價格為$2/股。後來公司決定按照每 1 股拆分為 4 股的方式進行股份拆分，則新的轉換價格調整成$0.5/股，對應每 1 股優先股可以轉為 4 股普通股。

②優先購買權(Right of first refusal)

這個條款要求公司在進行 B 輪融資時，目前的 A 輪投資人有權選擇繼續投資獲得至少與其當前股權比例相應數量的新股，以使 A 輪投資人在公司中的股權比例不會因為 B 輪融資的新股發行而降低。另外，優先購買權也可能包括當前股東的股份轉讓，投資人擁有按比例優先受讓的權利。

⑵**降價融資的防稀釋保護權**(Anti-dilution protection in Down Round)

公司在其成長過程中，往往需要多次融資，但誰也無法保證每次融資時發行股份的價格都是上漲的，風險投資人往往會擔心由於下一輪降價融資(Down Round)，股份的發行價格比自己當前的轉換價格低，而導致自己手中的股份貶值，因此，投資人要求獲得保護條款。根據保護程度的不同，優先股的轉換價格保護主要分為「完全棘輪」調整和「加權平均」調整兩種方式。

① 完 全 棘 輪 條 款 (Full-ratchet anti-dilution protection)

完全棘輪條款，就是說如果公司後續發行的股份價格低於 A 輪投資人當時適用的轉換價格，那麼 A 輪的投資人的實際轉化價格也要降低到新的發行價格。

舉例來說，如果 A 輪融資$200 萬，按每股優先股$1 的初始

價格共發行 200 萬股 A 系列優先股。由於公司發展不如預想中那麼好，在 B 輪融資時，B 系列優先股的發行價跌爲每股\$0.5，則根據完全棘輪條款的規定，A 系列優先股的轉換價格也調整爲\$0.5，則 A 輪投資人的 200 萬優先股可以轉換爲 400 萬普通股，而不再是原來的 200 萬股。

　　完全棘輪條款是對優先股投資人最有利的方式，使得公司經營不利的風險很大程度上完全由企業家來承擔了，對普通股股東有重大的稀釋影響。爲了使這種方式不至於太過嚴厲，有幾種修正方式：只在後續第一次融資(B 輪)才適用；在本輪投資後的某個時間期限內(如 1 年)融資時才適用；採用「部份棘輪」(Partial ratchet)的方式，如「半棘輪」或者「2/3 棘輪」，但這樣的條款都很少見。

　　② 加權平均條款(Weighted average anti-dilution protection)

　　這種轉換價格調整方式相對而言較爲公平，計算公式如下：

$$NCP = CP \times [(OS + SNS)/(OS + NS)]$$
$$= [(CP \times OS) + IC]/(OS + NS)$$

NCP＝A 系列優先股的調整後新轉換價格

CP＝A 系列優先股在後續融資前的實際轉換價格

OS＝後續融資前完全稀釋(full dilution)時的股份數量

NS＝後續融資實際發行的股份數

SNS＝後續融資額應該能購買的股份(IC/CP)

IC＝後續融資現金額(不包括從後續認股權和期權執行中收到的資金)

　　加權平均條款有兩種細分形式：廣義加權平均

(broad-based weighted average) 和 狹 義 加 權 平 均 (narrow-based weighted average)，區別在於對後輪融資時的已發行股份(outstanding shares)，即上面公式中的(OS)及其數量的定義。廣義加權平均條款是按完全稀釋方式(full diluted)定義，即包括已發行的普通股、優先股可轉換成的普通股、可以通過執行期權、認股權、有價證券等獲得普通股數量，計算時將後續融資前所有發行在外的普通股(完全稀釋時)認為是按當時轉換價格發行；狹義加權平均只計算已發行的可轉換優先股能夠轉換的普通股數量，不計算普通股和其他可轉換證券。

仍拿上例來說，如果已發行普通股為 800 萬股，B 輪新融資額為$300 萬，按$0.5 的價格發行 600 萬 B 系列優先股。則廣義加權平均時新的轉換價格為：

NCP＝〔 $1×(8000000＋2000000)＋$3000000〕/(8000000
　　　＋2000000＋6000000)＝$0.8125

而狹義加權平均時新的轉換價格為：

NCP＝($1×2000000＋$3000000)/(2000000＋6000000)
　　＝$0.625

可見，無論按上述那種加權平均公式計算，A 輪投資人投資的$200 萬分別可以轉換為 246 萬和 320 萬股，相對前面的 400 萬股，對企業要公平一些。

防稀釋條款除了可以保護投資人的利益外還能夠激勵公司以更高的價格進行後續融資，促使企業家及管理團隊對商業計劃負責，並承擔因為執行不力而導致的後果。大部份創業者接受這個條款，如果他們對公司的管理不善，導致後續融資價格

低於本輪融資的話，他們的股份會被稀釋，所以在有些情況下，企業家可能會放棄較低價格的後續融資。

雖然企業家和投資人通常對結構性防稀釋條款不會有什麼爭議，但對後續降價融資的防稀釋保護條款，企業家還是要注意以下幾點：

第一，要爭取「繼續參與」（pay-to-play）條款

這個條款要求，優先股股東要想獲得轉換價格調整的好處（不管是運用加權平均還是棘輪條款），前提是他必須參與後續的降價融資，購買等比例的股份。如果某優先股股東不願意參與，他的優先股將失去防稀釋權利，其轉換價格將不會根據後續降價融資進行調整。

第二，列舉例外事項

通常，在某些特殊情況下，低價發行股份也不應該引發防稀釋調整，我們稱這些情況為例外事項。顯然，對公司或企業家而言，例外事項越多越好，所以這通常是雙方談判的焦點。這些例外事項如發行下列股份不引發防稀釋調整：

①任何債券、認股權、期權或其他可轉換證券在轉換和執行時所發行的股份。

②董事會批准的公司合併、收購或類似的業務事件，用於代替現金支付的股份。

③按照董事會批准的債權融資、設備租賃或不動產租賃協定，給銀行、設備出租方發行的或計劃發行的股份。

第三，降低防稀釋條款的不利後果

不到迫不得已，企業家永遠不要接受完全棘輪條款，而應當爭取一些降低對創業者股份影響的辦法，例如：

①設置一個底價，只有後續融資價格低於某個設定價格時，防稀釋條款才執行。

②設定在 A 輪融資後某個時間段之內的低價融資，防稀釋條款才執行。

③要求在公司達到設定經營目標時，去掉防稀釋條款或對防稀釋條款引起的股份稀釋進行補償。

10.回購權

回購權是當公司出現業績下滑或一定期限內不能上市的時候，投資人可以要求被投資企業或創業者以一定的價格購回投資人全部或部份股份的權利。

回購權是爲了保障投資人的利益，降低投資風險而設定的一種退出機制，但在實踐中當企業出現困境的時候這種機制也很難奏效。因爲，此時企業往往沒有這種回購能力，而真正出現回購一般是在企業業績還不錯、投資人想套現而企業創立者想收回股權的時候。如華誼兄弟回購太合集團和 TOM 集團的股權。

心得欄 _____

_____

_____

_____

_____

_____

24

應對投資人的盡職調查

·····························

一、盡職調查的主要內容

盡職調查，也稱審慎調查（due diligence），是指在投資過程中投資人對目標公司的資產、負債、經營、財務狀況、法律關係以及目標企業所面臨的機會和潛在的風險等進行的一系列調查。盡職調查可分為法律盡職調查、財務盡職調查和其他盡職調查。

盡職調查已被全世界金融機構和資產管理公司等有關機構廣泛採用。

盡職調查工作的內容主要包括：

1.企業基本情況，包括企業發展歷史及結構、工商註冊登記情況、股權結構、分支機構、重大的收購及出售資產事件、經營範圍等。

2.企業人力資源：管理架構（內設部門及人員）、董事及高級管理人員的基本情況、薪酬及獎勵安排、員工的工資及整體薪酬結構、退休人員的待遇。

3.市場行銷及客戶資源：產品及服務、重要商業合約、市

場結構、銷售管道、市場推廣及銷售策略、售後服務、客戶構成、採購管道、供應商、重大商業合約等。

4.公司的不動產、重要動產及無形資產：土地權屬、房產權屬、車輛清單、知識產權及專有技術、資產抵押擔保情況。

5.企業的生產設備及使用效率、新技術的研究及開發。

6.公司債權和債務：債權基本情況明細、債權有無擔保及擔保情況、債權期限、債權是否提起訴訟、債務基本情況明細、債務有無擔保及擔保情況、債務抵押、質押情況、債務期限、債務是否提起訴訟。

7.公司涉訴及執行情況（包括公司可供執行的財產線索）、資產的評估價值等。

8.其他：公司股東、董事及主要管理者是否有違規情況、公司有無重大違法經營情況、上級部門對公司有重大影響的事宜等。

二、盡職調查的程序

盡職調查通常需經歷以下程序：

1.由創業企業指定一家律師事務所負責整個融資過程的協調和談判工作。

2.由潛在投資人指定一個由專家組成的盡職調查小組（通常包括律師、會計師和財務分析師）。

3.由潛在投資人和其聘請的專家顧問與創業企業簽署「保密協定」。

4.創業企業把所有相關資料收集在一起並準備資料索引。

5.由潛在投資人準備一份盡職調查清單。

6.指定一間用來放置相關資料的房間（又稱為「數據室」或「盡職調查室」）。

7.建立一套程序，讓潛在投資人能夠有機會提出有關目標公司的其他問題並能獲得數據室中可以披露的文件的影本。

8.由潛在投資人聘請的顧問（包括律師、會計師、財務分析師）作出報告，簡要介紹對決定目標公司價值有重要意義的事項。盡職調查報告應反映盡職調查中發現的實質性的事項，通常包括根據調查中獲得的信息對交易框架提出建議及對影響購買價格的諸項因素進行的分析。

9.由投資人提供併購合約的草稿以供談判和修改。

心得欄 -
- -
- -
- -
- -
- -

25

怎樣締結融資合約

經過艱難、漫長的過程之後，股權融資的最後一步就是簽訂股權轉讓合約了，合約基本上是把雙方之前的談判成果固定下來。

一、確定股權結構

股權結構是指股份公司總股本中，不同性質的股份所佔的比例及其相互關係。股權結構是否清晰、是否合理，將直接影響到投資人進入後的公司治理問題。

要在合約中明晰投資人進入後的股權結構。

首先，要確定投資人加入前的各股東的股份比例。只有企業本身的股權結構明晰了，才能理清與新進入的投資人的投資比例。當兩者都理清了之後，就應在合約中明確地約定，以免產生爭議。

其次，要處理好各股東間股份比例關係，避免出現「一股獨大」的現象。當然這在融資談判中就應解決，此處只是將談判的結果固定下來而已，但也是最後確定各自股份比例的關鍵

時刻，所以不得不提。

　　有研究報告以三個主要指標來反映「一股獨大」格局下的公司治理現狀：一是關聯交易，二是內部關鍵人的聘選、激勵與約束，三是公司的董事長或總經理在控股股東單位任職情況。

　　可見，在「一股獨大」的公司中，小股東的利益很難得到保護。為了避免出現小股東的利益受到損害，應該在合約中引入「股權制衡機制」。如相對集中型股權結構，可以通過各大股東的內部利益牽制，達到相互監督，從而保護所有股東權益。即通過由少數幾個大股東分享控制權，使得任何一個大股東都無法單獨控制企業的決策，則可以起到限制掠奪行為的作用。

二、出讓方的保證

　　出讓方的保證，是指股權的出讓方對其出讓股權的行為所做的各種保證，以使股權受讓方放心達成交易，也是雙方達成協定的前提條件。出讓方的保證的內容有以下幾個方面：

　　1.其主體資格合法，有出讓股權的權利能力與行為能力。對於股份的轉讓，必須符合《公司法》的規定，即符合法定的轉讓條件之後才能進行轉讓，否則轉讓行為無效。如《公司法》第72條規定，有限責任公司的股東之間可以相互轉讓其全部或者部份股權。

　　股東向股東以外的人轉讓股權，應當經其他股東過半數同意。股東應就其股權轉讓事項書面通知其他股東徵求同意，其他股東自接到書面通知之日起滿 30 日未答覆的，視為同意轉讓。其他股東半數以上不同意轉讓的，不同意的股東應當購買

該轉讓的股權；不購買的，視爲同意轉讓。

　　經股東同意轉讓的股權，在同等條件下，其他股東有優先購買權。兩個以上股東主張行使優先購買權的，協商確定各自的購買比例；協商不成的，按照轉讓時各自的出資比例行使優先購買權。

　　公司章程對股權轉讓另有規定的，從其規定。

　　2.保證所有與本次轉讓股權有關的活動中所提及的文件均合法有效。股權轉讓中出讓人提供的文件如財務報表、各類合約、房產證明、訴訟文書、出資證明、知識產權證明等，出讓人必須保證這些證明的合法有效性。

　　3.保證其轉讓的股權完整，未設定任何擔保、抵押及其他第三方權益。出讓方的股權如果設定了第三方權益，轉讓的時候則需要徵得第三方及受讓人的同意，否則轉讓行爲無效。所以，爲了避免出現出讓人故意隱瞞事實的情況，在合約中就乾脆約定如果設定了抵押、擔保，股權轉讓行爲就無效，出讓人要承擔違約責任。

　　4.如股權轉讓合約中涉及土地使用權問題，出讓方應當保證所擁有的土地使用權及房屋所有權均系合法方式取得，並合法擁有，可以被依法自由轉讓。

　　5.出讓方應向受讓方保證除已列舉的債務外，無任何其他負債。

　　6.保證因涉及股權交割日前的事實而產生的訴訟或仲裁由出讓方承擔。

三、受讓方保證

1.其主體資格合法，能獨立承擔受讓股權所產生的合約義務或法律責任。現在的投資公司一般分為三種類型：合夥制、公司制和契約制三種，大部份採用合夥制。不管採用那種形式，只要進行了合法的登記手續，取得了相應的經營業務範圍，就取得了合法的投資主體資格。

2.保證支付股權轉讓的資金來源合法。這點主要是為了防止洗錢這樣的違法犯罪行為的發生。有些資金如果來源不合法，如貪污款、販毒款等一些非法款項，它被國家沒收，而不能用於投資。

3.有充分的履約資金及資產承擔轉讓價款。此條是為了防止詐騙行為的發生。有些不法分子以投資為名，騙取各種手續費、差旅費等各種費用。所以投資公司必須是「有錢的公司」，而不能是「皮包公司」。

四、違約責任

違約責任，是指雙方任何一方違約將要承擔怎樣的責任。違約責任包括承擔違約責任的範圍、時限及賠償數額等。

五、其他

1.約定投資期限

2.投資取回的情形。私募基金的投資取回，需要雙方事先的約定。投資人可以在合約中約定，在何種情況下持續多長的情況下，投資人可以取回投資。

3.業績報告週期。基金經理多長時間報告一次業績情況，報告不宜過頻，投資人的心理承受能力不同於基金經理，短期的下跌會讓投資人緊張至極，而基金經理則可能勝券在握，同時，投資人也不希望期間太長，一般一季報告一次。

4.不可抗力條款。應在合約中約定那些情況屬於不可抗力，在這種情況下造成的損失後果由各自承擔。

5.私募投融資一般不需要抵押和擔保。若在合約中提出抵押和擔保條款，則成為變相的借貸合約。私募投融資合約書不應有抵押和擔保條款，但如果以股權出讓或強制收回抵沖債務，是符合私募融資的法理和國際慣例的規定，在國內法律層面也是能站得住腳的。

以下是為某影視公司與某投資公司簽訂的股份轉讓協議，僅供參考。

股權轉讓協議書

出讓方：　　　　　　　　　　（公司，甲方）

地址：

法定代表人：　　　　　　職務：

委託代理人；　　　　　　職務：

受讓方：　　　　　　　　　　（公司，乙方）

地址：

法定代表人：　　　　　　職務：

委託代理人：　　　　　　職務：

股份出讓方甲方於＿＿＿年＿＿月＿＿日設立，願意將其＿＿％
的股權轉讓給乙方，乙方願意受讓。現甲乙雙方根據《公司法》
和《合約法》等有關法律的規定，經協商一致，就轉讓股權事
宜，達成如下協議：

一、股份的認購和交割

1. 認購數額

根據本協定的條款和條件，股權出讓人將＿＿＿％股份出售給
股權認購人。

2. 購買價格

3. 交割

本協議中約定的認購活動（「交割」）在賣方公司總部進行，
時間為：＿＿＿年＿＿月＿＿日。

如果本協議中的交割未能按本節規定的時間、地點和期限
履行，將不導致本協議的終止，也不意味著協議規定的任何一
方的責任和義務的免除。

4. 交割義務

在交割日：

(1)股權出讓人向股權認購人移交；

①正式的股權證明文件；

②股權出讓人向股權認購人開具的保證其所做的陳述和保
證準確無誤的證明書。

(2)買方將向賣方移交：

①為本次認購而開具的數額分別為××美元的銀行本票和
保付支票，或將該數額的美元電匯至股權出讓人指定的賬戶；

②股權認購人製作的關於(除保證書特別指出外)其所做陳

述和保證準確無誤的效力的證明書。

二、股權出讓人的陳述和保證

股權出讓人向股權認購人做如下的陳述和保證：

1. 組織和良好形象

(1)《信息備忘錄》中包含了股權出讓人名稱、組成範圍、授權經營範圍和資本構成情況(包含每一股東的身份及其持股量)。股權出讓人組織健全、依法續存、在經營範圍內良好運作，在從事業務經營、擁有和使用它聲稱有權擁有和使用的財產和履行適用合約中規定的權利和義務方面具有完全的授權和能力。股權出讓人具備了作為外國公司所應具有的素質水準，而這種素質水準是財產的擁有和使用者行使其財產權所必需的，也是它所進行的商業活動的性質所應具備的。

(2)股權出讓人已向股權認購人提供了一份股權出讓人現行的公司組織文件的影本。

2. 授權，無抵觸、衝突和違背

(1)本協議規定了股權出讓人合法的、有效的和有約束力的責任和義務，協議條款對股權出讓人有強制力。股權出讓人在製作和移交本協定以及履行本協定文件規定的責任義務方面具有絕對的和不受限制的權利、能力和授權。

(2)無論是協議的製作和履行，都不會直接或間接地與(無論是否有通知或時限)：

①股權出讓人組織文件中的任何規定；

②股權出讓人董事會或股東會議通過的任何決議相抵觸、相衝突和相違背；

③與完整交易相抵觸、相衝突和相違背，或賦予政府機構

或其他法人以威脅完整交易的權利，或授權使其可以根據適用於股權出讓人或任何發行所擁有和使用的財產的法律規定和裁決對完整交易進行修改、解除；

④與股權出讓人所享有政府授權或與關於股權出讓人的經營或股權出讓人所擁有的資產的規定條款相抵觸、相衝突和相違背，或給予政府機構對其進行撤銷、收回、延遲、取締、終止或修改的權利；

⑤使買方或股權出讓人承擔任何稅務上的責任；

⑥引起稅務部門或其他政府機構對股權出讓人擁有的資產進行再評估和再收稅；

⑦導致對於或關於股權出讓人所擁有和使用的資產的稅收或債權。

股權出讓人無須就本協議的製作和履行通知任何法人或求得任何法人的同意。

(3)為賣方開具的收款人賬號應為股權出讓人自己的賬戶賬號。

3. 股本構成

公司現有的股本總額××股普通股，每股價值××美元。股權出讓人對正在出售的股份和其他的發行完全符合《公司法》和其他法律規定。

4. 財務報表

股權出讓人已向買方移交：

1999 年至 2008 年每年的(未經審計的)合併資產負債表以及相應的每一會計年度的收入、股東股本變化和流動資金的(未經審計的)合併表報(附有獨立職業會計師的報告)

5. 財產權

《信息備忘錄》中股權出讓人所擁有的財產是它聲明其所擁有的財產，包括所有反映在負債表中的財產。在負債表中列出的被收購公司自負債表日期起按普通業務程序購買或取得的財產和資產，除用作庫存或作為短期投資的以外，都不含債務。

6. 稅務

股權出讓人的所有稅務申報都是真實、無誤和完整的。

7. 無重大不利變化

從負債表日期起，股權出讓人的業務、運作、財產、發展、資產或商譽沒有任何重大不利變化，也沒有可能導致這種重大不利變化發生的事件出現或環境存在。

8. 遵守法律規定和政府授權

(1)除《信息備忘錄》所闡述的以外：

①股權出讓人自 1999 年 9 月起嚴格遵守適用於其業務運作或其對資產的擁有和使用的法律規定；

②沒有下述事件出現或環境存在：

a.構成或導致公司對法律規定的違背或部份違背；

b.引起公司的責任或需公司承擔部份或全部費用或採取任何性質的補救行動。

③股權出讓人自 1999 年 9 月起沒有收到任何政府部門或其他法人關於下述方面的通知或其他材料(無論是口頭的還是書面的)；

a.任何實際的、被指稱的、可能的或潛在的對法律規定的未遵守或違背；

b.股權出讓人對任何性質的補救措施費用的全部或部份所

應承擔的任何實際的、被指稱的、可能的或潛在的義務。

(2)《信息備忘錄》包括股權出讓人業務或其擁有和使用的資產的政府授權。每項被列入或被要求列入的政府授權都是合法的和具有完全效力的。

9.訴訟、裁決

股權出讓人沒有下述具有約束力的訴訟：

(1)由股權出讓人提起的或對股權出讓人提起的或關於股權出讓人的業務或其擁有和使用的資產的或對該業務或資產具有影響的訴訟；

(2)對完整交易構成挑戰或對其具有阻止、推遲、使其非法或干涉作用的訴訟。

10.不存在某些變化和事件

股權出讓人自負債表日期起，只以普通業務程序進行其業務，沒有下述情況：

(1)股權出讓人股本總額及結構的變化，對股權出讓人的任何股權的購買、贖回、分期償付或其他形式的獲取；

(2)對股權出讓人的資產或財產的出售、出租或出讓或在被收購公司的重大財產或資產上設置抵押、典當或引入租賃或其他債務，包括對知識產權的出售、出租或出讓：

(3)對股權出讓人超過××美元的索賠或其他權利的取消或放棄：

(4)股權出讓人所用的會計方法的重大變化。

11.合約無違約

(1)《信息備忘錄》已將股權出讓人的有關合約影本移交給買方：

①關於向一家或多家股權出讓人提供服務的涉及金額超過××美元的適用合約；

②關於向一家或多家股權出讓人提供服務的涉及金額超過××美元的適用合約；

③資本支出超過××美元的適用合約。

(2)上述合約對股權出讓人具有完全的效力，並且其條款是合法和有強制力的；

(3)股權出讓人：

①股權出讓人自 1999 年 9 月至今一直遵守規定的責任和義務或約束其擁有和使用的財產合約中的適用條款和要求；

②自 1999 年 9 月至今，其他法人一直遵守與對股權出讓人簽訂的合約中的相應條款要求；

③沒有可能與合約相抵觸、衝突或導致違反或違背適用合約或股權出讓人或其他法人有權聲明不履行合約或要求進行賠償或使適用合約提前到期或對其取消、終止或修改的事傳出現或環境存在。

12.保險

(1)股權出讓人已向股權認購人提交了：

①股權出讓人為簽約方的保險單，或在本協議日期年內股權出讓人應當或曾經投保的保險單的真實而完整的影本；

②關於保險支付的真實和完整記錄的影本。

(2)上述投保的所有保險單均滿足下述條件：

①有效、有強制力；

②由財政信譽良好的保險人發行；

③在總體上，對股權出讓人的財產和經營提供了充足的保

險險種；

④本協議完成後仍繼續具有完全效力。

13.工作關係，履約

自 1999 年 9 月起，沒有未決的、現存的有衝突徵兆的下述事件：

(1)罷工、怠工、設置警戒、停工或員工因不滿而訴訟；

(2)被指稱違反有關工作關係、僱用事宣，公司活動的法律規定的訴訟。

14.知識產權

股權出讓人擁有包括但不限於廠商名稱、裝潢作品、商標和商業機密在內的知識產權。股權出讓人是其商標權益的所有者，沒有設在商標上的質押、債務或其他不利的利益主張；所有已在商標局註冊的商標都符合此前的法律規定，商標有效、有強制力，商標未涉及任何投訴、無效或取消；

股權出讓人的商標沒有對第三方的商業名稱、商標、服務標誌造成侵權。商業秘密：

(1)股權出讓人已經採取了所有合理的方式保護商業機密的保密性和價值：

(2)股權出讓人有完全的資格和絕對的權利使用商業機密。

15.披露

股權出讓人在本協議中的陳述和保證及在《信息備忘錄》中的陳述都沒有遺漏及不實陳述。

三、股權認購人的陳述和保證

股權認購人向股權出讓人做出如下陳述和保證：

1.組織和良好形象

股權認購人是按照法律依法設立、依法續存、形象良好的公司。

2. 授權、無衝突

(1)本協議規定了股權認購人合法的和具有約束力的法律義務。股權認購人有絕對的、不受限制的權利和授權履行本協議。

(2)股權認購人承諾．下述內容不會造成本協定簽訂和執行受到阻止、延遲或干涉：

①股權認購人組織文件中的規定；

②股權認購人股東大會或董事會通過的決議；

③約束股權認購人的法律規定或裁決；

④股權認購人為其一方或受其約束的合約。

3. 訴訟

股權認購人不存在對本協定的簽訂和履行具有阻礙、延期、使其非法或具有其他干涉影響或挑戰的已開始的和潛在的訴訟。

四、交割日前股權出讓人承諾

1. 准入和調查

從本協議簽約到交割日期間，股權出讓人：

(1)准許股權認購人自由地瞭解股權出讓人的人事、財產、合約、賬本和記錄及其他文件、數據；

(2)盡最大努力保持當前業務組織的完整性，保證有官員、僱員和代理人的有效服務，保持與供應商、客戶、地產所有者、債權人、僱傭者、代理人和其他有業務交往的人的良好關係；

(3)向股權認購人及其顧問提供股權認購人合理要求的額外財務、經營數據和其他數據及信息。

2. 業務經營

從本協議簽約到交割日期間，股權出讓人將：

(1)僅以普通業務程序從事業務；

(2)盡最大努力保持當前業務組織的完整性，保證官員、催員和代理人的有效服務，保持與供應商、客戶、地產所有者、債權人、催傭者、代理人和其他有業務交往的人的良好關係。

五、 交割日前股權認購人承諾政府部門批准

本協議生效後，立即依照法律規定完成所有文件的準備、申請或批准。

六、 股權認購人履行交割義務的前提條件

1. 陳述的準確性

股權出讓人在本協議中的所有陳述和保證及每一陳述在所有實質性方面在本協議交割日前必須是準確的。如果陳述和保證是在交割日做出，在所有實質性方面的陳述必須也是準確的，不得對披露信息增補產生影響。

2. 股權出讓人履約

本協議必須在所有實質性方面得到全面的履行和遵守。

3. 不違反有關法律、裁決

七、 股權出讓人履行交割義務的前提條件

股權出讓人發行股份和履行其他相應義務是以在交割日或交割日前下述條件得以滿足為前提條件：

1. 陳述的準確性

股權認購人在本協定中的所有陳述和保證和每一陳述和保證在本協定簽訂日內直至交割日在實質性事實方面都必須是準確的。

2. 股權認購人履約

(1)股權認購人在協議中的所有承諾必須已在實質性方面得到履行和遵守；

(2)根據規定應移交的文件必須已經移交，認購資金必須足額支付。

3. 同意

已經取得具有完全效力的同意。

4. 無禁令

沒有關於下述的生效的法律規定或禁令或決議：

(1)禁止股權出讓人向股權認購人發行股份；

(2)自本協議生效後關於前述的通過的或發佈的有效的法律或其他裁決。

八、終止

終止協定的權利獨立於本協議中的其他權利，行使終止權並不意味著進行補償。如果本協定根據第九條第一點終止，則本協議中各方的進一步義務也隨之終止，但如果一方對協議的終止是由於另一方違約使終止協議方履行義務的一項或多項條件得不到滿足，終止方的求償權將繼續完全有效。

九、賠償、補償

1. 股權出讓人的賠償

股權出讓人應對直接或間接地由於下述原因所造成的損失、債權、求償要求、破壞、支出或貶值進行賠償：

(1)股權出讓人對其在本協議、信息備忘錄及其增補或對其在根據本協定由股權出讓人移交的其他文件中所做的陳述和保證的違背行為；

(2)對股權出讓人在交割日對本協議的陳述和保證的違背；

(3)股權出讓人對本協議中規定的義務和承諾的違背。

2. 股權認購人的賠償

股權認購人應使股權出讓人免受損失，並應對其因直接或間接由於下述原因所造成的損失進行賠償：

(1)股權認購人對本協定及根據本協定移交的任何證明的違背；

(2)股權認購人對在本協議中的承諾和義務的違背。

3. 時限

如果交割實現，除非股權認購人在(日期)或該日期之前向股權出讓人發出了包括就股權認購人所知盡可能詳細的事實根據的索賠通知，股權出讓人將不再對交割日之前向股權認購人發出了包括就股權出讓人所知盡可能詳細的事實根據的索賠要求，股權認購人將不再承擔交割日前關於其陳述、保證和承諾或義務的履行和遵守的(賠償等)義務。

4. 股權出讓人承擔責任的數額

股權出讓人在交割日前未能履行或遵守的範圍不再承擔責任，除非該事項涉及金額超過××美元，股權出讓人只承擔超過××美元數額的責任。

5. 股權認購人承擔責任的數額

股權認購人時事項不再承擔責任，除非該事項涉及金額超過××美元，在這種情況下，股權認購人只承擔超過××美元數額的責任。

十、其他

1. 支出

除在本協議申明確規定的以外，本協議各方應各自支付與本協議的準備、製作和履行費用，包括代理、代表、律師和財務顧問費用。在本協定終止的情況下，各方應根據本協定中規定的對對方違約所享有的權利履行支付義務。

2. 公告

在本協議生效到完成交割後約定的 10 日期間，股權認購人和股權出讓人應當共同和××證券刊物或報紙上公告。

3. 保密

在本協議生效到交割日期間，股權認購人和股權出讓人應當，並責成股權認購人的董事、官員、僱員、代理人和顧問及被收購公司對任何信息履行保密責任。除非：

(1)該信息已為他方或因一方無過錯的披露而為其他不承擔保密義務的他人所知；

(2)該信息的使用在完整交易所需的製作、申請、爭取同意和批准中是必需的和適當的；

(3)信息的提供或使用是法律程序中規定的。

如果完整交易表能完成，各方都應按對方的要求返還或銷毀對方的書面信息。

4. 通知

所有的通知、同意、放棄權利和其他材料都應是書面的，並在下述情況下視為已經發出：

(1)親自遞交(有書面收到回執)；

(2)由傳真機發出(有傳真發出記錄)，並將其影本由掛號信發出；

(3)由全國承認的 24 小時遞送服務系統發出，受信人已收

到。在每種情況中，都應記有如下位址和傳真機號碼：

股權出讓人：

收件人：

傳真機號碼：

抄送：

收件人：

傳真機號碼：

股權認購人：

收件人：

傳真機號碼：

抄送：

收件人：

傳真機號碼：

5. 爭議的解決

(1)本協定的訂立、生效、解釋和履行適用現行的有關法律、法規。

(2)本協議下發生的任何糾紛，各方應首先通過友好協商方式解決。如協商不成，各方應將爭議提交貿易仲裁委員會，並按照其仲裁規則仲裁。

6. 完整協議及其修改

本協定取代所有雙方以前就該事項所做的協定，並構成對該事項雙方達成的條款的完整和排他的陳述。除非根據某一書面協定由負責修改的一方所進行的修改外，不得對本協議進行任何修改。

7. 權利的轉讓

未經雙方同意，任何一方不得轉讓其在協議中的任何權利。

8. 部份有效

如果本協議的任何部份被法院認定為無效或不具有強制力，本協議的其他部份應繼續保持其全部效力。

26

天使投資的定義

一、天使投資的起源

傳說天使是上帝的信使，她們身穿白色的長裙，張著美麗的翅膀飛到人間。她們具有無比的智慧和力量，向困難的人們賜予及時的援助。天使代表著春天和希望。創業者把投資人比作天使是對投資人無限崇敬和尊重。在商業現實中，天使投資也扮演著相似的角色。

天使投資這一概念最早起源於 20 世紀初的紐約百老匯表演。當時，演員和編導要做出精心努力及艱苦付出，以排練一部新劇碼。在編導和排練過程中，他們不僅要付出艱辛勞動，還要準備各種服裝道具，並且需要一筆相當數目的經費。如果劇碼大功告成，人們的投入就會帶來榮譽和金錢。然而，一旦首演失敗，他們過去付出的全部心血、注入的全部感情，都會

付諸東流，不僅如此，他們先前投入的全部資金，無論是自己
的，還是親朋好友的，也將化爲烏有。可見，對這種新型劇碼
的投資是具有相當高的風險的。

有一次，在已經投入大量人力與物力資本的情況下，人們
忽然發現資金不夠，使正在排演的劇碼面臨著半途而廢的困
境，大家心急如焚。一方面，人們不願意放棄已投入的所有一
切；另一方面，由於未來演出是否能夠成功具有很多不確定因
素，很難找到外部資金，真是叫天天不應，叫地地不靈。在最
困難的時候，一位過去曾在百老匯演出成功的經濟實力雄厚的
人向他們伸出了援助之手。這位做出大膽而及時的投資決策的
投資人，對於那些處於困境的編導和演員來說，如同上帝派來
的天使，他們尊敬地稱他爲投資天使。「天使投資」一詞應運而
生。

百老匯出現的最初意義上的天使投資具有一定的慈善資助
的性質。後來，天使投資被用於純商業行爲。那些投資於種子
期，早期的創意或創業的個人的股權資本即稱爲天使資本；那
些從事這種高風險，以期獲取可能的高收益的人即稱爲天使投
資家。像風險投資(VC：Venture Capital，又譯爲創業投資)
一樣，天使投資家不僅爲企業提供資金，更具有價值的是他們
的專業知識、經驗和關係網。

雖然天使投資作爲一種金融職業的歷史並不長久，但天使
投資這種投資行爲早就存在於經濟生活中了。

早在 1874 年，年輕的亞歷山大・貝爾就是借助於兩位天使
投資人創立了世界上第一家電話公司的。貝爾最初希望能夠從
銀行獲得一些啓動資金，但銀行認爲他的想法太大膽，風險太

高，沒有貸款給他，而波士頓的一位成功的律師和一位皮貨商資助了貝爾，成全了他創業的理想。

1903 年，五位天使投資人投資 4 萬美元，使得亨利‧福特實現了他的汽車夢：創立了後來的經濟巨人——福特汽車公司。

1997 年上市的亞馬遜公司，就是基於若干投資者的 120 萬美元天使資本之上的。後來，亞馬遜又融到 800 萬美元的風險投資（又稱爲創業投資，下同）。

現在的蘋果公司和谷歌公司都在早期得到過天使投資的資助。人們常說，天使投資家有著鋼筋一樣的神經和金子一樣的心。沒有天使投資家，就沒有今天的蘋果公司。沒有天使投資家敏銳的市場嗅覺和果斷的判斷，就沒有現在的谷歌。

有人說，天使投資就是賭博與奉獻的巧妙結合。如風險投資一樣，天使投資也是一種風險性極高的投資行爲。天使投資家在投資前就十分清楚：無論自己對所投項目做過多少審慎調查，無論這些項目看起來有多好，也無論其潛在的利潤多大，它們的未來是叵測的，它們內在的風險是很高的。一旦投資失誤，天使投資家所投入的自己辛辛苦苦賺來的錢就很可能如石沉大海。面臨這樣巨大的風險，天使投資家仍然從事這種投資，表面上看起來，不能不說有一點賭博的味道。而在現實生活中，天使投資家的投資決策的每一步都相當審慎，以求最大限度地規避風險。越是老練的天使投資家，越是成功的天使投資家，就越投入相當的精力進行投資前的準備工作，包括對於項目的全面審核。這種審慎的特性又與賭博大相徑庭。

另外，天使投資家的確往往具有與創業者一樣的激情、浪漫和樂觀精神，他們期望成功，他們大膽衝向成功，像創業者

一樣，他們也具有奉獻精神。不瞭解天使投資家的這種心理，就不能瞭解他們爲什麼熱衷於天使投資這一事業，也不可能得到他們投資成功的秘訣。

二、天使投資的概念

天使投資又稱爲「非正規風險投資」。與風險投資相似，天使投資也是向非上市企業，特別是種子期/早期的創業企業進行非控股性投資的非公開權益資本。不同的是，風險投資是機構行爲，而天使投資則是個人行爲。風險投資家投的是他人的錢（主要是機構投資者的資本），而天使投資家投的是自己的錢。

嚴格地說，並非所有的非正規風險投資都是天使投資。根據 Martin Haemmig 教授的研究，真正意義上的天使投資僅佔非正規風險投資的資金來源的 9.3%。

表 26-1　非正規風險投資的資金來源

投資者與創業者的關係	（%）
家庭成員	43.7
朋友或鄰居	29.2
陌生人	9.3
其他親戚	8.9
同事	8.9

從表 26-1 可以看出，創業者的家庭成員是他們創業的主要資金來源，佔 43.7%；其次爲朋友或鄰居，佔 29.2%；再次爲陌生人，佔 9.3%；最後是其他親戚、同事，各佔 8.9%。而所謂的

「陌生人」與創業者既非親朋好友，又非鄰居和同事，這種人的投資完全是一種商業行為。他們看準了創業者本人、創業的項目和市場，願意承擔投資風險，以獲取潛在投資收益。嚴格地說，他們是真正意義上的天使投資人。

　　廣義的天使投資指投資者用自己的錢，對於種子期或創始期企業給予資金支持的行為，包括家人的拆借，也包括親戚朋友之間的解囊相助。而狹義的天使投資僅指那些依賴於自己的資金，並以投資為職業（或作為主業或作為副業）的，針對項目的盈利前景或針對項目執行人的能力、人品、經驗、責任心、奉獻熱情等素質，以期獲取高額投資回報的投資行為。嚴格意義上說，天使投資家所投的對象是和自己沒有任何親朋關係的陌生人。因此，投資者與被投資者的關係是天使投資廣義和狹義定義的重要區別之一。

　　狹義上的天使投資僅指那些以權益資本向創業企業進行種子期/早期投資的資本運作模式，因此天使投資是非公開權益資本的一個子範疇。而廣義上的天使投資還包括其他投資模式：如短期拆借、延期付款、企業商業信用等其他借貸資本形式。

　　也有人把天使投資的定義進一步推廣，包括所有個人的權益資本投資，不僅是種子期和早期投資，還包括中晚期的權益資本投資，只要不是機構，而是個人的權益資本投資，都可以認為是天使投資。這種定義有別於目前世界各國普遍認可的天使投資的定義：天使投資與項目/企業的種子期或早期融資相聯繫。

　　天使投資的定義有如下要素：

　　⑴個人投資行為；

⑵個人用納稅後的資本進行投資；

⑶投資於種子期/早期(具有巨大發展潛力的)項目或企業；

⑷投資模式爲權益資本投資；

⑸投資於「陌生人」的項目或企業(以有別於 3F 投資)；

⑹投資後處於「非控股」地位；

⑺耐心資本；

⑻流動性差，投資後很長時間所投資本不能流動；

⑼高風險，高回報。

一般地，廣義的天使投資是指以自己的資金從事企業首輪外部投資，以期獲取利潤的投資行爲，它包括股權投資，也包括任何形式的債權投資。狹義的或更嚴格意義上的天使投資則是指職業投資人以自己的資金向具有巨大發展潛力的企業所進行的種子期/早期的非控股的、投資期限相對長的，具有高風險、高潛在回報的權益資本投資。

這裏有一個概念需要澄清。我們常常把「高風險」和「高收益」聯繫在一起，似乎投入高風險是投資者的選擇。事實上，不是投資者喜愛風險，而是他們追逐高收益，而爲了獲取高收益，投資者不得不承擔高風險。如同風險投資家一樣，天使投資家投資的目標項目不是高風險，而是高增長，他們把資本投入那些具有巨大發展潛力的項目，以期獲取高收益。

27

天使投資的雙重回報

天使投資（Angel Investment）又稱爲商業天使投資（Business Angel Investment），是指具有一定資本金的個人（通常是合格投資者，Accredited Investor），以自己的稅後收入/資本，對於他們認爲具有巨大發展潛力的初創企業進行早期的、直接的權益資本投資的一種民間資本運作模式。

天使投資家對被投企業不僅提供資金上的支持，而且還在市場、產品、技術、人事和管理等各方面提供同樣價值連城的非資金方面的幫助。天使投資家對於被投企業不僅以期獲取較高的投資回報，而且他們本人會在幫助企業成長壯大的過程中，在爲被投企業提供各種非資金的援助過程中，以及在與創業者分享自己的投資經驗和自己的商業關係過程中，獲取一定的精神享受。

從某種意義上說，天使投資的回報是雙重的：既是物質上的（資本的增值，作爲投資回報），又是精神上的、心理上的（與創業者分擔創業的艱辛和發展的困苦，分享解決問題的欣慰與創業成功的喜悅）。天使投資作爲一種小型的、自發的投資形式深受創業者的青睞，也爲具有一定經濟實力的個人和家庭提供

了一種靈活方便的投資手段。

1.屬於非正規風險投資

美國風險投資協會則認為，天使投資是非正規的風險投資，風險投資市場是沒有仲介機構的私人權益資本市場。天使投資的運作模式與風險投資相似，不同的是，天使投資是非正規的、分散的、個體的、私人的權益資本投資行為。新罕布什爾州大學風險投資研究中心的 Soh1 教授的研究證明，天使投資在被投企業的所佔股權在 21%～23%。在投資期間，天使投資家不會獲得任何收益，也沒有任何稅收優惠，他們需要有耐心，等待 3～5 年，甚或 5～7 年，才能獲取資本增值。由於為天使投資家專門制定的法律並不存在，在整個投資過程中，天使投資家僅僅得到一般法律的保護。

天使投資是一種非公開權益資本，是一種投資模式，而不是社會公益活動。雖然天使投資在企業創建的早期起到不可或缺的巨大作用，但天使投資並非無償捐助。天使投資家承擔高風險，以期獲取高收益。天使投資不是慈善基金，而是尋求投資回報的一種資本運作模式。天使投資家雖然以逐利為目的，但大多數天使投資家又具有較高的社會責任心。他們從事投資事業一方面為了賺錢，另一方面也為了愉悅自身的情操。他們喜歡這個事業，為幫助初創企業發展壯大而欣悅。他們為企業提供的不僅僅是金錢，還有他們的經驗、能力、商業關係。天使投資家往往投資小型的新型的高增長的企業，包括高科技企業，但不一定局限於高科技企業，在這裏，企業的高增長性是必要條件。被投企業的科技專利固然重要，但專利的持有並不是能夠獲取天使投資的充分條件。

　　天使投資是彌補企業早期融資空白的一股重要的、不可替代的金融力量。天使資本投入企業的種子期和創始期，這是風險投資不可能、也不願意投資的階段。值得注意的是，天使投資家一般不控股，心甘情願地僅持被投企業的很小的一部份股份，這是天使投資的重要特徵之一。與其說天使投資家喜歡高風險，不如說他們喜歡高增長。他們不是投資高風險，而是投資高增長。他們投資高增長而不得不承擔高風險。因為在其他條件不變的情況下，早期的高增長型企業往往風險很高。處於種子期或創始期的企業存在著極大的不確定性，包括市場不確定性、技術不確定性、人員不確定性、宏觀環境不確定性，其風險程度之高不難想像。總之，投資早、風險高、時間長、不控股是天使投資的特徵。

2.天使投資與 3F

　　天使投資是居於 3F(Family，Friends and Fools or Founders，即家庭、朋友和創業者自己)和風險投資之間的一種民間投資模式(見圖 27-1)。

圖 27-1　天使投資、風險投資與 3F

　　3F 與天使投資之間的區別在於：前者投資的額度遠遠少於後者；前者是投資於自己認識的人，而後者一般投資於陌生人；前者不一定是「合格投資者」，而後者必備合格投資者的資格；

前者往往出於對於親人朋友的同情與支持，而後者則出於對於創業者的幫助，對於項目的青睞和對於未來投資收益的預期；前者不一定參與被投企業的管理，而後者往往積極參與企業建設；前者純粹是個人行為，後者雖然也是個人行為，但越來越走向組織化、正規化。

表 27-1　3F、天使投資和風險投資的銜接與區別

3F： 平均每輪融資額：1 萬美元 平均每個投資者投入：2000 美元	不一定是「合格投資者」 不一定有很多資本金 不是有經驗的投資者 可能一生只做一兩次投資
天使投資： 平均每輪融資額：60 萬美元 平均每個投資者投入：4 萬美元	具備「合格投資者」資格 投資自己的資本 具有專業知識、創業經驗 投資於創業者、市場、科技含量 積極參與被投企業的建設和成長
風險投資： 平均每輪融資額：700 萬美元 平均每個投資者投入：300 萬美元	通常採取「有限合夥制」的模式 資金來源以機構投資者為主 普通合夥人（General Partner，GP），具備知識、經驗、關係網 積極參與被投企業的建設和成長 比較大的項目公司群

3. 天使投資與其他融資模式

根據達特茅斯的塔克(TUCKER)商學院的研究，初創企業的資金來源共有 15 種管道。

(1)創業者個人儲蓄(Personal Savings)。創業者個人儲蓄

是創業的首要的資金來源。一般地，創業者只有在個人儲蓄匱竭的狀況下，才啓用其他融資管道。

⑵個人信用卡(Credit Cards)。信用卡借款利息極高，但使用方便，資金到位快，可解決企業緊急的和突發的資金需求。

⑶個人抵押貸款(Lines of Equity)。這裏往往也指以房屋爲抵押的銀行貸款(Home Equity Loan)。房屋抵押貸款最初原來作爲住房修理和維護，但創業者有時也用來解決自己企業之需。這種貸款有時與第二按揭貸款性質相似，在償還權上，二者都次於第一貸款。借款者如果出現問題，第一貸款獲得首先賠償權。

⑷第二按揭貸款(Second Mortgage)。第二按揭貸款在住房按揭貸款的基礎上再次對於已經存在的自有資本抵押貸款。例如，張先生的住房按照目前的市場價爲 120 萬元，而張先生已經向銀行借了 80 萬元按揭貸款，由於張先生支付了一部份首付房款，再加上市場房價的上升，這時張先生房子的自有資本爲 40 萬元。張先生可根據這 40 萬元的自有資本再次向銀行或其他金融機構、非金融機構、個人申請第二按揭貸款。第二按揭貸款的利息率往往較高，期限也比第一按揭貸款要短一些。此外，第二按揭貸款只有在經濟快速發展、房屋價格不斷攀升的情況下才得以適用。

⑸朋友和家人(Friends and Family)。創業者在窮竭了個人存儲和個人借貸之後，往往向自己的家人和朋友借款以解決企業資金短缺問題。

⑹政府資助(Government Grant)。如果創業者的項目屬於國家政策所鼓勵的範圍，或者創業者本人擁有專利技術或其他

領先技術，他們可以申請國家資助。各國政府往往以各種各樣
的方式對於這類企業提供資金上的或稅收上的補償，以資鼓勵。

⑺資產抵押貸款(Asset Backed Loans)。資產抵押貸款可
以與第二按揭貸款不同，它可以基於其他資產，而不是創業者
的房產。例如，創業者可根據自己的收藏、自己的珠寶，或其
他貴重物品作抵押，以獲得借款。

⑻應收賬款保理(Account Receivable Factoring)。應收
賬款保理是指銀行應企業的要求，以融資方式承購企業的應收
賬款，銀行負責應收賬款管理和債權回收。銀行可以收取一定
的保理費用，而企業會更快地收回對方所欠貨款。

⑼小企業銀行貸款(Business Loans from Bank)。小企業
往往可以獲取銀行的短期流動性貸款，但這種貸款往往需要貸
款擔保。為了大力推動小企業貸款，政府紛紛創建了貸款擔保
公司，以協助商業銀行向小企業，包括創業企業發放短期貸款。

⑽機構投資者(Institutional Investors)(常常為投資銀
行所運作)。機構投資者通過投資銀行尋找有巨大發展潛力的.
並符合自己戰略方針的企業，以投資方式實現戰略聯合。這種
投資的對象往往是高科技創業企業或項目。機構投資者的這種
投資往往屬於戰略投資的性質，單單從這個項目的投資本身中
並不一定獲取較高利潤，但可以通過加強投資企業的科技基
礎，增添它的科技含量，以尋求企業的長遠利益。

⑾金融租賃(Equipment Lease Financing)。初創企業往往
沒有資金一次性購入企業所需的大型器械、儀器，而金融租賃
公司可購入這些儀器，再租給企業使用，並通過租金賺取一定
的利潤。如果運用得當，金融租賃公司在儀器有效期內，就收

回全部資金，並同時擁有儀器所有權，是一筆合算的生意。

(12)大公司戰略投資者(Corporate Strategic Investors)。大公司採取與上述機構投資者相似的投資模式尋求戰略夥伴。它們的投資目的與機構投資者基本相同。

(13)天使投資(Angel Investors)，又稱為非正規風險投資。其運作模式與風險投資相似，不同的是，天使投資是非正規的、分散的、個體的、私人的權益資本投資行為。

(14)風險投資(Venture Capitalists)。風險投資與天使投資一樣，都是投入那些具有巨大發展潛力的、創新型的、非上市的企業中的權益資本。

(15)公開上市(IPO)即首次公開上市。小企業/創業企業從公開市場融資往往比較困難。它們只能從 OTC 交易平台，或者通過創業板或二板市場上市。

小企業融資難是普遍現象。而天使投資恰恰是小企業、初創企業融資過程中的一個十分重要的管道。正因為如此，天使投資雖然起源於美國，卻不僅在美國本土，而且在北美洲、南美洲、歐洲、亞洲和大洋洲各國都如火如荼地發展起來。

天使投資是一種為新興的具有巨大發展潛力的，同時孕育著巨大風險的企業或創意的投資活動。天使投資家投資後獲取被投企業的一定的股權資本，往往積極參與被投企業的建設與發展，以期最終帶著豐厚的利潤退出。在過去，天使投資往往是民間的、自發的和分散的，他們往往以權益資本的方式進行，而近年來，天使投資也越來越趨向於有組織的投資行為。這種組織有時是鬆散的、自願結合的，有時卻是相對正規的、嚴謹的、有章可循的。

4.天使投資的三個條件

天使投資被稱爲「非正規風險投資」，又被稱爲「個人的風險投資」。可見，天使投資與風險投資的性質頗爲相似。天使投資往往雲集在大學區，尤其是科技、理工大學。具備如下三個條件可以成爲天使投資家：

(1)擁有一定的可以動用的資本；

(2)具有創業或投資的經驗；

(3)與風險投資界有密切聯繫。

首先，沒有一定的資本金自然無法從事天使投資，天使投資是以個人的資本從事種子期創始期的風險投資活動的。「巧婦難爲無米之炊」，沒有一定量的可以作爲投資用的資本金，是不可能成爲天使投資家的。其次，天使投資家給予創業企業的，不僅僅是金錢，還有金錢以外的豐厚的經驗、敏銳的市場洞察力和廣泛的商業關係。最後，天使投資是企業成長過程中所需資金鏈中的一個環節，是一個重要的環節，但仍然只是環節之一，不是全部。

企業在其成長過程中需要不斷地壯大，需要不斷地融資。有經驗的天使投資家與風險投資家和風險投資基金有著密切的聯繫。他們知道風險投資是企業融資接力棒的下一棒。與風險投資家的合作是天使投資家把企業最終推向市場的重要一環。

天使投資投入於創業企業的早期或種子期，只要這些企業是高速增長型的，就會受到天使投資家的關注。被投企業可能是高科技企業，也可能不是。一般凡是有政府扶持的天使投資機構，特別是政府直接資助的天使投資機構，往往更重視推進本地區的高科技創業企業的發展。當然，不僅是政府參與的天

使投資活動，一些私人天使投資機構也強調高科技的重要性。例如，Ann Arbor 的天使投資協會(Ann Arbor Angels)就在自己的創立宗旨中明確指出，它的目的是以資金和經驗幫助當地的科技型創業企業的發展和壯大。

5.天使投資近期發展動向

根據美國 New Hampshire 大學風險投資研究中心的報告，2007 年上半年，全美天使投資的投資總額為 119 億美元，投資於 24000 個創業項目。全美在該時段活躍的天使投資人為 14 萬人。天使投資的投資領域仍然以醫療保健和軟體為主，它投資重點的行業依次為：醫療保健業，22%；軟體業，14%；生物技術業，10%；電子業，8%；IT 服務業，7%；零售業，6%；工業/能源，6%；其他，27%。從整體上看，天使投資所覆蓋的領域似乎更加寬泛，所投金額也更趨於平均。

2007 年上半年美國天使投資的投資階段的分佈狀況與 2006 年相似，仍然是種子期(佔 42%)，創始期(佔 48%)，擴張期(佔 10%)。天使投資的退出仍然以出售股權或被兼併收購為主(61%)，首次公開上市(6%)，破產(33%)。以上三類退出的平均收益率為 30%～40%。

從 2007 年全年的數據看，全美約有 258200 名天使投資家，投資 260 億美元到 57120 個優秀的創業企業中。天使投資由於投資於種子期/早期企業，投資風險極高，當然回報也是相當可觀。其平均投資期為 3.5 年，年報酬率為 26%。

28

天使投資成功案例

┈┈┈┈┈┈┈┈┈┈┈┈┈┈┈┈┈┈┈┈

　　Google 的創始人 Lany Page 和 Sergey Brin 都畢業於同一個專業——電腦專業，但他們的合作卻是個巧合。兩個人都具有鮮明的個性，他們幾乎在所有問題上都持有不同的觀點，因而經常激烈地辯論。在無休止的爭辯中，他們竟然發現了共同的興趣——如何從一堆數據中找出相關信息。而這正是信息檢索，搜索引擎的基本問題。1996 年年初，兩人開始合作開發叫做「Back Rub」的搜索引擎，這種全新的技術能分析出給定網站的相關背景的鏈結。用過這種技術的人們都對它贊口不絕，通過口口相傳，這種技術就迅速流行起來。

　　「Back Rub」踏上了向 Google 轉變的路，但這一路卻充滿了艱辛，最大的困難莫過於資金缺乏。正如其他年輕的創業者一樣，資金的緊缺成了阻礙他們事業發展的巨大瓶頸。為了使技術變得更加完美，他們貸款購買了百萬位組硬碟，卻為還不上信用卡上的欠款而不知所措。Google 的第一個「數據中心」竟然就建立在 Larry 的狹小宿舍內。

　　面對重重困難，Larry 和 Sergey 只好選擇自己成立專門的搜索引擎公司，把這個「尚在繈褓」中的搜索技術繼續開發下去，

培養壯大。其實，成立這樣一家公司所需要的資金並不太多，但他們當時財力已盡，連把數據庫從 Larry 宿舍中搬出去的錢都沒有。他們別無他路，只得求助於天使投資了。一次偶然的機會，他們與 Sun Microsystems 的創始人 Andy Bechtolsheim 邂逅。Andy 是一位經驗豐富的投資人，對於 Larry 和 Sergey 的創業計劃書，他只掃上幾眼就認定這是個有發展潛力的公司。他並沒有深入地詢問細節，就爽快地交給他們一張 10 萬美金的支票。有趣的是，支票的抬頭寫的是 Google 公司，而那時，Google 還沒有正式註冊，兩位年輕人費了一番週折才正式註冊了 Google 公司。如果沒有 Andy 的 10 萬美金的天使投資，人類可能就不會享受到 Google 為我們帶來的便捷服務了。

在天使投資的幫助下, Larry 和 Sergey 在朋友家的車庫裏建起了小型的辦公室，建成了 Google 最初的數據庫，每天回答著數以萬計的搜索請求。Google 迅速登上了《今日美國》、《世界》等知名雜誌，並位列 1998 年 PC 電腦雜誌網頁、搜索引擎排行榜的 TOP100。在 Google 的快速成長期，它吸引了大量的客戶(每天回答 50 萬個詞條搜索)，更重要的是，Google 開始吸引專業風險投資機構的關注。

1999 年 6 月，Google 得到了紅杉資本(Sequoia Capital)和 KPCB(Kleiner Perkins Caufield & Byers)這兩個最著名的風險投資機構總計 2500 萬美元的注資。隨著資金一同前來的還包括一些著名的管理高手和運營專家，從技術和行銷等諸多方面，Google 都得到了前所未有的充實，Google 迅速地達到了每天 1 億個詞條的訪問量。

至此，天使投資者基本完成了使命，此後他們所要做的就

是欣喜地看著 Google 成長壯大。2004 年 8 月，Google 在
NASDAQ 上市，上市首日股價就大幅上漲，相信此時「天使」
們獲得了豐碩的投資回報。

Google 成長為搜索引擎業巨擘只用了不到 10 年時間，一
方面，Google 明智地選擇了天使投資；另一方面，天使投資正
確無誤地選擇了 Google。

29

天使投資的特徵

天使投資被稱為「非正規風險投資」。對比風險投資來，天
使投資往往是分散的、個體的、小規模和非正規的。天使投
資具有如下特徵：

1.投資額度偏小

首先，由於天使投資家是一種分散的、個體的、小規模的
投資模式，它的投資往往規模比較小。以美國天使投資為例，
2006 年，美國天使投資總規模為 256 億美元，和當年美國的風
險投資總規模幾乎一致。不同的是，天使投資共投入了 51000
個項目，而同等額度的風險投資卻僅投了 3416 個項目：前者平
均每個項目的投資額約 50 萬美元，而後者則為 750 萬美元，是
前者的 15 倍。由於每筆投資額度較小，同樣的資本金，天使投

資可以支持更多的初創企業，對於種子期的企業來說，天使投資不是「錦上添花」，而是真正的「雪中送炭」。

2.投資期限偏早

進入 21 世紀以來，風險投資越來越有向晚期投入的趨向。這種風險投資「PE」化的傾向不僅存在於風險投資界，也存在於世界各國，包括美國風險投資界（見圖 29-1）。

29-1　中美風險投資：雙雙向後期轉移

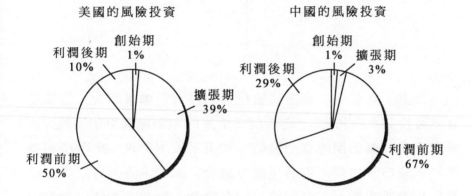

從圖中不難看出，風險投資均轉向投資於中晚期項目。在企業發展的擴張期投資往往是被看作風險投資的投資特徵，而這種狀況正在發生變化。

如圖 29-1 所示，2007 年，在美國風險投資投向創始期和擴張期的資本佔風險投資總額的 40%，而其總資本的 60%投入了企業發展的中晚期。

事實上，全球風險投資都或多或少具有這種「PE」化的傾向。根據安永 2007 年報告，各國風險投資都有向晚期投資的趨勢。以全球風險投資第二輪投資的中值爲例：從 2002 年到 2006

年，美國的風險資本每輪投資額增長了 12.5%；歐洲增長了 100%。這些數字說明了什麼？這說明風險投資正在越來越向晚期投資轉型。這種風險投資「向北走」的趨勢可由圖 29-2 表示。

圖 29-2　風險投資「向北走」

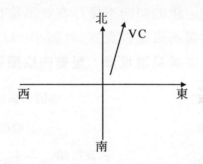

所謂「向北走」是指風險投資的投資額越來越大，每筆投資風險投資「向北走」，使得創業企業的早期融資更加困難，企業種子期、創始期的資金供給不能滿足資本需求，出現了明顯的資本缺口，加深了企業早期投融資之間的矛盾。有矛盾，就有解決矛盾的動力；有困難，就有機會。這種資本缺口的形成一方面對於創業企業造成了巨大的資金困難；另一方面，也爲進行企業早期融資的資本造成了空前的機會。而天使投資正是彌補這一缺口的重要資金來源。也正因爲天使投資的這一性質，各國政府以及各地方政府都從某種程度上出台了各種優惠政策，包括稅收政策以鼓勵天使投資在本國或本地區投資，從而進一步推動當地創業企業的發展，尤其是高科技創業企業的發展。

3.投資風險偏高

天使投資的這一特徵是與其投資期限偏早密切相關的。一

般地，投資期限越早，投資風險就越高。在企業創立的早期，尤其在其種子期，企業的技術還沒有達到中試，其產品還沒有得到市場的承認，其經營模式還沒有經過商業競爭的洗禮，其管理團隊還沒有受到各類的考驗，一切的一切還在嘗試階段，種種不可預測的變數，種種不可避免的不確定性都會造成新的問題、新的矛盾。在這個階段投資，投資者所承擔的高風險可想而知。

　　然而，「高風險、高潛在收益」是金融的基本要素之一。正因為天使投資的這種高風險，一旦成功，它的收益也是相當可觀的。天使投資家由於投資自己的錢，他們具有較強的風險承受力。天使投資家勇於承擔風險，以資金和自己的寶貴經驗扶植初創企業的精神自然也能夠得到豐盛的收穫。

　　圖 29-3 可作為解釋「高風險、高潛在收益」的理論基礎。向創業企業投資的期限越早，其潛在風險越高，預期未來收益也相應越高。否則，就沒有人向早期項目，尤其是種子期項目投資。當然，預期收益高，並不是說高風險就一定會有高收益。如果未來預期收益是確定無疑的，自然沒有「高風險」可言。

圖 29-3　天使投資：高風險、高潛在收益

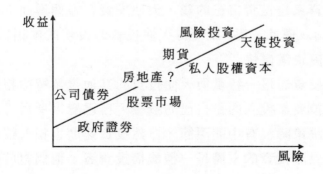

　　相比風險投資，天使投資的投資期更早，潛在風險更高，其未來預期收益也就越高。風險投資比私人權益資本更具有高風險、高未來預期收益的特徵。一般地，投資於政府證券風險最低，其未來預期收益也相對較低。房地產投資的情況就比較複雜。20世紀末、21世紀初，房地產價格在全球各個國家普遍攀升，呈現了房地產泡沫。

4.投資成本偏低

　　與風險投資相比，天使投資的投資成本略低一些。天使投資與風險投資的最大區別在於：風險投資家是投資別人的錢，而天使投資家是投資自己的錢。投別人的錢，自然受別人的監督與控制，監督與控制會提高以代理成本為主的交易成本；而投自己的錢，代理成本趨於零，交易成本也可大大降低。

　　典型風險投資的運作往往採取有限合夥制。在有限合夥制下，投資者是有限合夥人（Limited Partner，LP）；而風險投資家則是資金管理者，是一般合夥人（General Partner，GP）。由於投資者不是投資管理者，必然產生管理、監督成本，這種成本可以用代理關係闡述。總之，由於風險投資家是管理別人的錢，他們與投資者之間形成委託代理關係，產生委託代理成本。而天使投資家是投資自己的錢，天使投資在這個層面不產生委託代理成本。僅此一點，就使得天使投資的投資成本相對較低。

5.投資決策偏快

　　天使投資的這一特徵與天使投資的其他幾個特徵相關聯：由於天使投資家投入的是自己的資金，自己覺得項目可行即決定投資，決策時沒有中間環節，自然投資速度也相對較快。與此相反，風險投資的主體是一種機構投資者，他們對於任何一

個項目要反覆推敲，盡職調查，有時需要風險投資公司內部一般合夥人的協商、討論，最終決策。與他們不同，天使投資家則在對於所投項目具有較大的把握的情況下迅速做出投資決策。這種決策是天使投資家憑藉自己的投資經驗，甚或自己的投資直覺在短期內做出的。

綜上所述，天使投資具有投資額度偏小、投資期限偏早、投資風險偏高、投資成本偏低、投資決策偏快的特徵。

30

天使投資的退出

一、天使投資退出的重要性

天使投資的提出是天使投資過程中的最後一個環節，但卻是天使投資家最終獲取回報的關鍵環節。退出既是過去的天使投資行為的終點，又是新的天使投資行為的起點。天使投資資本隨著被投企業的成長而獲得了增值，但如果沒有合適的退出管道，這種增值只是賬面上的增值，只有完成了有效的退出才能實現實際收益的增長。

退出對於天使投資家的意義與其對於風險投資家相似。雖然風險投資全過程為四個環節，而天使投資為三個環節。但退

出對於二者來說，都是第一個循環的終結，第二個循環的開始。

如同風險投資一樣，天使投資家的投資目的並不在於長期經營該企業，而在於投資獲利。在經過一段時間的投資管理之後，天使投資家會退出其所投資的企業，也就是通過一定的方式，將其所擁有的企業產權轉讓給他人或其他的機構。天使投資的退出機制在整個天使投資過程中處於核心地位。這是出於天使投資的高風險、高收益的特性：天使投資家之所以願意承擔巨大的風險，是期望獲取高額回報，而高額回報預期能否實現的關鍵就在於能不能及時且順利地將資金撤出、變現。

天使投資家一旦退出他們所投企業，便完成了天使投資的一個過程。職業天使投資家會以自己的資本金投入到新一輪的資本增值活動中。由此看來，天使資本能否順利退出對天使投資的最終成敗有著舉足輕重的作用。

二、天使投資退出的模式

與風險投資相似，天使投資的退出途徑也大約為三種：成功的退出；失敗的退出；持平的退出。由於天使投資承擔了巨大的投資風險，以及天使投資所需要的相對長的投資期限，持平的退出即失敗的退出。

天使投資成功的退出包括：首次公開發行(IPO)、財務型併購、戰略型併購、管理層回購。失敗的退出是指被投企業的清產。此外，一些不好不壞的項目令投資者搔首。例如，受傷型(Walking Wounded)和「雞肋」型(the Living Dead)，指食之無味，棄之可惜。在這種情況下，被投企業並沒有破產，但業

績平平，投資者處於進退兩難的境地。

上述退出模式中，公開上市是天使投資者和企業家的首選。通過上市，企業獲得了幾十倍乃至上百倍的收益。併購與企業家回購則是較爲普遍的退出途徑，雖其收益率往往比不上公開上市，但卻是最現實的退出途徑。至於破產清算則標誌著完全失敗，其損失要由成功企業的盈利來彌補，而企業若成爲「雞肋」，則會令投資者感到頭痛。

無論在歐洲還是在美國，首次公開發行和併購都是兩種最常用的方式。對於天使投資來說，後者是最常採取的退出模式。一方面，天使投資是企業初創期或種子期的投資，它的投資期太早，天使投資家有時會在被投企業再融資時退出，如在風險投資家進入的同時退出。另一方面，越是早期投資，其投資期限越長，所投資本流動性很差。如果天使投資家需要資金週轉，他們可能不會等待被投企業最終上市，而是採取購併、回購或股權出售等方式退出。

對於圖 30-1，我們可以做出如下分析。

圖 30-1　美國風險投資退出模式及回報

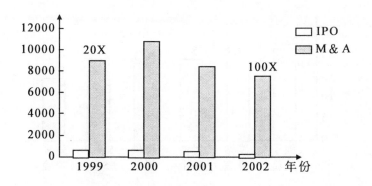

(1)一般地，被投企業往往更偏好採取購併方式退出。不論是在資本市場比較發達的美國，還是資本市場正在逐步發展的地區，採取首次公開上市的方式退出的被投企業仍然是少數。

(2)即便是在 Internet 泡沫盛行，股票市場一片凱歌的 20世紀末、21 世紀初，首次公開上市(IPO)仍然是極少數被投企業的退出模式。絕大部份被投企業仍然採取兼收、併購的方式退出。

(3)這個圖所表述的是風險投資的退出狀況，而一般情況下，天使投資比風險投資更少採取上市方式退出。

三、天使投資預期回報

一般地，越是早期投資，其投資風險越高，而其預期收益也就越高。天使投資是企業早期，尤其是種子期投資模式之一，它自然就有高風險、高潛在收益的特徵。雖然圖 30-2 數據較舊，但它仍可說明天使投資家作為早期投資者的投資預期回報。

圖 30-2　天使投資預期回報：25%/年

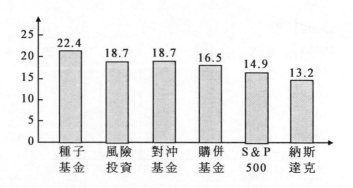

31

天使投資家的投資類別

　　天使投資的投資規模雖然較小，但「麻雀雖小，五臟俱全」。事實上，天使投資與風險投資一樣，是一種相對比較複雜的投資模式。我們可以按照天使投資不同的性質，分別分析天使投資家的類別。

　　可以把天使投資的相關經驗細分成相關的工業經驗和相關的創業經驗。所謂相關工業經驗是與其所在的特定工業領域相關的經驗；而所謂相關創業經驗是其與創業相關的經驗。前者主要指市場開發、銷售、企業發展戰略等方面的經驗；後者主要指創業、初創企業的管理方面的經驗。例如，一些天使投資家曾經做過通信方面的管理工作，他們在投資於通信領域的項目時，就具有一定的相關工業經驗。而另一些天使投資家自己曾經創業，或成功，或失敗，他們的創業未必就是與他們所投項目相關的企業，他們沒有相關的工業經驗，但卻具有創業和初創企業管理方面的經驗。

　　按照天使投資家所具備的相關工業經驗和相關創業經驗的程度來分析，可以把天使投資家分為引導者型天使(Guardian Angels)、運營型天使(Operational Angles)、創業者型天使

(Entrepreneurial Angels)，以及財務收益型天使(Financial Angels)。

圖 31-1　天使投資家分類：按照投資經驗區分

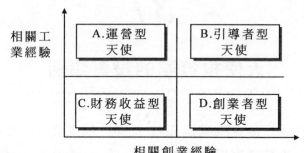

根據圖 31-1，天使投資家的相關創業經驗越豐富，他們就越處於圖的右側，而他們的相關工業經驗越豐富，他們就越處於圖的上方。A 類天使投資傢俱有相關工業經驗，但缺乏相關創業經驗，他們被稱爲運營型天使。B 類天使投資家既具有相關工業經驗，又具有相關創業經驗，是比較全面的天使投資家，他們被稱爲引導者型天使。C 類天使投資家既缺乏相關工業經驗，又缺乏相關創業經驗，是最沒有經驗的投資家，他們投資往往單純爲了投資利潤，他們被稱爲財務收益型天使。D 類天使投資傢俱有相關的創業經驗，而無相關工業經驗，他們被稱爲創業者型天使。

從表面上看，B 類天使投資家，即引導者型天使似乎最理想。他們既有相關工業經驗，又具有相關創業經驗，完全有能力引導創業企業走向成功。這類天使的優勢在於，由於經驗豐富，他們選擇項目的準確性比較強，投資決策比較果斷，一旦做出投資決策，他們就會全力以赴幫助企業創業。同時，他們

又具備創業經驗，他們比較瞭解創業者的心態，容易與創業家溝通。

引導者型天使投資家可以對初創企業提供巨大的幫助。如印第安那州的天使投資家威廉‧梅斯在做了 12 項天使投資後，他又投資於當地的一家建築公司：哈曼公司。投資後，梅斯不僅提供各種管理諮詢，幫助他們戰略策劃，還幫助哈曼公司建立銀行信用方面的聯繫。哈曼兄弟不無感慨地說，威廉是我們事業的導師和引路人。引導者型天使雖然具有種種優勢，他們也存在內在的欠缺。帶有諷刺意味的是，引導者型天使的優勢在於他們豐富的經驗，而他們的劣勢恰恰也在於此。由於經驗豐富，他們有時比較主觀，容易對於所投企業干預過多，使得企業家的自主權不足，缺乏主人翁感。

A 類天使投資家僅僅具有相關工業經驗，沒有創業經驗，他們是運營型天使。這類天使的優勢在於他們往往擅長市場開發、產品推廣、銷售、對外關係等，他們在整個生產過程中的指導性較強。如果企業已經進入市場開發階段，他們豐富的經驗會給企業以巨大的幫助，能夠推動企業不斷走向成功。但這些天使投資家也有他們的不足：他們缺乏創業經驗，對於新興企業管理方面的特點不很熟悉。

與上述情況相反，D 類天使投資家僅僅具有創業經驗，沒有相關工業經驗，他們是創業者型天使。例如，一些天使投資家雖然創過業，但過去創業是在軟體方面，而目前所投資的項目卻是在生物工程領域。他們熟悉創業過程，但缺乏與生物工程相關的知識。這類天使的優勢在於，他們本身曾經是創業者，本身就有創業熱情，知道創業者的苦衷，知道創業者的艱辛，

也知道創業者的樂趣，比較瞭解創業者的優點與欠缺。他們往往與創業者形成比較融洽的合作關係。他們的劣勢在於，由於缺乏相關工業經驗，他們有時很難幫助企業開拓市場，或協助產品促銷。

　　C 類天使投資家處於明顯的劣勢。他們既沒有相關工業經驗，又沒有相關創業經驗，這類天使能爲企業提供的僅僅是資金。他們屬於財務收益型天使投資家。他們很少爲企業提供投資附加值。但這類天使也有其優勢：他們往往不會過分干預企業作的各種決策，給予企業家更大的發展空間、更多的自主權。成熟的、具有多次創業經驗的創業者有時會主動尋找財務收益型天使投資家。他們覺得和這類天使投資家合作更輕鬆、更主動、更容易溝通。

心得欄

32

天使投資的項目來源

天使投資的成功與否很大程度上取決於是否具有高品質的項目，是否有源源不斷的項目流（Deal Flow）。項目流一詞最初起源於投資銀行。投資銀行把可以選擇的項目流入的速度稱爲「項目流」。後來這個術語被風險投資家和天使投資家使用，作爲向他們申請融資的項目群。

一般地，天使投資的項目有如下來源：

1.私人朋友、親戚或家人推薦

朋友推薦是最原始的，也是至今仍然暢行的一種模式。這種方法簡便、實用，且成本微乎其微。當然，這種方法也有很大局限性，在很大程度上取決於天使投資人的人際關係是否廣泛。對於經驗豐富、具有很廣泛的私人關係網的天使投資家來說，這種方法不但成功的概率高、成本低，而且由於創業者和天使投資家之間能夠相互瞭解，可以做到「一拍即合」或「一見鍾情」。這有助於創業者得到天使投資家的信任，使雙方能夠更好地合作。當然創業者也可以直接去找自己認識的「天使」，這是由於天使投資家是擁有比較多的個人資產的私人投資者，如律師、會計師、大學教授等，他們一般缺乏合適的投資機會，

而他們又想尋找機會使自己的資產增值，因此他們很願意有創業者主動去和他們接觸，如果投資項目比較合適的話，他們會樂意投資的。

2.職業關係：律師、會計師、經紀人、諮詢師等

由於天使投資同風險投資一樣，需要進行投資項目的評估和投資決策，簽訂投資協定和進行投資監控，投資收益的實現以及最後投資資本的退出。在此過程中，會計師、律師、審計師、諮詢師以及經紀人是必不可少的環節。因此會計師、律師、審計師以及經紀人手中往往有不少很好的項目。另外，創業者也往往通過自己企業所聘用的或自己所認識的會計師、律師、審計師找到天使投資家。當然這些律師、會計師、審計師和經紀人本身就可能是天使投資家。

3. Internet

隨著 Internet 得到越來越廣泛的應用，信息的交流也越來越方便和快捷，世界越來越扁平了，整個地球緊密地聯繫在一起，再遠的距離也變得近在咫尺，而創業企業的融資也越來越離不開 Internet 的存在。在網路中，人們可以獲得大量的信息和數據。

4.項目推薦會或其他會議

許多仲介機構都在舉行各種各樣的項目推薦會，以此作為一個平台，吸引投資者和優秀的創業者。天使投資家往往發現這些項目推薦會是獲得比較好的項目的十分實用的來源。除了項目推薦會以外，其他的會議，如研討會、商業計劃書競賽大會、專業論壇等也可以是很好的項目來源地。

5.天使投資協會、天使投資聯盟或其他天使投資機構

過去，天使投資家大多數是私人的、分散的。到 20 世紀末，尤其是 21 世紀初，越來越多的天使投資家進入了各種類型的天使投資機構，如天使投資聯盟、天使俱樂部、天使投資協會等等。它們提供專門的仲介服務，使得天使投資系統化、條理化，給它們的會員提供支援和信息，增強天使投資家按照嚴格的天使投資過程進行投資的意識，改善投資環境。天使投資家發現參加天使聯盟後可以很容易地對創業者進行投資，而且也減輕了自己的負擔。這樣，越來越多的天使投資家加入了天使投資團體，使得這些團體聚集了很多志同道合的天使投資家。與此同時，天使投資機構也越來越受到創業者的關注。他們通過天使機構也可以很方便地找到符合自己要求的天使投資家。同時，天使投資機構往往建立了自己的網站，以吸引具有潛力的投資項目。因此，天使投資機構越來越成為天使投資家的重要項目來源地。

6.風險投資基金

風險投資基金往往會收到很多的商業計劃書。有的項目雖然很有發展潛力，但它們仍然屬於種子期或創始期的項目。對於風險投資家來說，這些項目還欠成熟，投資期限還偏早，他們可能把這些項目推薦給天使投資家或天使投資機構。一般地，天使投資機構都與當地的風險投資基金建立密切的聯繫。

以上是從天使投資家的角度看，而這些要素也能夠幫助創業者去尋求天使投資。此外，一些創業者也選擇仲介機構為他們融資，以打開通往「天使」之路。

一般地，仲介機構可以提供從編制商業計劃書、信息諮詢

服務到直接幫創業者聯繫天使投資家進行融資的廣泛的仲介服務業務。它們構成了創業者尋覓天使投資家的一個比較重要的途徑。然而，由於這種方法成功與否，在很大程度上取決於仲介人和仲介機構的素質，並不是每個仲介機構都能滿足創業者的資金需求，整個仲介市場也是良莠不齊，因此創業者在選擇仲介機構時，一定要慎之又慎，一定要選擇那些在同行業中有優勢的、關係廣泛、聲譽良好、沒有不良記錄的仲介機構才有能力完成創業者提出的吸引資金的要求。當然，這樣的仲介機構收費可能高一點，但成功的把握性較大。

在確定了仲介機構後，創業者要做的就是向仲介機構提出自己的資金需求，以及其他的相關要求，讓仲介機構根據自己提出的要求去尋找合適的天使投資家。同時確定是否委託仲介機構幫助完成商業計劃書或是提供其他的仲介服務，如調查同行業中的競爭情況、市場飽和程度以及協助參加和天使投資家的談判。

當然，得到了仲介機構提供的服務，創業者必須付出相應的費用。對於處於發展初期的創業者和中小企業來說，要嚴格控制自己的費用，因此每一筆服務的價格都要以合約的形式確定下來。創業者可以要求專人負責仲介機構和創業者之間信息的傳遞和交流，使創業者的意見、要求能夠及時、準確、完整地轉達給仲介機構，以保證能找到一個最大限度地滿足創業者要求的天使投資家。當創業者開始和天使投資家交流接觸時，創業者也可以要求仲介機構提供專人負責他們和天使投資家之間的聯繫。

33

創業者要瞭解天使投資家的心理

創業者有時會覺得向風險投資家融資太難，而從天使投資家那裏融資又何嘗容易？他們有時會抱怨天使投資家沒有慧眼識珠，但創業者應當檢查一下自己的不足，反省自己的欠缺。他們應當瞭解天使投資家的思路，在選擇投資項目時，天使投資家是怎麼考慮的。為什麼一些項目更容易獲得天使投資家的青睞？什麼是天使投資家不喜歡，也不會投資的項目？是什麼原因使某些項目很難獲得天使投資呢？

在天使投資家看來，創業企業融資時，往往存在最致命的幾個弱點：

(1)沒有準備一份完整的商業計劃書。沒有一份經過自己辛勤造就出來的商業計劃書，是不可能實現融資願望的，而天使投資家幾乎每天都接觸很多份商業計劃書。他們一眼就能夠看出創業者在這裏面下了多少工夫。商業計劃書絕不是用手寫出來的，它是用創業者的腦子、眼光、膽量、能力、夢想編織出來的。

(2)企業所開拓的市場不是朝陽市場，企業的發展前途受到局限。如果創業企業所處的行業沒有很大的發展餘地，再好的

創意也很難爲投資者獲取高額收益。

(3)過多地強調創業的商業設想，而闡明自己的執行力過少。創業者是理想主義者，他們往往看到光明的前途，而忽視到達那個前途的路途的艱辛。成功的企業靠理想，更靠艱苦的、夜以繼日的努力。一個強有力的管理團隊是創業企業成功的根本保證。

(4)沒有充分估計自己在最困難時刻所需要的資金量。美國銀行做的一項調研指出，79%的創業者失敗是因爲沒有足夠的資金，很多創業者在財務計劃方面知識欠缺，他們往往對企業正常運作所需要的資金量缺乏充分的認識。

(5)很多創業者喜歡借款，而不大情願稀釋自己的股權。而他們不清楚，債權人與投資人的區別在於，前者只給予金錢，後者還給予智慧、經驗、關係網。如果創業者只想獲得資本金，而不願意出讓股權，就會給天使投資帶來不可逾越的障礙。

(6)有時企業家對自己的企業估值過高。雖然天使投資家很看好這個項目，也願意投資，但無奈企業家要價太高。如同風險投資一樣，天使投資的過程也是買賣的交易過程。在這個過程中，天使投資家是買方，而創業者是賣方。天使投資家是用自己的資本購買創業者企業的一部份股權（天使投資也屬於「買方金融」，這個問題我們將在第四章展開討論）。買方只有在他們認爲合適的價格條件下才願意購買。買方希望價格低些，而賣方希望價格高些。這些願望都是可以理解的，但如果買賣雙方對於企業的估值差距太大，二者給出的價格相差太遠，交易是不會完成的。

(7)沒有適當的法律文件保護。如果創業者擁有知識產權，

就應當有適當的保護文件，如專利、商標等。

(8)不知道如何做好現金管理。由於創業者大都具有科技背景，他們中很多人都不太懂得金融與財務，不知道如何控制支出，如何開源節流。而一個企業就像一個家庭一樣，不管收入多高，只要不控制支出，仍然可以負債累累。對於這樣的企業，天使投資家的資金像投入了無底洞，再好的項目也不可能成功。創業者在尋求天使投資時，應當知道對方的思路，瞭解天使投資家的顧慮。

上述幾點恰恰是天使投資家在做出投資決策以前的一些不盡如人意的地方，是妨礙他們投資的重要原因。

34

創業者如何選擇天使投資人

一個十分恰當的比喻描繪了天使投資的重要性，種子期/早期投資者就像園丁，而晚期投資者則有些像伐木匠。天使投資家正是這種辛辛苦苦培育幼苗的園丁。

伐木匠在樹木生長的價值鏈中也是重要的一環：當幼苗最終成長爲參天大樹時，伐木匠把這些大樹推向市場，幫助它們實現自己的價值。然而，沒有幼苗，就沒有大樹；沒有園丁，焉有伐木匠？

人們往往只看見大樹上市後的價值，而忽略了園丁的重要作用。伐木匠好做，園丁難當。沒有一定的知識、技巧，沒有一定的責任心、奉獻精神，不可能成為一名成功的園丁。

現在國際國內許多知名企業都是在幼苗階段有幸遇到「天使投資家」作為園丁。例如，谷歌、亞馬遜、Cosco、福特汽車、貝爾實驗室，等等。我們應當大量提倡園丁精神，鼓勵有資力、有經驗的人們成為育苗的園丁，成為培養創業企業的天使投資家。

創業者向天使投資家融資，與天使投資家向創業者投資是同一個過程的兩個側面。交易的形成是要根據雙方的意願。天使投資家是創業者身後的創業者。他們的目標是一致的，即如何把企業建設好。從某種意義上說，投資者與創業者的結合像是一種婚姻，二者一旦結合，就變成一家人。一個美滿的婚姻是需要雙方的努力的，一相情願是不可能成功的。與天使投資家以各種方式考量創業者一樣，創業者也常常對於潛在天使投資人作一番考察。雙方都有一個選擇的過程。那麼，從創業企業的角度，如何獲取天使投資？如何選擇天使投資人？下述三個方面可供參考：

1.「合格投資者」

創業者首先要考察天使投資家是否符合「合格投資者」的身份。雖然沒有這個身份也可能是一個出色的天使投資家，但在不太熟悉對方的情況下，企業家應當首選具有「合格投資者」身份的天使投資家。

2.「聰明的錢還是傻錢」

創業者要考察天使投資家是否具有一定的經驗和經歷，能

夠在企業成長過程中給予一定的非金錢的支持。不要低估天使投資家的潛力。在過去，創業者往往認為尋求天使投資比尋求風險投資容易，但這種想法顯然已經過時。創業者必須做好準備，天使投資家的要求越來越接近於風險投資家，他們同樣要求一個出色的團隊，一種非凡的技術創新，一個具有巨大潛力的市場。

3.「投資者加輔導員」

創業者應當心甘情願地勤向天使投資家尋求意見和指導。許多天使投資家不僅僅是為了賺錢，他們更喜歡幫助一個初創企業成長，他們喜歡捲入這種創業的衝動，他們喜歡捲入企業從小到大的過程，他們喜歡把自己過去的經驗和教訓與年輕的創業者分享，他們在幫助創業者的過程中找到了自我的價值，得到了精神的充實和滿足。天使投資家最不喜歡的是自以為是的創業者，他們往往不會把自己的資金投給自高自大的企業家。創業者要理解天使投資家的胸懷。許多天使投資家已經在事業上獲得成功，他們做投資在一定程度上是「回報」於社會，「回報」於使得自己成功的社區或社團。他們的投資有尋求回報的意義，也有尋求奉獻途徑的意義。他們一方面希望通過投資而賺錢；另一方面，他們也希望通過自己的資金扶植一些真正具有創業精神的企業家，扶植一些能夠為社會未來造就福利的科技創新。

35

天使投資家股權的稀釋

··

　　由於天使投資的投資期限較早，後來跟進投資的風險投資或其他資本的進入，都會使得早期投入的天使投資家的股份一步一步地稀釋。自然投資越早，其同樣投資額度所獲取的股份就越高，這是基於金融的最基本的理論之一：風險收益關係理論。表 35-1 是作者根據加拿大天使投資協會的研究加以修改、補充，以適應中國具體國情。

表 35-1　天使投資的股權稀釋問題

單位：百萬元

	天使投資	風險投資 A 輪	風險投資 B 輪	風險投資 C 輪	退出
被投企業營業收入	0	2	6	15	30
投資前估值	2	7	15	30	100（退出市值）
投資額	1	3	6	10	13 倍（天使投資家收益）
天使投資股權	33%	23%	17%	13%	

表 35-1 很清晰地分析了投資後,天使投資家手中的股權稀釋的過程。這個稀釋過程可以從表中的幾種假定情況分析:

⑴在天使投資家投入企業時,被投企業沒有營業收入,但由於它具有巨大的發展潛力,天使投資家根據盡職審查認為該企業具有投資價值,天使投資家給予該企業的投資前估值為 200 萬元,天使投資家投入 100 萬元。這時,天使投資家在被投企業中的股份為 33%;而該企業的投資後估值為 300 萬元。

⑵如果該項目表現出色,風險投資跟進投資。風險投資首輪投資(A 輪)時,風險投資家投入 300 萬元,而此時被投企業已經具有一定的營業收入,他們的投資前估值有所提高,為 700 萬元。風險投資投入後,天使投資家的股權稀釋為 23%。投資後股權的分配關係為:風險投資為 30%;被投企業(包括天使投資家已經投入的 100 萬元)為 70%;使得天使投資家的股權稀釋為:33%×70%=23.1%,約為 23%。

⑶風險投資第二輪投資(B 輪)600 萬元,此時被投企業估值為 1500 萬元(值得注意的是,天使投資家和第一輪投資的風險投資家都已經作為被投企業的股東,共同享有 1500 萬元企業價值),風險投資的 8 輪投資佔股份 28.6%[600 萬元/(1500 萬元＋600 萬元)=28.6%],而天使投資家的股份再度被稀釋,過程與上述相似:23.1%×71.4%=16.5%,約為 17%。

⑷風險投資第三輪(C 輪)投資 1000 萬元,被投企業估值為 3000 萬元,C 輪風險投資家佔 25%股份[投資的 1000 萬元/(1000 萬元＋3000 萬元)=25%],而最初投資的天使投資家的股份進一步稀釋為:17%×(1－25%)=12.75%,約為 13%。

⑸假定被投企業成功上市,市值為 1 億元。天使投資家最

初的 100 萬元投資此時市值為 1300 萬元（1 億元×13%＝1300
萬元），是原來投資額的 13 倍，其投資報酬率要依據退出期限
而定，投資期限越短，投資報酬率就越高。

36

一家 VC 支持企業的發展軌跡

話說在聞名天下的關中七俠鎮，有個叫做呂輕侯的創業
者，他是個知識份子──落難秀才，因為找不到工作，所以他
在七俠鎮鎮政府的鼓勵下開始創業，開了一家客棧──同福客
棧。但由於客棧只提供單一的客房服務，再加上呂秀才自身的
工作能力也不足，並且團隊嚴重短缺──就他自己一個人，所
以生意很一般，都快要關門大吉了。當然作為這家創業公司的
唯一創始人及員工，呂秀才對公司是 100%控股的，股權結構簡
單、清晰。

在呂秀才公司經營出現資金週轉問題的時候，他的創業夥
伴出現了。這就是出嫁到七俠鎮的佟湘玉，她可不是一般人，
是鼎鼎大名的陝西漢中龍門鏢局的大千金。她攜帶著幾大箱金
銀細軟的嫁妝，可不幸的是，他老公──衡山掌門莫小寶還沒
有見上她一面，就死於同門內鬥。佟湘玉在走投無路之際，發
現了呂秀才正在尋找創業夥伴的消息，畢竟她是跟她爹走南闖

北見過世面的人，佟湘玉一眼就看到這是個不錯的商業機會，而餐飲客房服務行業還是個朝陽行業，並且在七俠鎮沒有第二家。在市場前景和競爭地位上都不錯，於是她答應以部份嫁妝入股，與呂秀才一起創業。

由於呂秀才沒有投入新的資金，因此他同意了佟湘玉的股權分配方案：佟湘玉 70%，呂秀才 30%。兩人仍然以創始人股東的身份在客棧工作——佟湘玉做掌櫃，呂秀才做賬房先生。在資金的支持下，佟掌櫃很快補充完善了一個不錯的團隊：大堂經理——白展堂，小名老白；客服主管——郭芙蓉，小名小郭；行政總廚——李大嘴，小名大嘴。

由於佟掌櫃對老白在感情上有點仰慕，並且老白在公司初創期就立下大功——從盜神姬無命手中營救了管理團隊的集體性命，還有就是老白的背景，對於公司從事餐飲這種容易受到黑道騷擾的行業，是有很大幫助的。於是，經過商量，佟掌櫃和呂秀才兩位股東一致同意各自無償送給老白 10%的股份，這樣，佟掌櫃的股權比例減持 60%，呂秀才減持到 20%。

於是他們按照這個股權比例正式註冊公司——「同福客棧」有限公司。至此，三個人對公司的所有權如表 36-1 所示。

表 36-1　創始人股東股權比例

股東	股權比例
佟掌櫃	60%
呂秀才	20%
老白	20%

　　三個創業者確實有一套，同福客棧的生意非常好，這吸引了萬利當鋪和錢莊的掌櫃——錢老闆的關注，當然也有一部份原因是佟掌櫃的長相。錢老闆隔三岔五到同福客棧，以客人的身份實地考察，發現同福客棧的客房服務在標準化、流程化等方面做得都不錯，有做大做強的機會，並且餐飲上有特色酒水，菜品有獨家配方，而且受專利保護，別的客棧不易抄襲模仿。

　　而此時，同福客棧也有開分店的打算，呂秀才已經起草好商業計劃書和未來 5 年財務預測，正在四處尋找風險投資。但基本上所有的 VC 都跟他說：「你們只有 1 個店，規模性還沒有起來，我們不投這麼早期的項目，你們還是找天使投資吧。」在四處碰壁之後，呂秀才找到錢老闆。錢老闆倒是覺得可以投資，當然他並不知道自己即將成爲同福客棧的「天使投資人」，他和他老婆只是覺得這筆投資是有機會掙錢的。在公司估值上，錢老闆認爲到目前爲止（未融資前）值 1500 兩白銀，而佟掌櫃他們三個創業者覺得應該值 2500 兩，經過討價還價，最後商定價格爲 2000 兩白銀（註：對公司的估值，有兩個演算法，融資前估值和融資後估值兩種，兩者的差別就是後者是在前者的基礎上，再加上融資額。所以本質上這兩種方法是一樣的，我們這裏的都以融資前估值來計算）。錢老闆投資 500 兩，佔到股份的 20%。

　　錢老闆股份＝投資額/（公司融資前估值＋投資額）
　　　　　　＝500/（2000＋500）＝20%

　　另外，按照股權比例所示，佟掌櫃、呂秀才和老白的公司股權都很值錢了，佟掌櫃的股權價值爲 1200 兩，呂秀才和老白的股權價值均爲 400 兩。

理論上，錢老闆在投資後，佟掌櫃等公司原股東等比例稀釋，公司的股權結構變成如表 36-2 所示。

表 36-2　天使投資後理論股權比例

股東	股權比例
佟掌櫃	48%
呂秀才	16%
老白	16%
天使投資人——錢老闆	20%

錢老闆還拿出了個投資協定，在其中加入了下面幾個條件：

(1)董事會由佟掌櫃、呂秀才和錢老闆組成。

(2)在沒有新的投資進來以前，佟掌櫃、呂秀才和老白的工資不得高於每月 5 兩白銀（當時當地中等水準工資）。

(3)佟掌櫃等三人必須在客棧幹滿至少 4 年，否則，每少幹 1 年，他就要無償將 1/4 的股份轉讓給其他股東。

(4)如果有新的任何融資行為必須通知錢老闆。

在被投資後，佟掌櫃擔任董事會主席、呂秀才和錢老闆任董事。佟掌櫃還擔任公司 CEO，呂秀才任 CFO，老白任主管行銷的副總裁兼首席運營官，大嘴任首席技術官，小郭任市場主管。

錢老闆畢竟是做金融行業的，他將股東在公司的股份寫在紙上，做成股票，各自拿著作為憑證，合計一共設置了 15000 股，內部核算價每股 200 錢白銀。

在錢老闆的錢到同福客棧公司的賬上之後，公司的價值已經從 2000 兩（融資前）增加為到 2500 兩（融資後），以每股 200 錢計算，所有股東的股票共計 12500 股。

總股票數量＝公司價值/每股價格

= 2500 兩/0.2 兩/股 = 125000

一共設置了 15000 股,那麼爲什麼會多出來 2500 股呢？這些股票的存在實際上是會稀釋所有股東的股權比例的。那這些股票是屬於誰的呢？爲什麼公司自己要印這些空頭股票呢？錢老闆早就想好了：

(1)由於佟掌櫃等人的工資不高,他們將根據自己的貢獻,以後拿一部份股票作爲補償。

(2)公司的關鍵員工——小郭、大嘴,以及以後招聘的核心員工,需要給予股票期權。

錢掌櫃的 500 兩天使投資,按照每股 200 錢的價格,將會獲得 2500 股公司股票,佟掌櫃的股權價值爲 1200 兩,可以獲得 6000 股,呂秀才和老白的股權價值是 400 兩,也分別可以獲得 2000 股。

現在,公司各位股東的股權如表 36-3 所示。可以發現,所有股東的股權價值都有所稀釋。

表 36-3　天使投資後實際股權比例

股東	股票數量（股）	股權比例	股權價值（兩）
佟掌櫃	6000	40.0%	1000
呂秀才	2000	13.3%	332
老白	2000	13.3%	332
天使投資人——錢老闆	2500	16.7%	418
未分配	2500	16.7%	418
合計	15000	100%	2500

有了外部投資人的資金支援，公司發展更爲成功，半年後不僅在七俠鎮開了 5 家分店,還在鄰鎮十八裏鋪開了 2 家分店,還在省城開了 1 家分店。但是，500 兩投資已經花完了，公司也發展到 100 多人。預留的 2500 股空頭股票也用去了 2000 股,分別是給了佟掌櫃 500 股，給了呂秀才和老白各 200 股，給大嘴等其他員工 1100 股，如表 36-4 所示。

表 36-4　期權發放後的股權比例

股東	股票數量（股）	股權比例
佟掌櫃	6500	43.3%
呂秀才	2200	14.7%
老白	2200	14.7%
天使投資人——錢老闆	2500	16.7%
其他員工	1100	7.3%
未分配	500	3.3%
合計	15000	100%

公司發展到這個階段，他們必須再融資，以滿足公司的大規模拓展。由於公司前景可觀，終於得到了某知名 VC——紅樹資本的青睞。紅樹資本爲該公司作價 15000 兩白銀，這時，該公司的股票就是每股值 1 兩白銀了（公司已發行的股票是 15000股），比錢老闆投資時漲了 4 倍（錢老闆投資時是每股 200 錢白銀）。紅樹資本同意投資 5000 兩白銀，即公司融資後估值爲20000 兩白銀，佔公司 25%股份。這樣理論上公司需要給紅樹資本增發 5000 股股票，公司的總股數增加到 20000 股。

但是，紅樹資本要求投資後新增 5%的股票，作爲以後的員工期權，而紅樹資本的股份不參與稀釋，全部稀釋由原股東承擔。這 5%的期權的價值是 1000 兩白銀，邢 15000 股老股的價值就只有 14000 兩白銀，故公司融資前的每股價格爲：

融資前股價＝公司/股份總數

　　　　＝14000 兩/15000 股＝933.3 錢/股

因此，紅樹資本的 5000 兩白銀投資應該可以購買公司的股份不是上述的 5000 股，而應該是：

紅樹資本的股份數＝投資額/股價

　　　　＝5000 兩/933.3 錢/股＝5357 股

5%的新期權股份數量爲：

新期權的股份數＝期權價值/股價

　　　　＝1000 兩/933.3 錢/股＝1071 股

公司的總股份數爲：15000＋5357＋1071＝21428 股，算上原來沒有發完的 500 股期權股票，投資後期權總數爲 1571 股。

另外，紅樹資本將委派一人作爲公司董事。佟掌櫃等原股東還答應，由紅樹資本幫助從著名酒店集團尋找一位職業經理人做公司的 CEO，佟掌櫃改做 COO。這樣，現在公司的股權結構如表 36-5 所示。

表 36-5　VC 投資後的股權比例

股東	股票數量（股）	股權比例	股權價值（兩）
佟掌櫃	6500	30.3%	6060
呂秀才	2200	10.3%	2060
老白	2200	10.3%	2060
天使投資人——錢老闆	2500	11.7%	2340
其他員工	1100	5.1%	1020
紅樹資本	5357	25.0%	5000
未分配	1571	7.3%	1460
合計	21428	100%	20000

可以發現，紅樹資本現在已經成為了第二大股東了。兩年後，公司總部搬到京城，並在全國各地開連鎖分店 100 多家，同時請到了前龍門客棧集團的 COO 郭巨俠出任 CEO。郭巨俠進入了董事會，並以每股 3 兩白銀的價錢獲得 1000 股的期權。其他員工也分配了一些期權股票。其實此時比紅樹資本投資時，該公司的股價已經漲了 2 倍。

郭巨俠到任後，公司進一步發展，董事會決定再一次融資，進入國際市場。由紅樹資本領頭協同另兩家 VC 進行了第二輪 15000 兩白銀的投資（紅樹 7500 兩，其他 VC 7500 兩）。股份價格為每股 5 兩白銀，即：

公司在融資前估值＝21428 股×5 兩/股＝107140 兩白銀

融資後估值為 122140 兩白銀。融資後，公司股權結構如表

36-6 所示。

表 36-6　VC 第二輪投資後的股權比例

股東	股票數量（股）	股權比例	股權價值（兩）
佟掌櫃	6500	26.6%	32500
呂秀才	2200	9.0%	11000
老白	2200	9.0%	11000
天使投資人——錢老闆	2500	10.2%	12500
其他員工	1500	6.1%	7500
紅樹資本	6857	28.1%	34285
郭巨俠	1000	4.1%	5000
其他 VC	1500	6.1%	7500
未分配	171	0.7%	855
合計	24428	100%	122140

　　這時，天使投資人及 VC 投資者的股份已佔到 44.4%，和創始人股份 44.6%相當，即擁有了一半左右的控制權。

　　又過了兩年，公司成為行業的最優秀的企業之一，利潤非常可觀，並在知名投行高盛的幫助下在納斯達克 IPO 上市，並增發 6000 股，上市時原始股定價每股 25 兩白銀。這樣，一個創新模式的傳統服務型公司在 VC 的幫助下便創辦成功了。上市後，該公司總股本為 30428 股，市值大約 760700 兩白銀。

　　上市後，公司股權結構如表 36-7 所示。

表 36-7　IPO 後的股權比例

股東	股票數量（股）	股權比例	股權價值（兩）
佟掌櫃	6500	21.4%	162500
呂秀才	2200	7.2%	55000
老白	2200	7.2%	55000
天使投資人——錢老闆	2500	8.2%	62500
其他員工	1600	5.3%	40000
紅樹資本	6857	22.5%	171425
郭巨俠	1000	3.3%	25000
其他 VC	1500	4.9%	37500
高盛及股民	6000	19.7%	150000
未分配	71	0.2%	1755
合計	30428	100%	760700

　　這時，創始人佟掌櫃、呂秀才等人變成了充滿傳奇色彩、家財萬貫的財主，大嘴等員工也持有價值萬兩白銀的股票，也成了小財主。但是，佟掌櫃等全體公司員工只持有 44%左右的股份，公司的所有權的大部份從創始人和員工手裏轉移到投資者手中。一般來講，一個創始人在公司上市時還能握有超過 20%的股份已經很不錯了。

　　作爲最早的投資者，「天使」錢老闆的收益最高，投入 500兩白銀，產出 62500 兩，回報高達 124 倍。紅樹資本的第一輪獲利 24 倍，第二輪和其他兩家 VC 均獲利 4 倍。顯然，越早投資一個有希望的公司獲利越大，當然，失敗的可能性也越大。

一般的基金都會按一定比例投入到不同發展階段的公司，如果公司發展良好，後續還會追加投資。

佟掌櫃的創業、融資過程中，對於每一個階段創始人和投資人的股權比例和股權價值的計算，可以作為那些尋找 VC 融資的創業者一個參考。從這個例子中可以看到，風險投資必須是漸進的，在每一個階段需要多少錢投入多少錢，這樣對投資者和創業者都有好處。對投資者來講，沒有任何一家 VC 會在剛開始時就把公司今後五年的開銷全包了的，這樣風險太大。對創業者來講，早期的公司股價都不會高，過早大量融資會使得自己的股權稀釋太多，自己不但不划算，而且還會失去對公司的控制，甚至在創業的途中就被投資人趕走。

上面的情況是一個簡化得不能再簡化的投資過程，任何一個成功的投資都會比它複雜得多。例如，天使投資人通常可能是幾家而不是一家，很多人都會要求坐到董事會裏去，這樣在真正的 VC 投資時，董事會已經變得很龐大。在這種情況下，VC 通常會以當時合理的股價從天使投資人手中買回股權，並把他們統統從董事會中請出去。否則每次開董事會，坐著一屋子大大小小的股東，大家七嘴八舌，還怎麼討論問題？大部份天使投資人也願意兌現他們的投資收益，以降低自己的投資風險。

上面這個例子同時也是一個非常理想的情況，同福客棧的發展一帆風順，公司每一輪估值都比前一輪高，實際情況可能並非如此。不少公司在某一輪風險投資資金用完的時候，業績上並沒有太大的起色，下一輪融資時估價還會下降。同福客棧的競爭對手——怡紅樓的創業者花掉了近幾萬兩白銀的投資仍然不能使公司盈利，但必須繼續融資，新的 VC 給的估價只有前

一次估價的 1/10，但是創始人和以前的投資人不得不接受這個估價，以避免公司關門，那樣他們的投資一文銀子也拿不回來。

37

VC 也是凡人

一、VC 也會錯過好項目

Bessemer Venture Partners(BVP)是美國一家創辦有近 100 年歷史的著名 VC，他們已經成功幫助 100 多家企業在納斯達克等全球各地的證券交易所成功上市，《福布斯》在 2006 年排出的 100 名高科技投資人當中，BVP 佔有 4 個席位。即便如此，他們卻錯過了 Intel、蘋果電腦、Lotus、Compaq 等一大批知名公司，而這些公司間接成就了紅杉資本(Sequoia Capital)、KPCB 等全球 VC 標杆的地位。BVP 的合作人在蘋果電腦上市前的 Pre-IPO 融資中，他們認爲價格「太貴了」；而 BVP 還認爲 eBay 是「只有沒腦子的人才會看上它」；對於聯邦快遞，他們有 7 次投資機會都沒有投。

事實上，VC 界錯過好項目的事情並不罕見，不過卻很少有 VC 敢於公開出來，有少量 VC 至多也只是在公司內部討論或者檢討自己的過失，因爲大家都懂得「成功的案例才是賺錢和炫

耀的資本」的道理。歷史上有很多成立比 BVP 晚好多年的 VC
早就沒了蹤影。為什麼 BVP 能夠一直活下來，還活得不錯？其
實，優秀的 VC 並不是永遠都不會錯過好項目、不投資壞項目，
而是犯的錯誤比別人少一點，抓住的機會比別人多一點而已。

　　既然連成功的 VC 都會看走眼、放過好項目，那麼下一次創
業者再被 VC 拒絕的時候，就沒有必要妄自菲薄，從而喪失繼續
尋找 VC 的信心了。

二、VC 的傲慢與無知

　　很多 VC 都很出色，對待創業者也很友善。當然也有許多並
不怎麼樣，無論是做人還是做投資，他們有各種各樣的缺點，
但基本都有一個傲慢自大的共性。這些傲慢的 VC 認為自己無所
不知，通常在各種會議、論壇裏高談闊論。在跟創業者見面的
時候，他們還沒有聽明白創業者說的是什麼，就開始對創業者
進行批判，並且「指導」他們應該怎麼做。

　　這些 VC 多數是那種想要顯示自己有多麼聰明的年輕 VC，
其實他們沒幹過什麼，只是讀過 MBA、在國外投行幹過，然後
想辦法混進 VC 公司，對行業沒有多深的瞭解，甚至對企業的運
營可能一竅不通。

　　另外一種 VC 也很令人討厭，他們以前是成功的創業者。因
為他們通常有豐富的創業經驗，覺得自己可能會給創業者很多
幫助，於是他就忽視自己作為 VC 和創業者之間的界限，不是去
全力支持創業者，通過董事會來解決企業出現的問題，而是參
與到企業的日常運營中去，干預創業者對企業的掌控，他們可

能認為創業者就是為 VC 打工的，創業者要依賴和聽命於 VC。而真正優秀的 VC，知道不管自己曾經多麼成功、經驗多麼豐富，但投資之後，他們就需要信任和依賴創業者。

還有一類比較初級的 VC，他們把創業者當作免費的老師。想要瞭解那個行業和領域，就以 VC 的身份、投資的名義，找一批這方面的創業者過來聊，創業者通常會受寵若驚，知無不言、言無不盡。一圈聊下來，VC 成了半個「專家」，創業者們給 VC 做了免費的培訓。如果創業者能夠提供詳細的商業計劃書，並且在商業計劃書中進行詳細的行業分析、競爭對手分析，那麼 VC 就更喜歡了，這樣他們不但瞭解該行業，掃描了一遍這個行業的項目，還跟創業者交上朋友（以後持續學習、幫忙評估項目、推薦項目等都用得著），一舉多得。

三、VC 不會投資有風險的公司

VC 被稱為風險投資其實是不太合適的，更好的叫法應該是「創業投資」，是針對初創和成長期的創業企業進行投資。在美國，VC 主要投的是商業模式有比較大的擴展性、比較輕資產以及新經濟相關聯的初創公司。例如：TMT 領域、替代能源、環保和生物科技。

VC 被稱作風險投資，並不是他們願意承擔風險。恰恰相反，他們最根本的原則是通過前期的盡職調查，以及投資後的協定控制，要儘量規避和降低投資風險。

VC 經常投資更為成熟的項目，這也是一種規避投資風險的方式。說實話，VC 可稱為「Very Conservative」（非常保守）

可能更為恰當，因為他們之中的大部份人都在做 PE 的工作，而不太願意投資偏早期的項目。這種情況可能是因為國內成熟的好項目實在是太多了；另外，這種風險小的投資，容易讓 VC 獲得成功案例，這對於他們在 VC 圈裏生存是很有幫助的。

如果創業者只有發明專利或創意想法，那就不要勞神費力去找 VC 了，離 VC 要求的距離還有十萬八千里呢！

VC 也確實投資過一些 TMT 領域的項目，例如最早的新浪、百度等。在 2003 年 Web2.0 推出之後，更是有一種拷貝美國 Internet 商業模式的公司從 VC 那裏拿到大把的美金，好像那家 VC 沒有投資一兩個 Web2.0 的項目就喪失了一個巨大的金礦一樣，這個過程一直持續到 2006 年底。可是美國模式在中國不好使，中國終究沒有出現 Youtube、Myspace、Facebook 一樣級別的公司。

於是中國的 VC 開始尋找新的投資方向，從 2006、2007 年開始，一大批在成熟的 VC 市場無人問津甚至已經過氣的行業，卻在中國突然成了香餑餑。例如：種茶種菜的、養雞養豬的、剪頭洗腳的、制衣制鞋的、賣水餃賣火鍋的等企業成為 VC 追逐的一個趨勢。這些被投資的企業的共同特點是：傳統生產服務行業、企業規模很大、企業處於成熟期以及短期內（2～3 年）有上市的可能。

通常的看法是 VC 可以促進科技創新，這也是無稽之談，基本上國內的 VC 沒有幾家會投資研發型的公司。相反，對於抄襲國外現成商業模式的項目或者拿錢可以快速複製的項目，他們卻是一窩蜂撲上去。所以，我們看不到幾家 VC 投資的公司研發出了什麼晶片、新藥、精密儀器等高新產品，卻看到他們把幾

十億美元投進一大堆沒有創意的視頻網站、大肆製造視覺垃圾
的廣告公司等項目上，VC 的這些投資已經造成了某些行業的虛
假繁榮。

對 VC 來說，他們的唯一目的是獲得投資回報。所以，他們
爲了達到目的，有時會投資一家沒有社會公德的公司，只要這
個公司能爲他掙錢。有時候天使投資人倒是願意通過支持和幫
助創業者的方式來回饋社會。所以，他們經常願意投資那些初
創的、風險更大一些的、有一定社會意義的項目。

四、VC 本身也差錢

VC 基金通常有 10 年左右的生命期，VC 公司可能在前 4～5
年要把錢全部投出去，後面幾年把投資的項目退出，從而實現
投資回報。通常，GP 會把一半左右的資金用於新公司的初次投
資，另外一半用於後續追加投資。例如，一個 1 億美元的 VC
基金，5000 萬左右會用於對新項目進行次投資，如果這些項目
中的一些發展不錯，另外 5000 萬左右就用於追加投資。從這個
角度看，對於初次向 VC 融資的創業者而言，VC 基金的規模比
實際數字要小一半左右。

對於佔國內主流（有限合夥制）的 VC 基金，其資金主要有兩
個來源：機構投資者和非常富有的個人，包括公共養老基金、
公司養老基金、保險公司、富裕個人、捐贈基金等。根據全美
風險投資協會（NVCA）的報告，機構投資者（VC 出資人）自身的資
產配置中，有 50%～60%是投資於上市公司的股票，20%～30%是
投資於債券，投資給 PE 和 VC 這類私募股權的比例都很小，通

常是 5%左右。這些出資人並不是在 VC 基金設立之初就投入全部資金，而是採取承諾制，就是說按照基金的投資進度(4～5年)，分期分批出資。

在 2008～2009 年這次金融危機中，全世界股市跳水，很多 VC 出資人的上市公司股票資產嚴重縮水。相對而言，他們承諾給 VC 基金的資金卻佔據了更多的比例，這就違反了他們自身的資產配置原則。於是，很多 VC 出資人被迫違約，放棄對 VC 基金繼續出資，這就導致很多 VC 基金實際可以投資的資金要小於號稱的基金規模。

還有一點，VC 公司管理 VC 基金是要收取管理費的，通常管理費是基金總額的一個比例，每年 2%左右，管理費在基金存續期內每年收取。實際上 VC 公司可用於投資的資金要比看起來小很多，因此他們是差錢的。

對於 VC 公司的合夥人，他們拿著豐厚的管理費，似乎不差錢。但也有例外，像合夥制基金，有些出資人是按實際出資額給管理費，例如 1 億規模的基金，如果第一年出資人只給 VC 基金出資 1000 萬，VC 公司的管理費就只有 1000 萬的 2%──即 20 萬，那 VC 公司的合夥人就差錢了。更有甚者，有些出資人是按實際投資額給管理費，如果那一年 VC 公司沒有投資一個項目，那就沒有管理費，VC 公司就更差錢了。

五、VC 不會提供什麼增值服務

國外的 VC 大部份都是四五十歲的人在運營，有很多做得極為出色的 VC 都超過 60 歲了。合夥人級別的 VC，甚至是投資經

理，他們大部份都是在某個行業闖蕩了很多年，已經對一些行業非常熟悉。

優秀的 VC 公司由於其合夥人有廣泛的行業關係和豐富的企業管理經驗，確實能夠爲被投資企業提供很多增值服務，但是也有很多 VC 公司的增值服務只體現在口頭上的空談。

VC 常常宣稱的增值服務有以下幾種：

(1)幫助企業進在市場拓展。要提供這項增值服務，VC 必須對市場行銷有很豐富的經驗，可事實上絕大多數 VC 合夥人並沒有市場行銷的工作經驗和背景，他們更多的是財務、投行、技術等工作經歷，而真正做市場行銷出身的 VC 非常少。

(2)提升公司品牌。媒體對 VC 的關注跟普通老百姓對 VC 的關注有巨大的差異。VC 投資了公司，可能對於公司在資本市場上有一定的「被認可」的效應。但對於消費公司產品或服務的老百姓來說，這樣還不如在電視或報紙上做個廣告來的有效。

(3)物色高級管理團隊。VC 通常有非常廣泛的人脈資源，但事實上他們找來的職業經理人未必稱職，他們可能對 VC 更忠誠，他們可能有大企業的經營管理經驗，但未必適應創業企業，他們空降到公司之後可能導致無法服眾，他們進入公司很可能引起新的矛盾而且會增加經營成本。

(4)規範公司的財務管理。的確，在 VC 投資之前，絕大多數公司的財務管理是比較混亂的，但這基本上不會影響公司賺錢，否則 VC 也不會投資。VC 聲稱可以協助企業規範財務管理，可實際上絕大多數 VC 合夥人並不熟悉財務管理工作，他們最多就是幫企業聘請一位 CFO。如果公司真的需要規範化財務管理，他們完全可以自己請一個有經驗的會計師或者請財務諮詢

公司幫忙。

　　當然，VC還可以提供很多其他增值服務，例如「戰略」、「上市」等。有些VC公司只有那麼三五個合夥人，而一年要投資十多個項目，平均每個合夥人需要在十多家公司做董事，他是如何給公司提供增值服務的，估計他自己都不知道。大部份 VC只是在被投資的公司做得非常好或者非常糟糕的時候，才會出來參與一下。

六、VC也需要企業的增值服務

　　分眾傳媒公司的上市，及上市後收購框架傳媒、聚眾傳媒、好耶、璽誠傳媒等公司，這讓眾多 VC 收益頗豐。不僅如此，由於分眾傳媒可能是國內涉及 VC 最多的創業企業，也是涉及 VC 最多的賺到錢的企業，因此，分眾傳媒也是被VC用來作為品牌宣傳最頻繁的案例。

　　都說「一個成功的男人背後一定有一個好女人」，其實好VC的背後也一定要有一些拿得出手的好案例。這些成功案例，不僅僅給予 VC 必要的資金回報，同時，按照VC的話來說，也給 VC 帶來了增值服務——品牌影響力。這一方面有利於 VC 去募集資金，說服出資人投資。另外，也有利於VC確立行業地位，以便於今後在爭奪好項目的時候，有些競爭優勢。

　　VC 通常會在自己公司的網站上列出投資項目清單，當然，最重要的是那些已經成功退出的並且行業知名度高的公司。至於那些已經死掉的項目，通常是一概不提的。也有些 VC 會為每一個投資案例做一個精緻的牌子，統一掛在公司「業績牆」上，

這樣初來乍到的創業者就很容易被唬住了。

除了 VC 圈之外，那些成功的企業，知名度通常要比 VC 高很多，所以，在很多行業會議、資本論壇、電視節目等場合，VC 在介紹自己的時候，通常會這麼說：「我是某某 VC 公司的某某，我們的基金有 N 億美元，我們投資過百度、盛大、分眾等公司……」

不僅僅是 VC 公司需要借助成功公司的影響力，VC 的投資經理和合夥人也需要。很多 VC 合夥人就是靠著在一兩個成功案例的投資過程中起到的主導作用，從而樹立了在 VC 界的影響力，要麼跳槽到更大牌的 VC 公司，要麼另立門戶。但也有很多 VC 投資人還躺在 5 年、8 年前的案例上吃老本，卻再也投不到一個好項目，他也就慢慢淡出了創業者和 VC 圈的視野了。

說到底，VC 公司和 VC 投資人的立身之本還是投資到好的項目。

七、VC 不會控制公司

很多創業者在找 VC 之前最為擔心的是 VC 投資之後會控股公司，這便導致以後創業者無法在公司做主了。

這種擔心是多餘的，VC 之所以投資某個公司，並不是想去控制公司的運營，而是看到這家公司或這個創業者能夠把公司做大。他們希望能搭搭順風車，跟著創業者一起賺錢。他們也擔心創業者無法控制公司，無法對公司的發展做主，或者是創業者沒有前進的動力。VC 想要降低創業者的這種顧慮，通常在第一輪投資的時候，只要求 30%左右的股份，從而保證創業者

還是大股東，即便經過後續一兩輪的融資稀釋，創業者還會持有可能超過 50%的股份，在這種情況下，他就有足夠經濟利益和公司的話語權，使他埋頭拼命做好公司，否則他隨時都想著去找個高薪的工作，做個甩手掌櫃。

當然，如果創業者在公司做大之後，發現自己能力的不足，願意把公司管理權讓賢給 VC 認可的職業經理人，自己只做股東，VC 也是可以接受的。

說 VC 不會控制公司，並不表示 VC 不監管公司。爲了保證投資的安全，VC 會通過簽署投資協定、進入董事會、派財務總監等管理方式，對公司的運營進行監管。

投資協定可以看做是創業者和 VC 之間的「君子約定」，而我們的法律體系和政策並不支持美國 VC 那些常規的並對投資者進行保護的協議條款。例如：優先股的權利、投資人董事的否決權、動用大筆資金銀行需查看「董事會決議」等，這是造成大量創業者「出軌」事件的外因。即使這樣，VC 也只能打掉牙往肚子裏咽，誰叫他識人不善呢。

心得欄

38

VC 對你的企業估值

....

　　估值就是用某種方法對公司的價值進行評估，以便 VC 投資後換走公司對應的股份比例。估值又可以分成兩種：pre-money valuation 和 post-money valuation。pre-money valuation 就是在 VC 的錢投進來之前，公司值多少錢，通常被簡稱爲「pre-money」或「pre」。對應的 post-money valuation 就是在 VC 投資之後，公司值多少錢，簡稱爲「post-money」或「post」。Post 和 Pre 的關係其實很簡單，post＝pre＋VC 的投資額。

　　例如：如果一家公司融資 400 萬，VC 給的 pre-money valuation 爲 600 萬，那麼 post-money 就是 1000 萬，VC 投資的 400 萬就可以佔 40%的股份，創始人團隊佔 60%(VC 簡稱爲「Pre6 投 4」)。

　　那創業者如何給自己的公司估值呢？通常有下面幾種方法：

　　(1)最保守的方法：成本法。你把公司做到目前這個狀況花了多少錢？或者說別人需要花費多少錢才能做到你目前的水準？

(2)最不可接受的方法：淨資產法。這種方法完全不考慮公司發展前景、市場地位、團隊甚至知識產權等的價值。尤其是對於 Internet、諮詢公司等輕資產的公司，這種方法的估值結果是非常可笑和令人難以接受的。

(3)最不靠譜的方法：現金流折現法。這種方法可能是書本裏介紹最多的，但對於初創企業是最不靠譜的。初創企業的現金流預測太不靠譜，基於一系列不靠譜的現金流折現出來的結果就更不靠譜了。這個方法還是留給投行去給那些正在作上市的成熟項目估值吧。

(4)最常用的方法：P/E 倍數法。P/E 就是價格除以盈利，叫做市盈率。例如現在國內創業板的上市公司,平均市盈率有 100 倍，這個倍數是市場認可的。如果你的公司也跟這些上市各方面差不多，理論上你也可以按照這個倍數來給自己公司估值。例如：你公司去年利潤 100 萬，公司價值就是 1 個億。當然，這是不可能的，因為你沒有上市，那 VC 為了賺錢，P/E 倍數上會大打折扣，他願意給你 10 倍就不錯了。

(5)最現實的方法：可比交易法。跟你差不多行業、規模、收入水準的公司,VC 投資的時候，給了什麼估值，你的估值就在這個數值附近，不可能高太多，否則投資你的 VC 會被人恥笑的。就像在菜市場賣菜，一樣的品種，你的白菜不可能比別人家的白菜賣得貴很多。

39

什麼是清算優先權

　　清算優先權是 VC 投資協定 Term Sheet 中一個非常重要的條款，它決定著公司在清算後，那個大蛋糕怎麼分配的重大問題。清算優先權一般也是「投資協定條款清單」上面最先引起企業家困惑的條款。通常情況下，它是緊接著投資模式和股價條款出現的。

　　所謂清算優先權條款，就是指清算後資金如何優先分配給持有公司某特定系列股份的股東，然後再分配給其他股東。例如，A 輪(Series A)融資的 Term Sheet 中，規定 A 輪投資人，即 A 系列優先股股東(Series A Preferred shareholders)能在普通股(Common)股東之前獲得多少回報。

　　這個條款是確定在任何非 IPO 退出時的資金分配的。IPO 之前，優先股要自動轉換成普通股，清算優先權問題就不存在了。而大部份的公司最後可能的退出方式不會是 IPO。創業者要現實一點，不管你對自己和公司是否有信心衝到上市那一刻，都應該詳細瞭解這個條款。

　　清算優先權的本質，就是風險投資的投資人要求在創業者和團隊發財之前先收回他們的資金。例如：在公司清盤、解散、

合併、被收購、出售控股股權，以及出售主要部份或全部資產時（以上參見清算事件定義），A 系列優先股的持有者有權獲得原購買價的 2 倍，加上 8%的全部未付股息的金額。剩餘資產的分配，按優先股 1：1 轉換成普通股後，普通股股東與優先股股東按轉換後的比例進行分配。

　　清算優先權的條款對於 VC 特別重要，無論你怎麼談判也去不掉它，不過上面幾個數字還是可以有討價還價的餘地。覺得不公平了？憑什麼分錢的時候 VC 要先拿走啊？下面這個例子可以很快讓你理解你的投資人為什麼那麼看重它？為什麼分錢的時候他先分？

　　例如，你借著一個看起來前途偉大的商業構想，弄了個看起來特受歡迎的網站，從投資人那裏獲得1000萬美元的投資，出讓了 50%股份。然而，在 VC 的資金到賬後立刻關閉公司。這時候，投資人一看，公司也沒什麼其他資產，只有幾台服務器，電腦還是租的。如果沒有清算優先條款，那投資人只有得到企業價值(那 1000 萬美元現金)的 50%，這樣你就從投資人那裏白佔了 500 萬美元。

　　為了避免出現這種情況，不讓投資人蒙受損失，風險投資商們會要求最少 1 倍的清算優先權，這樣在公司發展到退出價值超過投資人的投資額之前，你是不會選擇賣公司或者乾脆關閉公司的。因為如果你那樣做，你自己也落不著什麼好處。

　　有時候，你會看到不止一倍，而是兩倍、三倍的優先清算權條款。這是不是一定說明 VC 貪婪，或者他要佔你大便宜？不一定。

　　既然談清算優先權，那當然先要清楚什麼是「清算」事件。

不要以爲清算事件是一件「壞」事，例如破產或倒閉才算清算。
對 VC 而言，清算就是「資產變現事件」，這點他們在投資協定
中一定會有個明確定義，即什麼樣的情況算是清算。

　　風險投資投資的第一目標就是未來變現退出掙錢，所以，
還沒投資就要把「變現退出掙錢」的事情考慮好。當然，這個
倍數對於 VC 來說越高越好。清算優先權的條款就是這種 VC 商
業邏輯思維的典型體現。

　　那麼，「資產變現事件」是什麼？一般情況下，股東出讓公
司權益而獲得資金，包括合併、被收購，或公司控制權變更和
主要資產出售。考慮到主要股權出售和主要資產出售這兩種情
況，標準的清算定義一般是：公司合併、被收購、出售控股股
權以及出售主要資產，從而導致公司現有股東在佔有續存公司
已發行股份的比例不高於 50%，以上事件可以被視爲清算。

　　幾乎所有的 VC 選擇可轉換優先股(Convertible Preferred
stock)的投資方式，而可轉換優先股的最重要的一個特性就是
擁有清算優先權。通常所說的清算優先權有兩個組成部份：優
先權(Preference)和參與分配權(Participation)。

　　拿那例子分析，如果你接受條款，在各種情況下如何分賬。

　　假設你的公司投資前估值(Pre-money Valuation)是 300 萬美
元，投資後(Post-money)公司的價值是 500 萬美元，因此投資人
擁有你公司 40%的股份。

　　情況一：2 年後，公司運營得不是很好，被人以 500 萬美
元的價格收購。你認為你手上 60%的股份可以分得 300 萬的現
金，也還滿意。但是投資人告訴你，根據協定，他要拿走 400
萬美元(投資額的 2 倍)，剩下的 100 萬美元，你們四六分賬，

留給你的只有 60 萬美元。你肯定覺得被投資人給坑了一把，要是你知道這麼賣公司你才能拿這麼點，你肯定不賣啊。

情況二：2 年後，公司運營得很好，被人以 5000 萬美元的價格收購。這時候，你們要算算賬。根據協定，投資人要先拿走 400 萬美元(投資額的 2 倍)，剩下的 4600 萬美元，你們四六分賬，這樣你拿 4600×60%＝2760 萬美元，他拿 400＋4600×40%＝2240 萬美元。你還覺得虧了嗎？ 不會了吧，你恐怕會覺得沒有那 200 萬美元的關鍵投資，我那裏有這 2760 萬元的收益啊。

上面兩個例子一對比就會發現，參與分配的優先股只有在退出價值較小時才會對企業家的利益有比較大的影響。這一方面是因為投資人用這種條款保護自己在公司發展不好情況下的利益，另一方面也是通過這個條款綁住企業家不要過分低價出售公司，而是努力把公司做大，一起掙大錢。如果公司運營非常好，很快就能 IPO 上市，投資人是不會隨便考慮出售等退出模式。他們會等著 IPO 的時候把自己的優先股轉換成普通股，等著 IPO 後股價大漲的時候撈條大魚。那麼，這個清算優先權根本就不會起作用，自動失效。

除了改改幾個數字，還有什麼可談的？ 上面的例子是 VC 會用到的一種清算優先權的模式。如果還有什麼新發明的分配方案，請教你的律師，再假設幾個可能的情況，按公司發展不好的情況，發展一般的情況，發展特別好的情況這幾個不同假設，自己算一下，就知道這些條款對自己未來收益的影響了。關鍵記住一點，不要以為自己一定能順利上市，覺得這條根本沒用而忽視它。所以，理解清算優先權對自己的未來收益影響，還是非常必要的。

40

對賭協議「陷阱」

一、對賭協議的概念

對賭協定就是投資方與企業方在達成融資協定時，對於未來不確定的情況進行一種約定。如果約定的條件出現，投資方可以行使一種權利；如果約定的條件不出現，融資方則行使一種權利。

對賭協議產生的根源在於企業未來贏利能力的不確定性，目的是盡可能地實現投資交易的合理和公平。它既是投資方利益的保護傘，又對融資方起著一定的激勵作用。所以，對賭協議實際上是一種財務工具，是對企業估值的調整，是帶有附加條件的價值評估方式。

二、防範「對賭協議」可能的陷阱

1.準確分析對賭協議的利弊

對賭協議是一項高風險融資方式，對企業來說不僅有利，同時也存在被廉價收購的風險。

　　企業的管理層簽訂對賭協定是爲了簡便地獲得大額資金，解決資金「瓶頸」問題，以達到低成本融資和快速擴張的目的。而投資方如摩根士丹利等簽訂對賭協定的目的是，在信息不對稱的情況下控制企業未來業績與發展，降低投資風險，維護自己的利益。

　　可以說對賭協定對於投資人只有利而無害，只是利多利少的問題。而企業管理層做出這一融資決策，必須以對企業未來行業的發展和企業經營業績的信心爲前提條件。一旦市場環境發生變化，原先約定的業績目標不能達到，企業不得不通過廉價割讓大額股權等方式補償投資者，其損失將是巨大的。企業管理層在決定是否採用對賭方式融資時，應謹慎考慮各種外界因素與企業內部的實際情況，權衡利弊，避免產生不必要的損失。

2.仔細研究並謹慎設計對賭協議條款

　　對賭協議的核心條款包括兩個方面的主要內容：一是對賭雙方約定未來某一時間判斷企業經營業績的標準。目前較多使用的是贏利水準，如以某一淨利潤、利潤區間或者複合增長率爲指標作爲對賭的標準。二是對賭雙方約定的對賭賭注與獎懲方式。對賭協定大多以股權、期權認購權、投資額等作爲對賭賭注。如果達到事先約定的對賭標準，投資者無償或以較低的價格轉讓一定股權給管理層、或追加投資、或管理層獲得一定的期權認購權等；如果沒有達到對賭標準，則管理層轉讓一定股權給投資者，或者管理層溢價收回投資方所持股票等。

　　從目前的情況來看，企業在對賭協議中約定的贏利水準過高，對企業管理層的壓力過大。所以企業不能設定過高的標準

和過高的賭注，要根據企業的實際情況設定符合未來發展趨勢
的標準，以及設定雙方都能接受的賭注。在沒有較大的把握的
時候，切不可盲目下注。

三、「對賭協議」是個陷阱嗎？

1.企業對賭成功的案例

摩根士丹利等機構投資蒙牛，是對賭協定在創業型企業中
成功應用的典型案例。

1999 年 1 月，牛根生創立了「蒙牛乳業有限公司」，公司
註冊資本 100 萬元。後更名爲「內蒙古蒙牛乳業股份有限公司」
（以下簡稱蒙牛乳業）。

2001 年年底，摩根士丹利等機構與其接觸的時候，蒙牛乳
業公司成立尚不足三年，是一個比較典型的創業型企業。

2002 年 6 月，摩根士丹利等機構投資者在開曼群島註冊了
開曼公司。

2002 年 9 月，蒙牛乳業的發起人在英屬維京群島註冊成立
了金牛公司。同日，蒙牛乳業的投資人、業務聯繫人和僱員註
冊成立了銀牛公司。金牛和銀牛各以 1 美元的價格收購了開曼
群島公司 50%的股權，其後設立了開曼公司的全資子公司──毛
里求斯公司。

2002 年 10 月，摩根士丹利等三家國際投資機構以認股方
式向開曼公司注入約 2597 萬美元（折合人民幣約 2.1 億元），取
得該公司 90.6%的股權和 49%的投票權，所投資金經毛里求斯公
司最終換取了蒙牛乳業 66.7%的股權，蒙牛乳業也變更爲合資

企業。

2003 年，摩根士丹利等投資機構與蒙牛乳業簽署了類似於國內證券市場可轉債的「可換股文據」，未來換股價格僅為 0.74港元/股。通過「可換股文據」向蒙牛乳業注資 3523 萬美元，折合人民幣 2.9 億元。「可換股文據」實際上是股票的看漲期權。不過，這種期權價值的高低最終取決於蒙牛乳業未來的業績。如果蒙牛乳業未來業績好，「可換股文據」的高期權價值就可以兌現；反之，則成為廢紙一張。為了使預期增值的目標能夠兌現，摩根士丹利等投資者與蒙牛管理層簽署了基於業績增長的對賭協定。

雙方約定，從 2003～2006 年，蒙牛乳業的複合年增長率不低於 50%。若達不到目標，公司管理層將輸給摩根士丹利 6000萬～7000 萬股的上市公司股份；如果業績增長達到目標，摩根士丹利等機構就要拿出自己的相應股份獎勵給蒙牛管理層。

2004 年 6 月，蒙牛業績增長達到預期目標。摩根士丹利等機構「可換股文據」的期權價值得以兌現，換股時蒙牛乳業股票價格達到 6 港元以上，給予蒙牛乳業管理層的股份獎勵也都得以兌現。摩根士丹利等機構投資者投資於蒙牛乳業的業績對賭，讓各方都成為贏家。

2. 企業對賭失敗的案例

上海永樂家用電器有限公司（以下簡稱永樂家電）成立於1996 年。從業績上看，永樂家電成立初年銷售額只有 100 萬元，到 2004 年已經實現近百億元；在市場適應性上，永樂家電經歷了家電零售業巨大變革的洗禮，是一家比較成熟的企業。

2005 年 1 月，摩根士丹利和鼎暉斥資 5000 萬美元收購當

時永樂家電 20%的股權，收購價格相當於每股約 0.92 港元。根據媒體報導，摩根士丹利在入股永樂家電以後，還與企業形成約定：無償獲得一個認股權利，在未來某個約定的時間，以每股約 1.38 港元的價格行使約爲 1765 萬美元的認股權。

這個認股權利實際上也是一個股票看漲期權。爲了使看漲期權價值兌現，摩根士丹利等機構投資者與企業管理層簽署了一份「對賭協定」。招股說明書顯示，如果永樂家電 2007 年（可延至 2008 年或 2009 年）的淨利潤高於 7.5 億元人民幣，外資股東將向永樂家電管理層轉讓 4697.38 萬股永樂股份；如果淨利潤相等或低於 6.75 億元，永樂家電管理層將向外資股東轉讓 4697.38 萬股；如果淨利潤不高於 6 億元，永樂家電管理層向外資股東轉讓的股份最多將達到 9394.76 萬股，這相當於永樂家電上市後已發行股本總數（不計行使超額配股權）的 4.1%。淨利潤計算不能含有水分，不包括上海永樂房地產投資及非核心業務的任何利潤，並不計任何額外或非經常收益。

從永樂家電上市到摩根士丹利持有的股票鎖定期結束前，由摩根士丹利研究部門給予永樂家電「增持」的評級，並調高永樂家電目標價，推動永樂家電股價大幅上升。而在其第一個股票鎖定期到期的當天，摩根士丹利減持了一半的永樂家電股份（另一半股份還在鎖定期），並幾乎同時下調永樂家電的評級。當永樂家電難以達到當初雙方簽訂的對賭協議之時，摩根士丹利展開了一系列環環相扣的操作，一方面利用減持永樂家電的行動，引致其他投資者跟風拋售，使永樂家電股價走低，市值大幅縮水，並客觀上使得基於換股方式的永樂家電對大中電器的合併告吹。另一方面，摩根士丹利又調高永樂家電競爭

對手國美電器的評級並增持國美電器，並公開發表言論支持國美電器併購永樂家電。因永樂家電未能完成目標，導致控制權旁落，最終被國美電器併購。

可見，融資人與投資人簽訂「對賭協定」既有利也有弊，總之存在風險，創業者須小心防範。

四、對賭協議

投資額、作價和投資工具一定會被放在投資協定的最前面，這個作價會被很多因素影響，對賭協議就是其中一個。

投資協定裏面的對賭條款，大家聽得多了，很多公司在接受投資的時候都簽了這個所謂的「對賭協議」。那麼，什麼是對賭協議呢？其實，這個是投資條款裏面根據業績調整公司投資作價有關條款的一個俗稱。不一定是一條，可能投資協定裏面的幾條都有。所謂的「對賭協議」可能出現在與作價相關的條款裏面，也可能出現在管理層股權激勵條款裏面。既然是根據未來公司的業績對公司作價進行調整，就有賭博的意味在裏面，是投資人和企業家一起賭未來，所以被俗稱為「對賭協議」。

公司估值既跟企業過去的經營成果、收入、利潤有很大關係，也跟未來的成長有很大關係。投資人和企業的現有股東還有管理層相比，對企業的相關財務信息和企業的瞭解有非常大的不對稱性。所以不管他做多少盡職調查，可能也未必跟你一樣能夠摸清楚企業到底是處於怎麼樣的狀況。風險投資是一種長期投資，有時候就是一種賭博。我們常說，不是我不明白，這世界變化快。未來的變數很多，投資人要投資的是你的未來，

而且是時間很長的一段未來。不管他投資過多少像你這樣的企業，他對行業的瞭解永遠比不上天天在市場上摸爬滾打的企業家。

這時候，有的風險投資家就會要你保證：「只有完成你說的第一年成長多少，要有多少收入、多少利潤，第二年如何如何，我們才給你多少多少投資。你的公司在多少收入的時候值多少錢，在多少利潤的時候值多少錢，成長率是多少的時候又值多少錢。」這些條件具體下來，就是「對賭協議」。用「對賭條款」解決部份信息不對稱造成的估值差異和管理層激勵問題。

雖說叫「對賭協議」，但實際上很少有人專門把對賭條款拉出來另做一個「對賭協議」，所謂的「對賭協定」，就是指根據公司未來的業績對公司作價進行調整的那些投資條款。調整條款一般有一個觸發條件，就是出現這個觸發條件的時候會調整估值。另外，實際投資協定也會給一個調整區間。例如，公司作價 1000 萬美元，你沒做到成長率 50%，由於 SARS 或全球金融危機這類無法抗拒的原因，你的業務不但沒成長還下滑了，那麼公司作價最多調整到 800 萬美元，有個上下 20%的調整限額。畢竟，投資人把企業家逼急了也不好，一下子調整 50%，這公司都不是你的了，總不能投資人自己跳到前台來經營公司吧。

如果投資人同公司管理層約定，公司投資前作價 3000 萬美元，作價基礎是該公司 2006 年收入 2000 萬美元，稅前淨利潤 500 萬美元，利潤率 25%。也就是通常說的 P/E 為 6。投資時，管理層預計 2008 年收入 2600 萬美元，稅前淨利潤為 650 萬美元，同步增長 30%。

投資人計劃投資 1000 萬美元，按上面的作價基礎就是未來投資人佔公司 1000/(3000＋1000)＝25%的股份，公司管理層和原來的股東佔 75%的股份。

同時，投資協定裏面規定，如果公司 2008 年的增長率小於20%，或者利潤率低於 20%，公司的利潤率和增長率當然和公司的估值息息相關，那麼公司作價的 P/E 要減成 5。也就是說，如果 2008 年你的公司收入小於 2400 萬美元，利潤小於 480 萬美元，你的公司投資前作價就要改成 2500 萬美元，而不再是3000 萬美元，那麼你(創業者和管理層)在公司的股份比例就被相應的縮小了，變成 2500/(2500＋1000)＝71%，而投資人的股份增加了，等於是創業者免費送了一部份股份給投資人。

比較出名的被傳媒廣泛報導的對賭協定中，有的賭增長率，有的賭收入。

拋開對賭雙方的成敗不論，一方面，對賭協定解決了投資人和被投資企業在信息上的不對稱問題；另一方面，在一定意義上對賭其實是一種激進型的帶有強烈獎勵、懲罰意義的股權激勵方式，可以極大地激發管理層的積極性。

那麼，到底企業家該不該簽對賭協議？對賭協定的出現是投資人同企業家在關於企業估值達不成一致時的一個折中解決方案。由於企業家對公司估值一般高於投資人，而投資人又無法說服自己這個企業就是值這麼多，那麼就出現了一個折中方案，乾脆大家賭一把，你說你能做到 50%的增長率，你就做給我看看。

估值不是對企業家最重要的，對賭協議也是一樣，對賭協議不是一個最好的解決方案。為什麼說對賭協定是雙刃劍，就

是因爲它雖然從一個方面保證了投資人的投資回報，但是也從另外的方面將投資人和企業管理層放到了相對立的一面，而雙方本來是應該同心協力爲企業發展一起努力的。尤其是早期的風險投資，市場的不確定性太強，在詭異多變的市場上，更是要堅持長期發展、共同努力。簽太複雜和太單向壓迫管理層的對賭協定，對企業沒好處，對投資人也沒好處。大家在信任的基礎之上去應變，才是一個比較好的做事方式。

由於早期投資的不確定性，所以對賭協定主要出現在比較成熟的企業投資裏面。從投資人的角度講，畢竟企業發展要看長遠，對賭協議有強力的激勵作用，壓制管理層拼了老命以便能賭贏。如果拼了命還是做不到呢？難免就出現作假行爲，不管是沖收入還是做利潤。畢竟，投資人不可能天天呆在企業裏，就是放個財務總監，也未必能看得住。即使不作假，把長期投資壓縮，只看眼前利益，對企業的長期發展也沒有好處。

如果能夠說服投資人通過詳細的盡職調查瞭解企業的情況，使得雙方對投資估值達成比較一致的看法，是不要隨便簽對賭協議。如果不得不賭，非要咬著那個公司估值不放，不妨把約定區間放大一點，你說你能成長 50%以上，那就成長小於30%時再觸發這些調整條款。調整區間要小一點，不要一下子把什麼都賭上去，20%左右的估值調整大家還都可以接受。多做「最壞情況推演」，永遠是有用的。

五、常用對賭協定的主要內容

1.財務績效。如企業完成淨收入指標，則投資方進行第二

輪注資；如企業收入未達標，則管理層轉讓規定數額的股權給投資者；如企業資產淨值未達標，則投資方的董事會席位增加3個。

2.非財務績效。如企業能夠完成超過指定數量的顧客購買產品並得到正面回饋，則管理層獲期權認購權；如企業完成新的戰略合作或取得新專利權，則投資方進行第二輪注資。

3.贖回補償。若企業無法回購優先股，則投資方在董事會或多數席位或者累積股息將被提高；若企業無法以現金方式分紅，則必須以股票方式分紅。

4.股票發行。5年內企業未上市，投資方有權將企業出售；如企業成功獲得其他投資，並且股價達到指定水準，則投資方的委任狀失效。

六、對賭協議的作用

對賭協議具有雙向的積極作用：一方面能激勵管理者，提升公司價值；另一方面也能保護投資者利益。

如果被投資企業的業績出色，能夠實現預期目標，那麼管理者將通過股票期權的方式獲得企業若干數量的股權（股票），從而加強對企業的控制權，而且企業也往往能夠獲得投資者的再次注資，從而有利於被投資企業的進一步發展。

因此，有利於激勵管理者更加充分發揮自身才智和能力，以推動企業的快速發展。相反，如果被投資企業業績不能達到預期目標，那麼投資者將有權利獲得更大比例的股權（股票）或者在董事會中獲得更多的席位，從而加大自己對被投資企業的

控制權，進而有效地保護自身利益，防範和控制投資風險。

七、建議

1.謹慎評估企業未來的盈利能力，合理設定協議中企業未來的業績目標。作為融資方的企業管理層應當全面分析市場競爭環境和企業的綜合實力，謹慎評估企業未來的盈利能力，理性設定業績目標。

企業在設定業績目標時應權衡自我積累和外部併購兩種實現方式的利弊和風險。外部併購固然有助於迅速擴大企業的營業規模，但是未必能同時迅速增加利潤。

2.組合設定財務指標與非財務指標，著眼於長遠利益，培育企業發展後勁。股權基金管理機構只是在其投資期內為所投資企業的業績提升及上市提供幫助，企業管理層才是企業長期穩定發展的主導者和責任承擔者，也是企業長期穩定發展的最終受益者。

3.聘請資深律師，靈活設定對賭協議條款，最大化自身合理權益。企業管理層如果不熟悉金融運作，則應當聘請律師，請其幫助引入那些不僅能提供資金而且能提供符合企業特點、有利於企業長遠發展資源的私募股權投資機構。在專業律師的幫助下，企業管理層可以靈活設定對賭協議條款，盡力爭取並維護自身最大合理權益，避免將來可能導致麻煩和糾紛的「陷阱」。

在對賭協議中對自己的控制權設定了一個「萬能」保障條款：無論優先股轉換成普通股的比例如何調整，外資機構的股

權比例都不能超過公司股本的 40%。還為公司的董事、員工和顧問爭取到了約 611 萬股的股票期權。雖然這會在一定程度上攤薄外資投資者的權益，但未遭異議，因為在外資投資者看來，只有能夠留住人才的公司，股權才有價值。此外，無錫尚德在對賭協議中還約定「一旦企業上市，對賭協議隨之終止」的條款。

4.正確評估自我心理承受能力，確定承受底線。只有實現協定約定的業績目標才能獲取高收益，面對未來收益的不確定性和未料及的困難，企業家需要付出超常的努力，必須有很強的心理素質。

41

經營團隊的股票期權

風險投資既然老是拿「我們投資就是投團隊」這個理念說事兒，就一定要「你」給公司員工和未來管理團隊預留一定的期權。股票期權和行權計劃會影響到原來投資人的估值問題，所以不要總盯著公司作價那一個條款、一個估價數字，不少條款都會影響「你」公司的實際作價和最後大家分蛋糕時「你」能拿多少到自己兜裏。

首期融資一般期權池比較大，越到後來越少。為什麼呢？

其實不光是因為投資就是投團隊這樣一個考慮，從另一方面講，給員工期權是風險投資支援企業的一個慣例，投資人一定會支援這個動議，但是誰出這個成本就是學問了。如何把這個成本轉嫁到創業者的頭上，是投資人在投資協定上要做文章的。如果第一期你就把這個成本給出了，那以後投資人就省錢了。舉個簡單的例子。

你的公司投資前估值 600 萬美元，投資人投資 200 萬美元，他要求你設立一個 20%的期權池給未來的員工和管理層，就是 200 萬美元的期權池。沒有這個期權池，你有公司股份的 75%(600 萬除以 800 萬)。這個期權池加上去後，你就只有 60%的公司股份，投資人 20%，未來管理層和員工 20%。

這個遊戲的關鍵是，投資人一定要把期權池放在投資前估值中。這樣做，投資人可以獲得三個方面的好處：

首先，如果把期權池放在投資前估值上，這個期權池就僅僅稀釋普通股股東的持股比例，就是只稀釋創業人的持股比例。如果期權池是在投資後估值中，將會等比例稀釋普通股和優先股股東，就是投資人和創業者一起出錢。

其次，期權池放在投資前估值裏，還打了個算數埋伏。期權池佔投資前估值的比例比想像的要大，但看起來比實際小，因為它把投資後估值的比例應用到投資前估值。在這個例子中，新期權是投資後估值的 20%，但卻佔投資前估值的 25%。

再次，如果你在第二輪融資之前出售公司，所有沒有發行的和沒有授予的期權將會被取消。這種反向稀釋讓所有股東等比例受益，儘管是普通股股東在一開始為稀釋買的單。換句話說，你退出的時候，你的部份投資前價值進入了投資人的口袋。

更有可能的是，你在出售公司前會進行第二輪融資。這種情況下，第二輪投資人將要求你和第一輪投資者一起為下一個期權池買單。但一般的情況下，所有第一輪中沒有使用的期權將進入第二輪的期權池，如果當初他讓你拿出來的期權池夠大的話，他就不會跟你一起稀釋。

那你能不能不要這個期權池？不行，因為這是行業慣例啊，你確實需要設立這樣一個期權池，來激勵你的管理層和員工。

那讓投資人跟你一起出錢？這就看你的談判本事了。除非你特別強勢，而且比較熱門，能讓投資人跟你一起出這個期權池。不過以我的經驗，成功的有，不過不多。如果不那麼強勢，可以在數量上下工夫，例如不要 20%，而是 10%？那也差了很多了。什麼樣的職位拿什麼樣的百分比，一年之內不需要那麼多高級管理人員，而且不夠發的話以後可以另行發行期權。到那時候，你的投資人就和你一起承擔這個成本了。你可以做一個未來高級管理人員的增加計劃，如果確實不需要這麼多，幹嗎要留下 20%呢？

另外還有一個解決辦法，你不也是高級管理人員嗎？創始人團隊還可以把那個期權算回到自己頭上，事後也可以找補一些回來。這些具體的細節就需要你和管理團隊，還有投資人好好商討了，並沒有一個通用的解決方案。

42

可轉債方式融資

．．．．．．．．．．．．．．．．．．．．．．．．．．．

創業企業在傳統 VC 股權融資時，通常是採取定價融資 (Priced Preferred Financing)的方式。這很容易理解，就是 VC 對被投資企業的股份（股票）進行報價，並根據其投資金額獲得企業相應的股份（通常是優先股）。優先股通常擁有優先於普通股的股利、清算、回購、投票等權利，股權投資人是公司的股東，有權投票決定董事會成員，決定公司未來融資或併購交易。

如果公司處於早期，融資(30 萬～100 萬美元)的種子資金還有一個不錯選擇——可轉債(Convertible Debt)。這是一種介於債務融資和股權融資之間的融資方式。顧名思義，它首先是「債」，可轉債投資人是以債務協定的方式將錢借給公司,「可轉」就是給予投資人可以將「債」轉換成公司股份的權利，投資人暫時是公司的債權人而非股東。在特定條件下（通常是下一輪股權融資時），投資人將可轉債的本金和利息轉換成公司的優先股。所以，可轉債通常又被稱為是後續股權融資的過橋貸款 (Bridge Loan)。

可轉債的融資方式比較適合於早期創業企業向天使投資人

或 VC 募集資金。

一、為什麼做可轉債融資

如果可轉債能夠轉換成公司股權，為什麼不省略這個過程，直接做 VC 股權融資呢？可轉債融資對於公司和投資人都有一定的好處。

1.公司的好處

(1)可轉債避免給公司估值。尤其是對於初創公司，在募集種子期資金時，公司的估值可能很低，而且很難確定。這樣，如果直接進行股權形式的融資，對創始人的股份稀釋很嚴重。另外，公司可能會很快完成一個新產品的開發、新業務的拓展，或者其他重大里程碑事件，這些都會實質性地、有說服力地提高公司的估值。以可轉債的方式避免估值問題，將投資人權利談判推遲，並通過轉股折扣或認股權證的方式給予可轉債投資人相應的投資回報。

(2)省錢。公司可能沒有太多的資金實力，不值得花時間和費用進行股權融資。可轉債的文件比 A 輪股權簡單，在律師費上省錢。沒有太多條款需要律師討論，他們只需要修改一下樣本文件即可。

(3)簡便快捷。可轉債協議容易理解，Term Sheet 通常只有 1～2 頁，最終的交易法律文件也不會超過 10 頁，這相當於 A 輪融資的 Term Sheet 長度。因為需要的文件和調查更少，也不需要雙方就估值問題進行談判，可轉債融資通常能夠比股權融資快。

(4)創始人對公司的控制。在可轉債融資之後，創始人控制絕大部份或全部的董事會席位，可轉債投資人，尤其是天使，不需要董事會席位。而種子期的股權投資人，尤其是 VC 通常需要。另外，如果是可轉債，你可以從事有利潤但是不需要退出的業務，可轉債投資人可能會比較高興，因為投資人可以從公司獲得分紅，而 VC 不在乎分紅，VC 會影響公司的業務和戰略。

可轉債是個有用的融資工具，尤其是處於非常早期的創業企業。這種融資方式可以讓投資人在不必跟創業者談判估值的情況下對企業進行投資，而把估值問題留給後續投資人。對於早期公司來說，儘快獲得資金、儘快將精力放在業務發展上，是至關重要的。

2. 投資人的好處

可轉債融資對投資人也有吸引力：

(1)節省時間、人力成本。可轉債融資可以節省投資人大量盡職調查及談判的時間與成本。

(2)資產處置優先權。因為這些投資人在轉換前是公司的債權人而非股東，如果公司在後續股權融資之前破產，可轉債投資人可以在公司股東之前優先獲得公司資產的主張權。

(3)規避階段性法律風險。投資人在投資對象面臨一些階段性的政策、法律風險時（例如，企業在申請某些需特許經營的牌照且還在等待批復時），採取可轉債的方式，可以規避這種風險，當這種風險消除時，他們就可以將債權轉化成股權。

(4)轉股的價格折扣。可轉債投資通常包含一個轉股時的價格折扣，使投資更有吸引力。

二、確定你是應該股權還是可轉債融資

1.當前股價及 A 輪融資股價

如果種子期的可轉債投資擁有 A 輪融資價格的 20%折扣，而 A 輪融資的價格是 1.00 美元/股，投資人將以 0.80 美元/股的價格轉換成 A 類優先股。那假設種子期投資人願意以 0.90 美元/股的價格購買股份而不是以可轉債投資，你如何選擇呢？

如果你可以將公司今天的股票價格在 A 輪融資之前提高超過 25%(從 0.80 美元/股提升到 1.00 美元/股)，那麼就應該接受可轉債融資，否則，接受股權融資。

這個例子中，如果你認爲 A 輪融資的價格能超過每股 0.90 美元×125%＝1.125 美元，那麼接受可轉債是划算的。

假如你決定以可轉債的方式進行種子融資，A 輪融資的價格是 2.00 美元/股，在享受 20%的折扣後，可轉債投資人以 1.60 美元/股的價格將投資額轉換成 A 類優先股，相比於 0.90 美元的股價，你當然能獲得很大的好處。但是，如果 A 輪融資的每股價格只有 1.00 美元，可轉債投資人的轉股價格只有 0.80 美元/股，這時你就不划算了。

總之，你是否接受可轉債方式投資，在於你是否能夠將現在的股票價格提高到當前股票價格/(1－折扣率)。

2.當前估值及 A 輪估值

如果你在進行典型的種子期融資，你可能希望以可轉債的方式而不是股權方式。如果種子期的可轉債能夠維持公司 6～12 個月的經營，你有就有足夠的時間將公司估值提高 25%～

100%，這樣可以抵消掉可轉債投資人通常要求的 20%～50%的轉股價格折扣。

例如，如果你種子期以股權方式融資 250000 美元，出讓 15%股權，公司投資前估值是 142 萬美元（250000/15%－250000＝141.7 萬美元）。如果你確信公司 A 輪融資前估值能夠做到下述額度，那麼可轉債融資是划算的：

142/（1－20%）＝177.5（如果可轉債的折扣率是 20%），或者

142/（1－50%）＝284（如果可轉債的折扣率是 50%）

通常說來，如果創業者沒有信心將公司的估值從 A 輪融資之後，每一輪提升 2～3 倍的話，最好不要去找 VC，也不會有 VC 對你有興趣。而且實際上，公司估值增長最大的階段就是從種子期至 A 輪融資之間，這個時期公司從一無所有發展到有產品、用戶和收入、利潤。

3. 投資人最喜歡的投資時機

有時候，創業公司正在跟一些 VC 融資，但是在融資完成前仍需要資金支援，這些資金可以讓他們招募關鍵人員、購買必要的設備、獲得有潛力的業務等，以便在跟 VC 談判時處於有利的地位。在這種情況下，接受可轉債方式投資是很好的選擇。

或者，有些潛在併購方開始跟公司接觸，創業者也有興趣，但是需要資金支援現在的發展。這個時候可轉債就是很好的選擇，因為如果公司完成併購，償還可轉債的成本也不高，如果不接受併購，公司得到支援，有利於獲得後續 VC 融資，並且在併購談判時仍保持公司的成長。

三、可轉債融資的弊端

弊端一：不能統一創業者和投資人的利益

由於可轉債通常擁有合格融資價格 20%～40%的價格折扣，可轉債的投資額能夠轉換成多少公司股份，決定於 A 輪融資的價格：價格越高，轉換的股份越少：價格越低，轉換的股份越多。為了獲得更多的股份，可轉債投資人有動機與 A 輪投資人一起打壓公司 A 輪融資的估值。如果公司是給可轉債認股權證，結果也是一樣。但創業者當然是願意公司 A 輪融資的估值越高越好，這樣對原始股東的稀釋會越少。當然，可轉債投資人並不願意有人質疑他們的動機與創業者不一致。

弊端二：可轉債投資人在 VC 投資時不轉換的影響

可轉債投資協定中可以設置在 VC 融資時償還或轉換，但是如果投資人不願意轉換，創業者有多大把握保證頂級 VC 願意投資呢？VC 會想：他們為什麼不轉換呢？是不是有些公司內幕我們不知道呢？可轉債投資人放棄轉換是對公司發展沒有信心的表現，這是個消極的信號。

弊端三：到期償還問題

如果公司發展遇到問題，可轉債帶給創業者的後果可能比較嚴重，如果無法按時償還債務，可能會導致公司被投資人接盤或者破產，甚至有可能讓創業者個人承擔連帶的債務責任。

四、結論

可轉債融資是一個有吸引力並且越來越流行的投資方式，無論是對公司而言還是對投資人而言。考慮到涉及的高風險和越來越多的複雜條款，公司及股東應該仔細考慮和權衡可轉債與傳統股權融資的利弊，並能完全瞭解其中的利害關係。

簡而言之，當創業者使用可轉債方式向天使投資人或 VC 進行融資時，可以跟他們說：「我需要資金支援，但現在我不知道公司究竟值多少錢，我只能給你一個與風險匹配的回報補償，讓我們一起做大公司，並等後續專業投資人來對公司價值做出判斷。」

心得欄

43

拖帶權條款「陷阱」

．．．．．．．．．．．．．．．．．．．．．．．．．．．．．．．

　　VC 投資人在考慮到退出時會行使的權利，尤其是以出售爲退出方式時，投資人設定這項條款本意是保障自己的投資權益，一般不會輕易使用。融資人爲了解決資金困難，另外考慮到投資人也不大可能將自己的股權廉價賣出，特別是在公司經營情況很好的時候爲了維護自己的利益就更不可能，所以融資方也一般會接受該條款。以下美國 FilmLoop 公司被併購案，相信創業者看了之後會倒吸一口涼氣。

　　2005 年 1 月，美國 FilmLoop 公司從 Garage Technology Ventures 公司和 Globespan Capital Partners 公司那裏融資 550 萬美元。

　　2006 年 5 月，FilmLoop 從 ComVenture 那裏融資 700 萬美元。

　　2006 年 10 月，FilmLoop2.0 發佈，公司和其投資者對前途表示樂觀。

　　2006 年 11 月，ComVenture 由於迫於其自己的有限合夥人要求清理其投資組合和放棄未贏利項目的壓力下，要求FilmLoop 在年底之前把自己賣掉。但 FilmLoop 的創辦人不願

意賣。然而基於 ComVenture 的股份比例以及其投資協定中的「drag along rights」拖帶權條款，可以迫使公司創辦人和其他投資者售出公司。

2006 年 12 月，ComVenture 建議 Fabrik 作為收購者收購 FilmLoop，而這卻是另一家被 ComVenture 投資的公司。FilmLoop 無法在年前 2 週內找到更好的其他買主，因此 Fabrik 用略多於 FilmLoop 手頭現金的金額併購了 FilmLoop。基於公司清算的條款，FilmLoop 的創辦人和員工全部空手離開了公司。

這案例中投資人就是利用拖帶權條款對創業者進行了惡意廉價收購，所以企業在融資過程中與投資人簽訂帶有拖帶權條款的合約時一定要注意。

為了防止重蹈 FilmLoop 公司的覆轍，建議做好以下防範工作：

1.不到萬不得已不要接受該條款。

2.設定觸發投資人行使該權利的股權比例，如只有投資人佔融資人公司的股權達到某一比例及同意出售股權的股東所佔的股權比例達到約定的數額後，投資人才享有這一權利。可能的話可以約定投資人行使這一權利須得到公司董事會同意。

3.在合約中約定投資人投資之後只有達到了一定的年限才可以行使該權利，如 3 年。

4.設定投資人行使拖帶權時股權出售的最低價格，如設為投資人投資時每股價格的 4 倍，這樣可以防止低價賤賣。更有用的是防止投資人再利用優先清算權，將創業者掃地出門，演一出空手套白狼的好戲。

5.約定如果投資人享有拖帶權則不能同時享有優先清算權，以防止「惡毒」收購，空手套白狼。

6.限制購買主體。如限制投資人的關聯企業收購，同時設定原始股東的優先購買權，即在同等價格的情況下，公司原始股東對即將出售的公司股權享有優先購買的權利。這樣可以有效防止投資人的關聯企業的惡意收購。

當然，創業者與真投資人合作的過程中最主要的還是雙方受益，受投資人「愚弄」的情形應該說是極個別的，因為絕大多數情況下投資人還是要靠創業者來給他們創造更多的財富。只是創業者在融資過程中要注意防範一些與投資人有關的可能的風險，而這種風險只要創業者稍加留意就可做到，或者說只要創業者不頭腦過熱即可防範。

心得欄 -

- -

- -

- -

- -

- -

44

企業吸引私募股權投資的策略

一、企業吸引私募股權投資的偏失

　　許多企業開始偏好於引進私募股權投資，但是，不少企業家對於這方面仍然存在認識上的偏失，缺乏對私募股權投資基金實際運作的真正瞭解，主要表現在以下方面：

　　1.「我有充足的現金流，不需要風險投資。」

　　一些經營狀況不錯的企業逐步進入了成長期，獲得了穩定的現金流，自認為手中有錢，不需要引進風險投資。實際上，如果企業不能快速發展壯大，那麼這些企業今天的地位很可能遭到重新洗牌，特別作為中小規模民營企業，在銀行融資管道不暢、上市融資成本過高的情況下，引進風險投資似乎成為較好的出路。況且它是一種權益投資，風險投資人的著眼點，不在於短期的利潤，而在於長期的所有者權益的增值，這無疑為企業的進一步擴張和發展創造了更多的有利條件。因此，以現在的資金狀況的良好來否定風投的作用，是一種短視的表現。

　　2.「我公司如此出色，你們為什麼還不投？」

　　有一些企業實力很雄厚，擁有高品質的產品、暢捷的管道、

高效的行銷、忠誠的客戶，有的甚至已穩居行業龍頭多年，與
第一類企業不同，這些企業很重視融資，已經接觸了不少風投
機構，也有一定的融資經驗，但至今沒有成功。這些企業在抱
怨「我如此出色，你們爲什麼還不投？」的同時，卻不去反省
自身的市場前景、核心團隊、技術壁壘、商業模式、融資計劃
等硬指標是否真正達到了風投機構的要求，是否還忽略了其他
重要因素。例如有些基金本身只有 4 年的投資期，假如要等到
5 年以後才能退出掙錢，那麼不管這個企業前景多麼誘人，投
資家都不會介入的。因此，在追求風投之前，企業要盡可能地
摸清風投基金的底細，以免做無用功。

3.風投機構只投資於風險較高的高新技術企業

　　一些企業認爲，所謂風險投資，無外乎把資金投向蘊藏著
高風險、高回報的高新技術開發領域，卻忽略了風投機構也是
一個公司，也是以經濟利益的最大化作爲所追尋的根本目標。
從這個意義上講，風險投資機構也是很怕風險的。也是基於這
種原因，風投機構已經突破了只投高新技術企業的傳統，技術
含量不高但市場前景很好的小天鵝火鍋照樣獲得了風險投資的
青睞。著名的 IDG 更是於近日成立了專門投資於傳媒和文化產
業的專項基金。

4.風投就是「瘋投」

　　有些民營企業連最基本的風險投資與私募股權投資常識都
不甚瞭解，便盲目地追求融資，最終只能失敗。例如，一個做
新媒體的企業與一個專投環保產業的風險投資機構很難洽談成
功，因爲風險投資與私募股權投資機構通常有較爲明確的專業
領域限制，一個機構一般只在某個或某幾個行業內進行投資，

而一些民營企業似乎沒有認識到這些。有些企業，甚至連商業計劃書都不能製作專業，還有些連自己是處在種子期還是成長期都不能分辨，更有甚者連「要在 5 分鐘內能夠讓投資家對自己感興趣」這樣最淺顯的道理都不知道，只是一味地站在自己的立場侃侃而談，卻不考慮風險投資與私募股權投資者利益，這樣只能是白耗精力。

5. 過度包裝或不包裝

有些企業爲了融資，不惜一切代價粉飾財務報表甚至造假，財務數據脫離了企業的基本經營狀況。另一些企業認爲自己經營效益好，應該很容易取得融資，不願意花時間及精力去包裝企業，不知道資金方看重的不止是企業短期的利潤，企業的長期發展前景及企業面臨的風險是資金方更爲重視的方面。

6. 缺乏長期規劃，忽視企業內部管理

多數企業都是在企業面臨資金困難時才想到去融資，不瞭解資本的本性是逐利而不是救急，更不是慈善。企業在正常經營時就應該考慮融資策略，和資金方建立廣泛聯繫。還有些企業融資時只想到要錢，一些基礎工作也不及時去做。企業融資前，應該先將企業梳理一遍，理清企業的產權關係、資產權屬關係、關聯企業間的關係，把企業及公司業務清晰地展示在投資者面前，讓投資者和債權人放心。

7. 只認錢，不認人；只想融資，不想規範化

民營企業急於融資，沒有考慮融資後對企業經營發展的影響。民營企業融資時除了資金，還應考慮投資方在企業經營、企業發展方面對企業是否有幫助，是否能提升企業的價值。企業融資是企業成長的過程，也是企業走向規範化的過程。民營

企業在融資過程中，應不斷促進企業走向規範化，通過企業規範化來提升企業融資能力。

8.只顧擴張，不建立合理的公司治理結構

很多民營企業通過融資不斷擴張，但企業管理卻依然粗放、鬆散，投資方面更是隨意和衝動。隨著企業擴張，企業應不斷完善公司治理結構，使公司決策走上規範、科學的道路，通過規範化的決策和管理來規避企業擴張過程中的經營風險。

二、企業吸引私募股權投資的策略

1.熟悉融資過程

在進入融資程序之前，首先要瞭解創業投資家對產業的偏好，特別是要瞭解他們對一個投資項目的詳細評審過程。要學會從他們的角度來客觀地分析本企業。很多創業家出身於技術人員，很看重自己的技術，對自己一手創立的企業有很深的感情。其實投資者看重的不是技術，而是由技術、市場、管理團隊等資源配置起來而產生的盈利模式。投資者要的是回報，不是技術或企業。

2.發現企業的價值

通過對企業技術資料的收集，詳細的市場調查和管理團隊的組合，認真分析從產品到市場、從人員到管理、從現金流到財務狀況、從無形資產到有形資產等方面的優勢、劣勢。把優勢的部份充分地體現出來，對劣勢的部份看怎樣創造條件加以彌補。要注意增加公司的無形資產，實事求是地把企業的價值挖掘出來。

3. 寫好商業計劃書

應該說商業計劃書是獲得創業投資的敲門磚。商業計劃書的重要性在於：首先，它使創業投資家快速瞭解項目的概要，評估項目的投資價值，並作爲盡職調查與談判的基礎性文件；其次，它作爲創業藍圖和行動指南，是企業發展的里程碑。編制商業計劃書的理念是：首先是爲客戶創造價值，因爲沒有客戶價值就沒有銷售，也就沒有利潤；其次是爲投資家提供回報；再次是作爲指導企業運行的發展策略。站在投資家的立場上，一份好的商業計劃書應該包括詳細的市場規模和市場佔有率分析；清晰明瞭的商業模式介紹，集技術、管理、市場等方面人才的團隊構建；良好的現金流預測和實事求是的財務計劃。

4. 價值評估與盡職調查

隨著接觸深入，如果投資者對該項目產生了興趣，準備做進一步的考察，爲此，他將與創業企業簽署一份投資意向書；接下來的工作就是對創業企業的價值評估與盡職調查。通常創業家與投資家對創業企業進行價值評估時著眼點是不一樣的。一方面，創業家總是希望能盡可能提高企業的評估價值；而另一方面，只有當期望收益能夠補償預期的風險時，投資家才會接受這一定價。所以，創業家要實事求是看待自己的企業，配合投資家做好盡職調查，努力消除信息不對稱的問題。

5. 交易談判與協定簽訂

最後，雙方還將就投資金額、投資方式、投資回報如何實現、投資後的管理和權益保證、企業的股權結構和管理結構等問題進行細緻而又艱苦的談判。如達成一致，將簽訂正式的投資協定。在這過程中創業企業要擺正自己的位置，要充分考慮

投資家的利益，並在具體的實施中給予足夠的保證。要清楚，吸引創業投資，不僅是資金，還有投資後的增值服務。

三、企業吸引私募股權投資的方法

企業能否吸引風險資本首先取決於企業的自身的內在價值、條件是否能滿足風險資本的評估標準。該標準涉及創業企業的行業發展階段、融資規模和區位特點。

1.企業所處行業

是否處於快速發展且有著超額利潤的行業？或處於創造持續快速增長機會的某一成熟市場中的一個細分市場或一個現存問題新的解決方法？該行業資本市場的容量是否足夠大？

2.企業的發展階段

不同階段的企業融資目的不同，所對應的風險不同，不同的風險投資公司對風險的承受能力不同，所選擇的企業不同。企業成長分為種子期、導入期、成長期和成熟期，相應的風險資本稱為種子資金、導入資金、營運資金或成長資金。

3.企業的融資規模

不同的創業投資公司具有不同的融資規模要求，出於降低投資風險的要求；管理投資所需時間和成本的考慮；風險資金規模的限制。

四、企業私募股權融資的模式

1. 增資擴股

企業向引入的投資者增發新股，融資所得資金全部進入企業，有利於公司的進一步發展。

2. 老股東轉讓股權

由老股東向引入的投資者轉讓所持有的新東方股權（當然是高溢價），滿足部份老股東變現的要求，融資所得資金歸老股東所有；例如，易趣在 2008 年 3 月由美國最大的電子商務股份公司 eBay 出了 3000 萬美元買了 30%的股份，2009 年又花 1.5 億美元買了餘下股份。

一般來說，增資和轉讓這兩種方式被混合使用。如無錫尙德在上市前多次採用老股東轉讓股權和增資擴股引進國際戰略投資者。在國外，還有一種常見的安排，即私募股權基金以優先股（或可轉債）入股，通過事先約定的固定分紅來保障最低的投資回報，並且在企業清算時有優先於普通股的分配權。

心得欄

_____

_____

_____

_____

45

VC 的普遍投資標準

一、業務與市場（B：Business）

在資本市場上，投資高成長企業才有高回報。目前，美國風險投資主要投資 IT、生命技術和清潔技術三個領域和市場方向。風險投資也是從投資 IT、Internet 開始的。具有成長空間或者高速成長的行業，才會孕育出高成長甚至是爆炸式成長的企業，不同的市場規模決定了其中企業的發展空間。

因此，VC/PE 的普遍投資標準之一就是：業務與市場。

在投資圈裏有一句話叫「自上而下選企業」，或者叫「先選行業，然後再從行業中選企業」。VC/PE 機構首先會看這個公司所做的產品或服務的市場規模有多大？這個市場處於發展初期，還是已經飽和？等等。只有這個產品或服務的市場足夠大，處於其中的公司才有足夠的成長空間。

有一家名為「找錢研究院」的開放式研究機構提出了「產業分類樹」的項目選擇和遴選原理。

「產業分類樹」原理的作用在於，投資者每天都要面對大量商業計劃書，但邏輯清晰和定位準確的卻非常少。有了產業

分類樹的協助，投資者就可以從宏觀上把握投資熱點和各個細分行業的未來發展趨勢。對於創業者而言，有了產業分類樹做參考，就可以少走別人已經走過的路，節省了大量的時間、資金和機會成本。

「產業分類樹」在分類結構上有所突破。與傳統的產業分類只做兩級劃分「產業──行業」不一樣，產業分類樹將分類擴展到三級「產業──行業──業態」。另外，傳統的「產業──行業」分類方法中產業與行業之間的「包含/屬於」關係，也被「細分/交叉/融合/消失」所取代。

二、團隊(T：Team)

創業管理團隊的創業精神、激情、責任心、事業心和能力，是一個項目能否成功的關鍵。

在投資圈中有兩個流派：「投人派」和「投事派」。

「投人派」認為，投資就是「投人」，先有人後有事，沒有這個人就沒有這個事，事在人為，「人」尤其是創業管理團隊是項目中最革命性、最活躍、最關鍵的因素。就像前幾年 VC 圈裏流行的一句話：寧可投「一流的團隊、二流的商業計劃書」，不投「二流的團隊、一流的商業計劃書」，因為把「二流的商業計劃書」改變為「一流的商業計劃書」比較容易，而把「二流的團隊」改造為「一流的團隊」則非常難。

「投事派」認為，「事」的性質、高下決定著公司的發展方向，而「人」尤其是創業管理團隊的差異、優劣決定著公司的發展高度。在很多時候，「事」的性質、高下，已經基本說明了

「人」尤其是創業管理團隊的差異、優劣。

「投人派」和「投事派」各有側重，都符合邏輯，也都在實踐中得到了成功檢驗。

三、商業模式（M：Model）

商業模式（Business Model），簡單來說就是幫企業賺錢的方法。商業模式主要是指你經營一個企業，如何經營，如何準備產品或服務，如何向客戶收費，如何向產品提供方進行結算，盈利來源是以產品差價形式，還是以收入分成的方式，等等。

不同的商業模式需要不同的基礎設施、專業人員和經營方法，不同的時代需要不同的商業模式，而創新的模式可以比傳統的商業模式提供更多的價值，具備更大的競爭優勢。

即使是從事同一種業務，也會有不同的商業模式。

例如，同樣是賣家用電器，傳統的百貨商場賣家電和股票上市國美公司賣家電，就是不同的商業模式。國內傳統的百貨商場沿襲的是流通領域傳統經營方式：製造企業→製造企業的辦事處/分公司→一級批發公司→二級批發公司→傳統終端，這種運行方式龐雜而低效。

而國美電器公司的崛起，本質原因在於它創新了價值鏈，傳統的流通方式被壓縮為「製造企業→國美電器的銷售終端」，取消了「製造企業的辦事處/分公司→一級批發公司→二級批發公司」等中間環節，與此同時，與一級批發公司、二級批發公司伴生的物流成本、倉儲成本、運營費用和「灰色費用」得到壓縮，這使得國美電器公司可以把價值讓渡給消費者的同時，

實現自身高速成長，並快速成為主流的家電銷售管道。

　　同樣是銷售管道，連鎖終端與傳統終端相比，其競爭優勢在於連鎖終端創新、縮短了價值鏈，這是連鎖企業管道終端作為一種新商業模式的價值所在。

46

VC 盡職調查的注意事項

　　「某某 VC 正在對我們企業進行盡職調查」,「我們正在對某某企業進行盡職調查」,計劃向 VC 融資的企業經常會從其他企業或者 VC 那裏聽到類似的話。

一、「盡職調查」究竟是什麼意思

　　盡職調查(DD,Due Diligence),是一個行業術語,是指交易或投資決策制定前,在目標公司配合下對目標公司詳細的財務和運營狀況進行的調查,包括審核公司賬務、調查公司內部及外部利益相關者,如供應商和客戶等。

　　通常情況下,盡職調查出現在私募融資、風險投資、公司併購、IPO 等交易中,由購買方或其委託的專業機構對目標公司進行的調查研究,作為是否決定交易及定價的依據。股票投

資者對上市公司進行的調研及會計師事務所對上市公司進行的審計，也可稱爲盡職調查。

作爲創業風險投資業界的專業稱謂，盡職調查實際上就是項目投資可行性論證。有時候，盡職調查指風險投資公司對項目進行篩選評估的一切活動。由於風險投資公司與創業者存在嚴重的信息不對稱，風險投資公司的盡職調查就是爲了減少信息不對稱，爲風險投資家做出正確的投資判斷提供充分的科學依據。

全球創業投資業界在對項目進行投資前都要進行盡職調查，每個創業風險投資機構都有自己的一套盡職調查方法、程序、標準和要求，各有各的模式和特點，不盡相同。但總的說來，創業風險投資盡職調查主要內容基本集中在創業企業基本情況、財務情況、銷售及市場情況和產品及技術情況等方面。

對待 VC 的盡職調查，企業正確的態度應該是「嚴肅認真、不卑不亢」。

一份完美的商業計劃書、一個精心準備的幻燈演示和富有感染力的表達能力，只能贏得 VC 的興趣和投資意向；但要最終獲得資金，還需要在盡職調查過程中讓投資商全面瞭解企業法律結構的演變歷史、歷史經營情況和發展預期、財務狀況和盈利開支預測以及公司的內部管理狀況；同時也要配合 VC 向合作夥伴、客戶和供應商瞭解企業的市場和資源，這樣才能以充分的證據證實自己企業物有所值。

在盡職調查過程中，VC 不但會仔細參觀企業，與企業的中高層管理人員交談，還會發給企業一份幾頁或者十多頁不等的盡職調查清單，要求公司提供企業的歷史變更、重大合約、財

務報告、財務預測、各項細分的財務數據以及客戶名單、供應商名單、技術及產品說明和成功案例分析等。VC 可能還會諮詢你的供應商、客戶、律師和貸款銀行，乃至管理人員過去的僱主和同事。他們甚至會去調查提供信息的有關人員，以證明提供的信息是否可靠。

VC 在盡職調查過程中會提出大量的問題，要求查驗很多歷史資料。面對近乎煩瑣的提問和查證，企業家需要心平氣和的積極配合。實際上，盡職調查不但是企業證明自己的機會，也是企業發現自身問題、提高自我的機會。

初步的評估之後，如果 VC 對你的企業感興趣，雙方一般會就投資條款達成初步的一致意見，接下來他們就要做詳盡的管理、市場、技術和財務審核驗證。盡職調查需雙方預先同意，其目的是評估投資後的.風險,同時也是為了能在投資後有針對性地提供增值服務。

針對連鎖企業的盡職調查，內容主要包括以下這些方面：

1. 該連鎖企業所處細分市場的市場容量和成長空間。
2. 該連鎖企業在所處細分市場的市場位置和領先性。
3. 該連鎖企業創業和管理團隊的背景調查。
4. 該連鎖企業的經營業績和關鍵財務指標。
5. 當前的現金、應收應付及債務狀況。
6. 財務報表、銷售和採購的票據的核實。
7. 財務預測的方法及過去預測的準確性。
8. 銷售量及財務預測的假設前提。
9. 該連鎖企業的運營水準。
10. 該連鎖企業對直營體系和加盟體系的管理和控制能力。

11.管理信息系統的使用情況。

12.Internet 銷售管道、直銷等競爭管道對該連鎖企業的影響。

13.該連鎖企業的股權狀況以及對創業和管理團隊的激勵情況。

14.政府政策和主管部門的管制對企業經營業績的影響和預期。

15.租賃、銷售、採購、僱傭等方面的合約。

16.已經發生的或者潛在的法律糾紛。

二、不要輕易讓 VC 做盡職調查

針對企業的盡職調查，其過程一般需要幾個星期的時間，有時需要幾個月的時間，加上時間、機會成本，是一個比較耗費時間和精力的過程，所以，盡職調查的效率和精準性極為重要。

對於企業來說，最重要的是是否找到了合適的投資者：如果在價值觀、企業發展方向、上市時間和地點以及企業的短期利益和長遠利益等方面還沒有和 VC 達成一致，沒有必要進行盡職調查，所以，不要輕易讓 VC 做盡職調查。

三、簽訂盡職調查保密協議

投資公司針對企業的盡職調查，是全面、深入地瞭解和掌握。從上面盡職調查的內容可以看出，投資公司對企業做完盡

職調查之後，已經基本掌握了企業所有的商業秘密。

為了企業競爭安全和長遠考慮，企業應該與投資公司簽訂盡職調查保密協議。

在盡職調查保密協定中，企業應該就以下方面和投資公司做出明確的約定：商業秘密的準確定義；保密範圍；保密年限；投資公司對外披露公司商業秘密的許可程序；以及未經許可而洩露商業機密後的違約責任。

如果在做完盡職調查之後，投資公司沒有決定對企業進行投資，還應該在保密協定或者保密條款中約定把所有盡職調查的資料完整、及時地歸還給企業方。

四、對 VC 要進行適當的「反向盡職調查」

「VC 和項目方走到一起就像選擇對象、結婚」。那麼，既然是這樣，VC 和項目方就應該像青年男女選擇對象、結婚一樣相互瞭解，而不僅僅應該是 VC 單方面選擇和深入瞭解項目方。

為此，和 VC 在做投資決定前一樣，企業在選擇 VC 前也應該進行充分的「反向盡職調查」，從而做到雙方在簽訂長期合作協議之前充分相互瞭解。

最基礎的工作是，項目方首先需要對投資商的真實性做一個判斷，因為曾經發生過「假 VC 行騙」的事件。幾年前，十多家不同地區的企業投訴一家名為美國瓦爾德投資公司代表處，這些企業在交付高額考評費等費用後，他們的引資願望統統落空。不久，這家美國投資公司代表處在人間蒸發後，原先位於寫字樓的辦公室人去樓空，只留下了一堆通信公司的手機話費

催款單。

其次，項目方還需要對投資商的業界位置、投資理念和投資案例等情況做詳細瞭解。

對於 VC 誇誇其談的增值服務，融資企業也要明確做出判斷。VC 往往會說他們擅長或者專注在某某領域投資，並能提供良好服務，但僅憑這些簡介是不足信的。例如，VC 說他們可以提供資金的同時提供戰略或者管理諮詢，那就請他們介紹成功的實例和投資經理本身的管理經驗。企業家還應該從多方面瞭解 VC 的實際情況，特別是向他們曾經投資過的企業詢問，這種詢問獲得的信息往往最爲可靠。如果他們參加投資的企業對他們的評價不高，那麼融資企業就必須認真考慮是否應該選擇這樣的投資人了。

判斷 VC 的水準，還有一個更加簡單的方法，翻閱一下國內主流財經刊物，或者去網站上查詢一下歷年「創業投資機構」或者「風險投資機構 50 強」，只要是上了這個排行榜的投資公司，其在業界的實力基本是可信的。排名越靠前，尤其是那些歷年排名靠前的投資公司，表明投資公司的業界位置越高。他們的投資案例或者投資事件，一般都會成爲財經媒體和主流媒體報導的對象。

五、事先確定盡職調查的費用承擔問題

盡職調查是風險投資在做出投資決策之前必不可少的一項功課，也是企業在獲得 VC 資金之前必須經歷的一道重要程序。每一個盡職調查，動輒要花費數十萬的審計費、律師費等仲介

和服務費用，所以在盡職調查之前，企業需要和 VC 事先確定盡職調查的費用由誰來承擔。

盡職調查的過程一般需要幾個星期的時間，當然也有少數 VC，他們對企業的技術和市場很瞭解，又有豐富的管理經驗，這樣只要幾天仔細的現場調研，就可以做出最終投資決定。

盡職調查，到底要調查什麼？

投資的本質就是投資「績優」者！而盡職調查是投資前的主要環節。其宗旨與目的就是：圍繞「績優的真實性與績優的能力性」而展開！

可以說，從接觸一開始，投資與項目方就進入盡職調查預備期！要做好盡職調查，一要嚴謹，二要全面，三要結合歷史與動態看。而一旦進入實質盡職調查，通常意味著該項目已經被列入了「準觀察期」。

實際上，盡職調查的目的有兩個：一是查證，二是發掘。查證是核實「績優」真實性：項目究竟有多好？未來發展潛力究竟有多大？或者團隊中的錯誤與不足以及不能被投資的理由和依據；而發掘是找到「績優」的原動力：是努力發掘項目自身、團隊的管理能力、盈利能力、高成長能力、競爭優勢持續能力等。

只有查證而沒有發掘，是比較平庸的投資者，而只有發掘而沒有查證，是真實的「風險投資者」！優秀的 VC 和投資機構是兩者的平衡並偏重後者的高手。

47

如何防範洩露商業秘密

    商業秘密，是指不爲公眾所知悉，能爲權利人帶來經濟利益，具有實用性並經權利人採取保密措施的技術信息和經營信息。因此商業秘密包括兩部份：非專利技術和經營信息。如管理方法、產銷策略、客戶名單、貨源情報等經營信息；生產配方、技術流程、技術訣竅、設計圖紙等技術信息。

    商業秘密關乎企業的競爭力，對企業的發展至關重要，有的甚至直接影響到企業的生存。對於大公司來講，其競爭優勢可能來自於商譽（品牌資產）、獨佔資源或其他公司無法複製的規模效益。而對於大多數高科技公司來說，它們的競爭優勢在於專利或者商業秘密。

    商業秘密雖然也受法律保護，但它受法律保護程度相對較弱。因爲商業秘密屬於知識產權的一種，知識產權包括商標權、著作權、專利和商業秘密。商業秘密受法律的保護程度要比專利權、商標權、著作權的保護措施弱。商業秘密雖然只是在有限範圍內爲人所知，但大多數情況下卻不能限制別人使用（或利用）。另一家企業獨自發明（發現）同一商業秘密，或者用反向工程破解了商業秘密一般並不構成侵權，只有在通過不恰當的手

段獲取商業秘密時才有可能引起訴訟。

一、融資時可能會洩露商業秘密的情形

企業在與 VC 接洽過程中，在融資過程中企業家可能要與 5～20 個可能的投資商進行聯繫，遞交商業計劃書，最後還要接受其盡職調查。企業家為了說服投資人把錢投給自己，需要不厭其煩地提交商業計劃書、披露財務報表、介紹商業操作模式和競爭策略、告知自己在公司裏所佔股份、每月的工資、交多少稅，還有管理人員的缺點、公司裏誰是最關鍵的工程師等。

雖然一般職業的創業投資家都會自覺地為他所接洽的企業保守商業秘密，但是如果你所接洽的投資公司已經或者即將投資你的競爭對手或者相關企業，那也難免他不會有私心，向他的關係企業透露一些關於你們企業的信息。

而那些非專業做創業投資的實業發展公司或偶爾為之的個人投資者，則很難說他們會不會自覺為你保守商業秘密了。更有甚者，有些公司很可能專門以投資為名行竊取商業秘密之實。

二、防範措施

為保險起見，企業可採取以下措施防止你的商業秘密洩露或被竊取：

1.初步接洽時只提供商業計劃書摘要。這是通常做法，投資人也能理解。

2.遞交正式商業計劃書時，不要在書裏披露特別機密的信

息和數據，也不需說明要保密的技術細節，只把這種技術能帶來的好處和它能滿足的市場需求講清楚。必要時可註明「若需有關……的詳細資料，請向某某處索取」的字樣。如投資者真的有投資意向，他會在稍後的盡職調查中詳細瞭解有關細節。有些商業秘密或技術訣竅，不到最後不要急於講出來。

3.做審慎調查，如詢問與該投資公司打過交道的其他企業家和中介人士，有關該投資公司職業操守情況，或查查有沒有跟企業有利益衝突的地方(如他們已經或即將投資競爭對手)。

4.徵求專業人士意見。對於有些涉及商業秘密的比較敏感的話題，可以先徵求有關律師、會計師等專業人士的意見，他們一般清楚那些問題到那步是投資人該問的，那些是可以告訴投資人的，以及何時告訴，以什麼樣的方式告訴等。

5.真正需向投資人披露公司商業秘密時，應請投資公司簽保密協定，約定商業秘密的內容、保密範圍、期限、違約責任等。也可只在商業計劃書或投資協定中加入保密條款，而不制定專門的保密合約。

三、保密樣本

以下是為某公司制定的保密協定樣本，僅供參考。

商業秘密保護協定

甲方：○○企業(融資人)

住址：

公司負責人：

乙方：○○私募股權基金

住址：

公司負責人：

鑑於甲乙雙方就甲方向乙方融資正在談判過程中，對於乙方由此已經(或將要)知悉掌握的甲方的商業秘密，為了明確乙方的保密義務，甲、乙雙方本著平等、自願、公平和誠實信用的原則，依據有關法律法規，訂立本保密協議。

第一條　保密的內容和範圍

甲、乙雙方確認，乙方應承擔保密義務的甲方的商業秘密範圍包括甲乙雙方在談判過程中，乙方由此而接觸或知道的甲方的技術信息和經營信息，具體指以下但不限於以下內容：

1. 技術信息，其範圍主要包括技術方案、工程設計、電路設計、製造方法、技術流程、技術指標、電腦軟體、數據庫、實驗結果、圖紙、樣品、樣機、模具、操作手冊、技術文檔、設計商業秘密的業務函電等。

2. 經營信息，其範圍主要包括客戶名單、行銷計劃、採購資料、定價政策、財務報表及財會檔案、進貨管道、產銷策略、投標中的標底與標書內容等。

3. 乙方基於甲方的信息所做的記錄、所整理的文件等。

第二條　乙方對第一條的商業秘密承擔以下保密義務：

1. 採取必要的保密措施，制訂相應的保密制度。

2. 乙方不得洩露上述商業秘密給第三方或乙方內部與本融資工作無關的人員。

3. 除用於本融資活動或與甲方簽訂的特定合約外，乙方任何時候都不得利用上述秘密。

4.乙方保證其工作人員在任職期間或離職後都嚴守上述商業秘密。

5.如果任何機關要求乙方披露上述商業秘密，乙方必須告知其此信息的商業秘密性質，並及時書面通知甲方這一情況。

第三條

如果甲方要求乙方銷毀、返還甲方指定的屬於甲方的商業秘密，乙方應在甲方提出此要求之日起三天以內銷毀或返還；

自各類相關合約終止之日起三天以內，乙方應將從甲方獲得的商業秘密返還甲方。

第四條　保密期限

自本合約簽訂之日起至本協議終止後三年以內。

第五條　違約責任

1.若乙方違反本合約義務，須向甲方一次性支付違約金200萬元，並將因違約所獲得的收益全部歸還甲方；

2.在此基礎上，甲方還可以向乙方追索因乙方違約給甲方所造成的損失。

第六條　爭議的解決辦法

因執行本協議而發生糾紛，可以由雙方協商解決或者協商不成或者一方不願意協商的，任何一方都有提起訴訟的權利。

第七條　協議的效力和變更

本協議自雙方簽字後生效。本協議的任何修改必須經過雙方的同意，並以書面形式進行。

在本協議簽訂之前的雙方就商業秘密保護達成的任何協定如果與本協定有衝突，以本協議為準。

本協議一式兩份，甲乙雙方各執一份，以備查存。

圖 書 出 版 目 錄

下列圖書是由憲業企管顧問(集團)公司所出版,以專業立場,為企業界提供最專業的各種經營管理類圖書。

1.傳播書香社會,凡向本出版社購買(或郵局劃撥購買),一律 9 折優惠。
  服務電話(02)27622241 (03)9310960   傳真(02)27620377
2.請將書款用 ATM 自動扣款轉帳到我公司下列的銀行帳戶。
  銀行名稱:合作金庫銀行   帳號:5034-717-347447
  公司名稱:憲業企管顧問有限公司
3.郵局劃撥號碼:18410591   郵局劃撥戶名:憲業企管顧問公司
4.圖書出版資料隨時更新,請見網站 www.bookstore99.com

──────── 經營顧問叢書 ────────

4	目標管理實務	320元	47	營業部門推銷技巧	390元
5	行銷診斷與改善	360元	52	堅持一定成功	360元
6	促銷高手	360元	56	對準目標	360元
7	行銷高手	360元	58	大客戶行銷戰略	360元
8	海爾的經營策略	320元	60	寶潔品牌操作手冊	360元
9	行銷顧問師精華輯	360元	71	促銷管理(第四版)	360元
13	營業管理高手(上)	一套	72	傳銷致富	360元
14	營業管理高手(下)	500元	73	領導人才培訓遊戲	360元
16	中國企業大勝敗	360元	76	如何打造企業贏利模式	360元
18	聯想電腦風雲錄	360元	77	財務查帳技巧	360元
19	中國企業大競爭	360元	78	財務經理手冊	360元
21	搶灘中國	360元	79	財務診斷技巧	360元
25	王永慶的經營管理	360元	80	內部控制實務	360元
26	松下幸之助經營技巧	360元	81	行銷管理制度化	360元
32	企業併購技巧	360元	82	財務管理制度化	360元
33	新產品上市行銷案例	360元	83	人事管理制度化	360元
46	營業部門管理手冊	360元	84	總務管理制度化	360元

85	生產管理制度化	360 元	145	主管的時間管理	360 元
86	企劃管理制度化	360 元	146	主管階層績效考核手冊	360 元
88	電話推銷培訓教材	360 元	147	六步打造績效考核體系	360 元
90	授權技巧	360 元	148	六步打造培訓體系	360 元
91	汽車販賣技巧大公開	360 元	149	展覽會行銷技巧	360 元
92	督促員工注重細節	360 元	150	企業流程管理技巧	360 元
94	人事經理操作手冊	360 元	152	向西點軍校學管理	360 元
97	企業收款管理	360 元	153	全面降低企業成本	360 元
100	幹部決定執行力	360 元	154	領導你的成功團隊	360 元
106	提升領導力培訓遊戲	360 元	155	頂尖傳銷術	360 元
112	員工招聘技巧	360 元	156	傳銷話術的奧妙	360 元
113	員工績效考核技巧	360 元	159	各部門年度計劃工作	360 元
114	職位分析與工作設計	360 元	160	各部門編制預算工作	360 元
116	新產品開發與銷售	400 元	163	只為成功找方法，不為失敗找藉口	360 元
122	熱愛工作	360 元	167	網路商店管理手冊	360 元
124	客戶無法拒絕的成交技巧	360 元	168	生氣不如爭氣	360 元
125	部門經營計劃工作	360 元	170	模仿就能成功	350 元
127	如何建立企業識別系統	360 元	171	行銷部流程規範化管理	360 元
129	邁克爾·波特的戰略智慧	360 元	172	生產部流程規範化管理	360 元
130	如何制定企業經營戰略	360 元	173	財務部流程規範化管理	360 元
131	會員制行銷技巧	360 元	174	行政部流程規範化管理	360 元
132	有效解決問題的溝通技巧	360 元	176	每天進步一點點	350 元
135	成敗關鍵的談判技巧	360 元	177	易經如何運用在經營管理	350 元
137	生產部門、行銷部門績效考核手冊	360 元	178	如何提高市場佔有率	360 元
138	管理部門績效考核手冊	360 元	180	業務員疑難雜症與對策	360 元
139	行銷機能診斷	360 元	181	速度是贏利關鍵	360 元
140	企業如何節流	360 元	182	如何改善企業組織績效	360 元
141	責任	360 元	183	如何識別人才	360 元
142	企業接棒人	360 元	184	找方法解決問題	360 元
144	企業的外包操作管理	360 元	185	不景氣時期，如何降低成本	360 元

186	營業管理疑難雜症與對策	360 元	227	人力資源部流程規範化管理（增訂二版）	360 元
187	廠商掌握零售賣場的竅門	360 元	228	經營分析	360 元
188	推銷之神傳世技巧	360 元	229	產品經理手冊	360 元
189	企業經營案例解析	360 元	230	診斷改善你的企業	360 元
191	豐田汽車管理模式	360 元	231	經銷商管理手冊（增訂三版）	360 元
192	企業執行力（技巧篇）	360 元	232	電子郵件成功技巧	360 元
193	領導魅力	360 元	233	喬·吉拉德銷售成功術	360 元
197	部門主管手冊(增訂四版)	360 元	234	銷售通路管理實務〈增訂二版〉	360 元
198	銷售說服技巧	360 元	235	求職面試一定成功	360 元
199	促銷工具疑難雜症與對策	360 元	236	客戶管理操作實務〈增訂二版〉	360 元
200	如何推動目標管理（第三版）	390 元	237	總經理如何領導成功團隊	360 元
201	網路行銷技巧	360 元	238	總經理如何熟悉財務控制	360 元
202	企業併購案例精華	360 元	239	總經理如何靈活調動資金	360 元
204	客戶服務部工作流程	360 元	240	有趣的生活經濟學	360 元
205	總經理如何經營公司(增訂二版)	360 元	241	業務員經營轄區市場（增訂二版）	360 元
206	如何鞏固客戶（增訂二版）	360 元	242	搜索引擎行銷	360 元
207	確保新產品開發成功(增訂三版)	360 元	243	如何推動利潤中心制度（增訂二版）	360 元
208	經濟大崩潰	360 元	244	經營智慧	360 元
209	鋪貨管理技巧	360 元	245	企業危機應對實戰技巧	360 元
210	商業計劃書撰寫實務	360 元	246	行銷總監工作指引	360 元
212	客戶抱怨處理手冊(增訂二版)	360 元	247	行銷總監實戰案例	360 元
214	售後服務處理手冊(增訂三版)	360 元	248	企業戰略執行手冊	360 元
215	行銷計劃書的撰寫與執行	360 元	249	大客戶搖錢樹	360 元
216	內部控制實務與案例	360 元	250	企業經營計畫〈增訂二版〉	360 元
217	透視財務分析內幕	360 元	251	績效考核手冊	360 元
219	總經理如何管理公司	360 元	252	營業管理實務（增訂二版）	360 元
222	確保新產品銷售成功	360 元			
223	品牌成功關鍵步驟	360 元			
224	客戶服務部門績效量化指標	360 元			
226	商業網站成功密碼	360 元			

253	銷售部門績效考核量化指標	360 元
254	員工招聘操作手冊	360 元
255	總務部門重點工作（增訂二版）	360 元
256	有效溝通技巧	360 元
257	會議手冊	360 元
258	如何處理員工離職問題	360 元
259	提高工作效率	360 元
260	贏在細節管理	360 元
261	員工招聘性向測試方法	360 元
262	解決問題	360 元
263	微利時代制勝法寶	360 元
264	如何拿到 VC（風險投資）的錢	360 元

《商店叢書》

4	餐飲業操作手冊	390 元
5	店員販賣技巧	360 元
9	店長如何提升業績	360 元
10	賣場管理	360 元
12	餐飲業標準化手冊	360 元
13	服飾店經營技巧	360 元
14	如何架設連鎖總部	360 元
18	店員推銷技巧	360 元
19	小本開店術	360 元
20	365 天賣場節慶促銷	360 元
21	連鎖業特許手冊	360 元
26	向肯德基學習連鎖經營	350 元
29	店員工作規範	360 元
30	特許連鎖業經營技巧	360 元
32	連鎖店操作手冊（增訂三版）	360 元
33	開店創業手冊〈增訂二版〉	360 元

34	如何開創連鎖體系〈增訂二版〉	360 元
35	商店標準操作流程	360 元
36	商店導購口才專業培訓	360 元
37	速食店操作手冊〈增訂二版〉	360 元
38	網路商店創業手冊〈增訂二版〉	360 元
39	店長操作手冊（增訂四版）	360 元
40	商店診斷實務	360 元
41	店鋪商品管理手冊	360 元
42	店員操作手冊（增訂三版）	360 元
43	如何撰寫連鎖業營運手冊〈增訂二版〉	360 元

《工廠叢書》

1	生產作業標準流程	380 元
5	品質管理標準流程	380 元
6	企業管理標準化教材	380 元
9	ISO 9000 管理實戰案例	380 元
10	生產管理制度化	360 元
11	ISO 認證必備手冊	380 元
12	生產設備管理	380 元
13	品管員操作手冊	380 元
15	工廠設備維護手冊	380 元
16	品管圈活動指南	380 元
17	品管圈推動實務	380 元
20	如何推動提案制度	380 元
24	六西格瑪管理手冊	380 元
29	如何控制不良品	380 元
30	生產績效診斷與評估	380 元
32	如何藉助 IE 提升業績	380 元
35	目視管理案例大全	380 元

34	糖尿病治療全書	360 元
35	活到 120 歲的飲食方法	360 元
36	7 天克服便秘	360 元
37	為長壽做準備	360 元
38	生男生女有技巧〈增訂二版〉	360 元
39	拒絕三高有方法	360 元

《培訓叢書》

4	領導人才培訓遊戲	360 元
8	提升領導力培訓遊戲	360 元
11	培訓師的現場培訓技巧	360 元
12	培訓師的演講技巧	360 元
14	解決問題能力的培訓技巧	360 元
15	戶外培訓活動實施技巧	360 元
16	提升團隊精神的培訓遊戲	360 元
17	針對部門主管的培訓遊戲	360 元
18	培訓師手冊	360 元
19	企業培訓遊戲大全（增訂二版）	360 元
20	銷售部門培訓遊戲	360 元
21	培訓部門經理操作手冊（增訂三版）	360 元
22	企業培訓活動的破冰遊戲	360 元

《傳銷叢書》

4	傳銷致富	360 元
5	傳銷培訓課程	360 元
7	快速建立傳銷團隊	360 元
9	如何運作傳銷分享會	360 元
10	頂尖傳銷術	360 元
11	傳銷話術的奧妙	360 元
12	現在輪到你成功	350 元
13	鑽石傳銷商培訓手冊	350 元

14	傳銷皇帝的激勵技巧	360 元
15	傳銷皇帝的溝通技巧	360 元
16	傳銷成功技巧（增訂三版）	360 元
17	傳銷領袖	360 元

《幼兒培育叢書》

1	如何培育傑出子女	360 元
2	培育財富子女	360 元
3	如何激發孩子的學習潛能	360 元
4	鼓勵孩子	360 元
5	別溺愛孩子	360 元
6	孩子考第一名	360 元
7	父母要如何與孩子溝通	360 元
8	父母要如何培養孩子的好習慣	360 元
9	父母要如何激發孩子學習潛能	360 元
10	如何讓孩子變得堅強自信	360 元

《成功叢書》

1	猶太富翁經商智慧	360 元
2	致富鑽石法則	360 元
3	發現財富密碼	360 元

《企業傳記叢書》

1	零售巨人沃爾瑪	360 元
2	大型企業失敗啟示錄	360 元
3	企業併購始祖洛克菲勒	360 元
4	透視戴爾經營技巧	360 元
5	亞馬遜網路書店傳奇	360 元
6	動物智慧的企業競爭啟示	320 元
7	CEO 拯救企業	360 元
8	世界首富 宜家王國	360 元
9	航空巨人波音傳奇	360 元

10	傳媒併購大亨	360 元

《智慧叢書》

1	禪的智慧	360 元
2	生活禪	360 元
3	易經的智慧	360 元
4	禪的管理大智慧	360 元
5	改變命運的人生智慧	360 元
6	如何吸取中庸智慧	360 元
7	如何吸取老子智慧	360 元
8	如何吸取易經智慧	360 元
9	經濟大崩潰	360 元
10	有趣的生活經濟學	360 元

《DIY 叢書》

1	居家節約竅門 DIY	360 元
2	愛護汽車 DIY	360 元
3	現代居家風水 DIY	360 元
4	居家收納整理 DIY	360 元
5	廚房竅門 DIY	360 元
6	家庭裝修 DIY	360 元
7	省油大作戰	360 元

《財務管理叢書》

1	如何編制部門年度預算	360 元
2	財務查帳技巧	360 元
3	財務經理手冊	360 元
4	財務診斷技巧	360 元
5	內部控制實務	360 元
6	財務管理制度化	360 元
8	財務部流程規範化管理	360 元
9	如何推動利潤中心制度	360 元

為方便讀者選購，本公司將一部分上述圖書又加以專門分類如下：

《企業制度叢書》

1	行銷管理制度化	360 元
2	財務管理制度化	360 元
3	人事管理制度化	360 元
4	總務管理制度化	360 元
5	生產管理制度化	360 元
6	企劃管理制度化	360 元

《主管叢書》

1	部門主管手冊	360 元
2	總經理行動手冊	360 元
4	生產主管操作手冊	380 元
5	店長操作手冊（增訂版）	360 元
6	財務經理手冊	360 元
7	人事經理操作手冊	360 元
8	行銷總監工作指引	360 元
9	行銷總監實戰案例	360 元

《總經理叢書》

1	總經理如何經營公司(增訂二版)	360 元
2	總經理如何管理公司	360 元
3	總經理如何領導成功團隊	360 元
4	總經理如何熟悉財務控制	360 元
5	總經理如何靈活調動資金	360 元

《人事管理叢書》

1	人事管理制度化	360 元
2	人事經理操作手冊	360 元
3	員工招聘技巧	360 元
4	員工績效考核技巧	360 元
5	職位分析與工作設計	360 元
7	總務部門重點工作	360 元

8	如何識別人才	360 元
9	人力資源部流程規範化管理（增訂二版）	360 元
10	員工招聘操作手冊	360 元
11	如何處理員工離職問題	360 元

《理財叢書》

1	巴菲特股票投資忠告	360 元
2	受益一生的投資理財	360 元
3	終身理財計劃	360 元
4	如何投資黃金	360 元
5	巴菲特投資必贏技巧	360 元
6	投資基金賺錢方法	360 元
7	索羅斯的基金投資必贏忠告	360 元
8	巴菲特為何投資比亞迪	360 元

《網路行銷叢書》

1	網路商店創業手冊〈增訂二版〉	360 元
2	網路商店管理手冊	360 元
3	網路行銷技巧	360 元
4	商業網站成功密碼	360 元
5	電子郵件成功技巧	360 元
6	搜索引擎行銷	360 元

《企業計畫叢書》

1	企業經營計劃	360 元
2	各部門年度計劃工作	360 元
3	各部門編制預算工作	360 元
4	經營分析	360 元
5	企業戰略執行手冊	360 元

《經濟叢書》

| 1 | 經濟大崩潰 | 360 元 |
| 2 | 石油戰爭揭秘（即將出版） | |

建立企業圖書館

當市場競爭激烈時：

培訓員工，強化員工競爭力 是企業最佳對策

「人才」是企業最大的財富。如何提升人才，是企業永續經營、戰勝對手的核心競爭力。積極培訓公司內部員工，是經濟不景氣時期的最佳戰略，而最快速的具體作法，就是**「建立企業內部圖書館，鼓勵員工多閱讀、多進修專業書籍」**

建議您：請一次購足本公司所出版各種經營管理類圖書，作為貴公司內部員工培訓圖書。使用率高的（例如「贏在細節管理」），準備 3 本；使用率低的（例如「工廠設備維護手冊」），只買 1 本。

最暢銷的企業培訓叢書

	名稱	說明	特價
1	培訓遊戲手冊	書	360 元
2	業務部門培訓遊戲	書	360 元
3	企業培訓技巧	書	360 元
4	企業培訓講師手冊	書	360 元
5	部門主管培訓遊戲	書	360 元
6	團隊合作培訓遊戲	書	360 元
7	領導人才培訓遊戲	書	360 元
8	部門主管手冊	書	360 元
9	總經理工作重點	書	360 元
10	企業培訓遊戲大全	書	360 元
11	提升領導力培訓遊戲	書	360 元
12	培訓部門經理操作手冊	書	360 元
13	專業培訓師操作手冊	書	360 元
14	培訓師的現場培訓技巧	書	360 元
15	培訓師的演講技巧	書	360 元

上述各書均有在書店陳列販賣，若書店賣完，而來不及由庫存書補充上架，請讀者直接向店員詢問、購買，最快速、方便！

請透過郵局劃撥購買：

戶名：憲業企管顧問公司

帳號：18410591

經營顧問叢書 ㉔   售價：360 元

如何拿到 VC（風險投資）的錢

西元二〇一一年六月   初版一刷

編輯指導：黃憲仁

編著：蔣浩恩

策劃：麥可國際出版有限公司（新加坡）

編輯：蕭玲

校對：洪飛娟

發行所：憲業企管顧問有限公司

電話：(02) 2762-2241　　(03) 9310960　　0930872873

臺北聯絡處：臺北郵政信箱第 36 之 1100 號

銀行 ATM 轉帳：合作金庫銀行　　帳號：**5034-717-347447**

郵政劃撥：**18410591**　　**憲業企管顧問有限公司**

江祖平律師顧問：紙品書、數位書著作權與版權均歸本公司所有

登記證：行政業新聞局版台業字第 6380 號

本公司徵求海外版權出版代理商（0930872873）

本圖書是由憲業企管顧問（集團）公司所出版，以專業立場，為企業界提供最專業的各種經營管理類圖書。

圖書編號 ISBN：978-986-6084-08-9